10가지 키워드로 읽는

시민을 위한 조선사

10가지 키워드로 읽는

시민을 위한 조선사

초판 1쇄 | 2019년 5월 13일 발행

지은이 | 임자헌

펴낸이 | 김현종
펴낸곳 | (주)메디치미디어
등록일 | 2008년 8월 20일 제300-2008-76호
주소 | 서울시 종로구 사직로 9길 22 2층(필운동 32-1)
전화 | 02-735-3315(편집) 02-735-3308(마케팅)
팩스 | 02-735-3309
전자우편 · 원고투고 | medici@medicimedia.co.kr
페이스북 | medicimedia
홈페이지 | www.medicimedia.co.kr

출판사업본부장 | 김장환
책임편집 | 이경민 이상희
디자인 | 곽은선
마케팅 홍보 | 고광일 김신정
경영지원 | 김정하 김다나

인쇄 | 한영문화사

ⓒ 임자헌, 2019
ISBN 979-11-5706-157-0 03910

이 도서의 국립중앙도서관 출판예정도서목록(CIP)은 서지정보유통지원시스템 홈페이지
(http://seoji.nl.go.kr)와 국가자료종합목록시스템(http://www.nl.go.kr/kolisnet)에서
이용하실 수 있습니다. (CIP제어번호: 2019015969)

10가지 키워드로 읽는

시민을 위한
조　선　사

임자헌 지음

메디치

'왕조'에서 '민국'이 되었건만

장면 1

2009년 정조의 《일성록日省錄》을 번역하며 전문 번역가의 길을 걷기 시작했다. 21세기에 살며 18세기를 번역하는 것은 생각보다 어려운 일이었다. 그 시대에 익숙해지는 것이 버거웠다. 첫해와 이듬해는 18세기에 익숙해지느라 21세기를 잊었다. 일이 좀 익숙해지니 굳이 생각하지 않아도 간극이 느껴졌다. 문득문득 '나는 대체 어느 시대를 사는 사람인가' 하는 생각이 들었다. 깨어 있는 시간 가운데 3분의 2 또는 못해도 반 이상을 18세기에 쓰고, 그 나머지만 내 시대를 돌아보는 삶을 사는 이의 당연한 반응인지도 모르겠다.

당시는 이명박 대통령 집권기였는데, 각종 시위와 파업에 정부가 강경한 진압과 벌금으로 맞서 사회 갈등이 고조되고 있었다. 하루 종일 정조 시대의 국정을 들여다보다가 고개를 들어 내가 살

고 있는 시대를 마주하면 마치 체한 듯 답답한 느낌이 가득 올라오
곤 했다.

　2012년부터는 《조선왕조실록》 현대화 사업에 참여했다. 《정
조실록》을 재번역하게 되었는데, 그해 가을은 '영리병원' 설립 문
제로 나라가 몹시 시끄러웠다. '이제 건강마저 돈으로 사고파는 세
상을 살아야 하는 것이냐'며 도처에서 절망의 한숨이 터져 나왔다.
그때 내가 살피고 있던 18세기는 정조 재위 7년(1783)을 지나고 있
었다. 정조가 흉년으로 버려지는 아이들을 살리기 위해 막 《자휼
전칙字恤典則》을 반포한 참이었다.

　흉년이 들어 굶주리는 해에 나의 백성들 중 부황이 들어 고생하는 자
　들은 그 누군들 나라에서 구제해줘야 할 사람이 아니겠는가마는 그중
　에서도 하소연할 곳 없는 가장 불쌍한 자들은 바로 어린아이들이다.
　장정들이야 남의 삯일꾼이라도 되어 물을 긷고 나무라도 해주며 이력
　저력 살아갈 수 있지만, 어린아이들은 이와 달라서 몸을 가리고 입에
　풀칠하는 것도 혼자 힘으로는 할 수 없어 울면서 살려달라고 구걸하지
　만 의지할 곳이 한 군데도 없는 형편이다. (…) 국가가 활인서活人署와 혜
　민서惠民署를 설치해둔 것은 죽게 된 사람을 의약醫藥으로 구제하려는
　뜻이다. 백성들이 질병에 걸려도 관청을 설치해서 구제하는데 하물며
　이렇게 어린아이들이 구걸하거나 버려진 경우는 질병에 비해 긴급할
　뿐만이 아니지 않겠는가. (…) 풍년과 흉년에 따라 규례를 달리 적용하
　는 것이나 연年과 월月별로 규정을 정하는 것은 세세하게 더 재량하여

구별하고 차등을 둬야 한다. 그리고 친척이 있거나 주인이 있는 아이의 경우 친척이나 주인을 찾아내서 맡길 방법과 자녀가 없거나 동복僮僕이 없는 자의 경우 버려진 아이를 거두어 기르는 것을 허락해주는 법 또한 마땅히 자세하고 극진하게 힘써서 처음부터 끝까지 혜택이 있도록 하라.

정조의 이 글과 《자휼전칙》의 세부 항목을 번역하자니 왜 우리는 고작 여기에 서 있나 하는 생각이 들어 머릿속이 어지러웠다. 무려 18세기에도 이렇게 어려운 사람들이 소외되지 않고 제도의 도움을 받도록 정부가 애썼는데, 되레 21세기에는 돈이 없는 사람은 병원에도 가지 못하도록 새 판이 짜이고 있다니. 21세기라면 적어도 18세기보다는 인권이 더 신장되어야 맞지 않을까? 오늘의 상황을 보면 볼수록 도무지 절망감이 감추어지지 않았다. 이처럼 자꾸만 대비되는 두 시대를 어쩔 수 없이 경험하다가 어느샌가 습관처럼 지금과 과거를 대조하며, 어제와 오늘 사이에 발을 반쯤 걸친 사람처럼 살고 있는 나를 발견하게 되었다.

장면 2

2014년 7월, 꽤 기이한 장면 하나가 연출되었다. 21세기에 무려 '상소문'이 올라온 사건이었다. 당시는 박근혜 정부 시절로, 대통령은 대선 후보였을 때 만 65세 이상 노인 전원에게 기초연금 20만 원을 지급하겠다는 공약을 내세웠다. 그러나 당선된 뒤에는 소득 하위 70퍼센트 노년층에게 국민연금과 연계해서 차등지급하겠다며 이전 공약에서 후퇴하는 모습을 보였다. 이에 연금 혜택에서 배제된 빈곤층 노인들이 난데없이 박 대통령에게 상소문을 올린 것이다. 그것도 평범한 상소가 아닌 '도끼 상소'였다. 도끼 상소는 조선시대에 관료나 유생이 나라의 중요한 일에 대해 상소할 때 만약 자신들의 주장이 잘못됐다면 목을 치라는 의미로 도끼를 앞에 두고 대궐 앞에 앉아 상소를 올리던 행위를 말한다. 이들이 올린 상소는 내용도 내용이지만 어휘가 흥미로웠다.

전하께서 2012년 대선에서 '모든 노인에게 기초연금을 드리겠다'고 만천하에 공약하셨습니다. '신뢰'를 신조로 삼는 전하의 약속을 철석같이 믿고 많은 늙은이가 전하께 투표하였습니다. 기초생활수급비만으로 한 달을 살아야 하는 우리에겐 기초연금이 노후의 유일한 희망이었습니다. (…) 줬다 뺏는 기초연금, 진정 전하의 진심인가요? 아니겠지요. (…) 박근혜 대통령 전하! 노인 빈곤을 완화하기 위해 도입하는 기초연금에서 극빈 노인이 배제되는 참사를 막을 수 있도록 민생을 통촉하여 주옵소서!

'전하, 대통령 전하, 통촉하여 주옵소서….' 대통령을 왕으로 알고 있는 이 현란한 시대착오는 어디에서 왔을까? 지킬 수 없는 공약을 내건 대통령의 잘못된 행보를 비난하기에 앞서 내 시선을 붙든 것은 그 어르신들의 '시대착오'였다. 당시 나는 한 일간지에

칼럼을 쓰고 있었는데, 어느 날 누군가 내게 칼럼이 옛날로 치면 상소가 아니겠느냐는 질문을 던졌다. 그 말을 들으면서 어렵지 않은 질문이라고 생각했는데 웬일인지 선뜻 대답이 나오지 않았다. 왜 그랬을까 고민하다가 문제는 상소에 쓰인 어휘가 아니라 상소 자체라는 것을 알게 되었다. 체제 변화가 각종 개념에 모호한 간극을 만들어냈다는 것을 비로소 깨닫기 시작한 것이다. 우리는 종종 과거와 현재를 비교하지만 거기에 생각보다 오류가 많을 수도 있겠다는 생각이 들었다. 일대일 대응이 절대 불가능한데 의외로 그 고민을 깊게 하지는 않기 때문이다.

상소에 실리는 내용으로 보면 칼럼과 상소가 비슷한 것도 같다. 상소에는 임금의 잘못을 지적하는 내용, 어떤 정책에 대한 의견과 개선책, 풍속의 문제점, 다른 신하에 대한 탄핵 등이 담기는데, 칼럼도 이런 내용들에서 크게 벗어나지 않는다. 그러나 받는 대상에서 차이가 생긴다. 상소는 임금에게 올리는 글로 받는 대상이 명확하다. 상소는 애초에 왕을 염두에 두고 쓴다. 하지만 칼럼의 대상은 약간 모호하다. 일차적으로는 신문 독자이겠지만, 또 훨씬 더 넓은 불특정한 다수를 염두에 두고 쓴다. 어쩌면 국민 전체가 그 대상이다.

결국 변화한 정치체제가 문제였다. 조선은 '왕국王國'이었으나 대한민국은 '민국民國'이다. 말 그대로 나라 주인이 왕에서 국민 한 사람 한 사람으로 바뀐 것이다. 그러니 조선에서는 국가의 문제를 지적하고 쇄신을 권하는 글이 오로지 왕을 향했지만 오늘날 대한민국에서는 정치인, 경제인, 특수직종 종사자는 물론 국민 전체를 향하게 된다.

개념 자체는 그렇지만 실제 삶에서는 도끼 상소를 올린 노인들처럼 왕국의 백성으로 살던 이 땅의 습관이 오늘에도 여전히 우리 무의식 깊숙한 곳에 남아 있다는 점이 문제다. 너와 나 모두가 이 나라 왕인데, 우리는 너무나도 쉽게 행정부 수반인 대통령을 왕으로 착각하는 오류를 범한다. 입으로는 대통령은 왕이 아니라고 말하지만 그의 선한 '통치'를 기대하고 나쁜 통치를 좋든 싫든 받아들인다. 또 입으로는 국민이 주인이라고 하지만 '나' 스스로 나라 주인으로서 공부하고 비전을 설계하고 참여하는 일을 낯설어하거나 가당찮은 오지랖이라 생각한다. 피지배의 관성대로 움직이는 것이다.

상소 사건을 계기로 조선과 대한민국을 비교·대조해보던 내 습관은 조금 더 탄력을 받게 되었다. 우리는 과연 조선에서 벗어나 대한민국에서 살고 있을까? 이런 물음을 가지고 사회를 돌아보니 아쉬운 부분이 적잖이 눈에 띄었다. 생각 이상으로 많은 사람이 단순한 일대일 대응으로 역사를 인용하곤 했다. 이를테면 앞서 언급한 도끼 상소 해프닝에서도 "지금 시대가 어느 시대인데 상소냐"라고 했지만 한편으로는 대통령의 실정과 부족함을 말하면서 세종대왕이나 정조의 리더십이 그립다는 식으로 끊임없이 과거의 왕들을 현재로 소환했다.

《논어》에 이런 말이 있다. "옛것을 잘 익히고 그것을 새로운 각도에서 이해할 수 있다면, 그는 누군가의 선생이 될 수 있습니다." 바로 그 유명한 '온고이지신溫故而知新'이다. 지혜는 경험에서 비롯하니 옛것을 잘 익히는 작업은 매우 중요하다. 그러나 그다음 할 일은 오늘을 정확히 아는 것이다. 그래야 옛것을 오늘에 필요한 지혜로 새로운 각도에서 이해할 수 있다.

왕정과 민주정은 전혀 다른 정치체제인데도 우리는 이 둘을 나누어 이해하고 분해해서 오늘에 맞게 다시 결합해내지 못한 채 마치 같은 체제인 양 적용하는 오류를 알게 모르게 범한다. 그래서 말과 다르게 행동으로는 민국의 주인이 아니라 왕국의 백성으로 살고 있는 듯한 모습을 일상 곳곳에서 보인다. 신분제가 폐지된 지가 언제인데 여전히 우리는 은연중 고위 공무원을 '높은 사람'이라 생각하고, 스스로 선거로 뽑은 일꾼이 자신들을 '다스린다'고 인식한다. 그들을 직무가 아닌 위계로 이해하는 것이다.

이런 오류들을 살피다 보니 이것은 역사 따로 시사 따로 배우는 데서 비롯한 결과가 아닐까 하는 생각이 들었다. 가르칠 때는 각각 따로 가르치고, 통합해서 이해하는 것은 개인이 알아서 하라고 하면 그 사이에서 오류가 발생하는 것은 당연한 귀결이다. 물론 역사와 시사가 매번 엄청 많이 차이 난다거나 일대일 대응이 절대 안 되는 것은 아니다. 하지만 그렇다 해도 기본적으로 조선과 오늘의 정치체제가 다르다는 것을 분명히 인식하지 않는다면 역사의 교훈이 온전히 오늘의 교훈이 되기는 어려울 것이다.

이 책은 이러한 고민에서 시작했다. 역사와 시사가 어떤 점이

같고 다른지, 이 나라의 주인으로서 왕조 역사에서 무슨 교훈을 얻을지 오늘의 시각에서 써내려간다면 역사가 새롭게 느껴질 수도 있을 것 같았다. 그렇게 가능한 한 조선을 입체적으로 그리려고 노력했다. 현재의 시선으로 조선의 잘잘못을 따지기보다 그 시대의 시선으로 되도록 그 시대에 충실하게 사건의 원인과 과정, 결과에 접근하려고 노력했다. 당대의 눈으로 그리고 다각도로 들여다보려고 노력하는 게 그 시대에 대한 예의이며 동시에 오늘의 문제를 이해하고 해결할 실마리를 얻는 데 좀 더 유용한 방법이라고 생각했기 때문이다.

아울러 유학儒學에 대한 이해도 도모해보았다. 유교의 나라 조선을 들여다보면서 유교를 논하지 않는다는 것은 불가능하다고 봤기 때문이다. 사실 조선에 대한 상당수 오해는 유학에 대한 오해에서 비롯했다고 해도 지나친 말이 아니다. 하물며 조선이 망할 때까지 붙들고 있던 이념이 유학이었으니 대한민국 사람에게 유학의 인상이 별로 좋을 리도 없다.

오늘날 유학이라고 하면 낡고 고리타분한 것으로 생각하기 십상이지만 사실 유학은 당대의 문제를 해결하기 위해 치열하게 고민하면서 탄생한 사상이다. 그 안에는 당시로서는 가장 신선하고 가장 혁신적인 생각들이 담겨 있다. 그럼에도 유학에 대한 사람들의 평가가 이리도 박한 것은 아마도 조선이 이미 망한 나라이기 때문일 듯싶다. 조선은 건국 당시의 신선함과 이후 몇 가지 특기할 만한 사건이나 인물의 경우를 제외하면 망국을 향해 가는 모순에 가득 찬 나라로만 보일 때가 많은 것 같다. 유학에 대한 시선도 이와 비슷하다. 그러나 여기에 대해서는 공자의 제자 자공의 말을 인용해 약간 해명해볼 수 있을 것 같다.

은나라 마지막 임금 주왕이 폭군이었다고는 하지만 그의 악행이 전해지는 것만큼 그렇게 심하지는 않았을 겁니다. 나라가 쇠퇴하다가 망한 그 지점에 그 사람이 있어서 옴팡 뒤집어쓴 겁니다. 대개 이런 식입니다. 그래서 국면을 좀 읽어낼 줄 아는 사람들은 어떤 물줄기의 하류에 있는 것을 싫어합니다. 일단 하류에 있게 되면 세상 모든 악명이란 악명은 결국 다 그리로 모여들게 된다는 걸 알기 때문입니다.

조선도 고려를 무너뜨리고 건국될 때만 해도 분명 모든 것이 활기차고 생명력이 넘쳤을 것이다. 시간이 흘러 점점 늙은 나라가 되면서 사상도, 정치도, 문화도 형식화되고 굳어졌을 것이다. 그리고 그렇게 나라가 망해버리자 그동안 쌓인 악평이 한꺼번에 쏟아진 것이다.

단언하건대, 조선은 세계사에서 유례가 없을 정도로 분명한 사상과 방향성을 바탕으로 설계되고 건국되었다. 그러므로 당시의 모든 것이 옳거나 현대에도 적용할 수 있는 것은 아니겠지만 적어도 21세기의 우리도 배워야 할 점 또한 많다. 그 점을 독자들과 나누고 싶었다.

그동안 오늘의 언어가 아닌 과거의 언어 한문을 번역하는 일을 업으로 삼으면서 내 일이 현재에 어떤 의미가 있을지 수없이 고민했다. 또 사료를 번역하며 더 깊이 들여다보게 된 옛 시대를 어떻게 해야 오늘의 지혜로 되살릴지도 고민했다. 이 책은 그러한 노력의 작은 결과물이다. 솔직히 말하면 이런 내 생각이 얼마나 잘 구현되었는지는 자신할 수 없다. 그러나 힘닿는 데까지 최대한 노력한 결과물이기에 부족할지언정 후회는 없다. 부족하지만 부디 이 책이 사람들이 역사를 이해하고 오늘에 적용해 내일을 꿈꾸는 데 작은 도움이나마 되기를 희망한다. 그래서 사람들이 심정적으로도 완전히 조선에서 벗어나 오늘의 대한민국을 살게 되길 바란다. 역사는 오늘을 안고 내일로 가기 위해 존재한다.

차례

일러두기

1. 책 제목은《 》으로, 글 제목, 영화 제목, 신문 및 잡지 이름은 〈 〉으로 표기하였습니다.
2. 중국 인물 이름은 한국어 발음으로, 일본 인물 이름은 일본어 발음으로 표기합니다.
3. 참고문헌은 책의 뒷부분에 따로 정리하였습니다.

1장

주 권 의 식

나는 백성인가, 아니면 나라의 주인인가

백성에서
주권자가 되다

1948년 5월 10일, 조선인은 처음으로 '선거'를 경험했다. 제헌 국회를 구성하기 위한 국회의원선거가 치러진 것이다. 이때 선발된 제헌국회의원 198명이 같은 달 31일 이승만을 초대 대통령으로 선출했다. 이어 7월 17일 헌법을 제정했으며 8월 15일 정부 수립을 선포해 대한민국이 정식 출범했다. 늘 국가 운영의 객체이기만 했던 피지배자들이 주체가 되어 나라의 기틀을 세운 한반도 최초의 사건이었다.

그러나 이 선거는 조선인들이 자신들의 필요에 따라 스스로 요구한 것은 아니었다. 일제로부터 해방된 후 한반도는 미처 기뻐할 겨를도 없이 미국과 소련의 손에 38선을 경계로 남북으로 나뉘었다. 조선인의 의사와 상관없이 냉전의 소용돌이 한복판으로 끌려들어간 것이다. 소련, 미국 어느 쪽도 한반도를 포기할 생각이 없었고 두 강대국의 첨예한 대립 속에 통일이 현실적으로 요원해지는 것처럼 보이자 단독 정부를 수립해야 한다는 목소리도 점차 힘을 얻었다.

미국은 한반도 남쪽에 민주주의 체제를 갖춘 단독 정부를 세우기로 마음먹고 유엔UN의 힘을 빌렸다. 먼저 유엔한국임시위원단의 감시 아래 총선을 치른 후 정부가 수립되면 군정을 철수한다는 제안을 인가받고, 공산권이 불참한 유엔소총회에서 남한 지역에서라도 선거를 실시하고 이를 감독한다는 결정을 받아냈다. 그렇게 1948년 3월 17일 미군정 법령으로 국회의원선거법이 공포되면서 조선인은 역사상 처음으로 '선거'를 경험하게 되었다.

이제껏 경험해보지 못한 제도였으니 모양새가 시원찮을 법도 한데 제도적으로는 손색이 없었다. '만 21세 이상의 모든 국민은 선거권을 갖는다'는 보통선거의 원칙, 국민이면 누구나 차별 없이 1인 1표를 행사하는 평등선거의 원칙, 누구에게 투표했는지가 철저히 비밀이 보장되는 비밀선거의 원칙, 유권자가 직접 대표자를 선출하는 직접선거의 원칙까지 민주주의 선거 원칙을 두루 잘 갖추었다.

다만 이 선거가 조선인에게는 매우 낯설고 맞지 않는 옷이라는 데 문제가 있었다. 우후죽순 생겨난 수십 개 정당에서 각자 후보들을 쏟아냈으나 당시 국민들은 거의 문맹이었던 탓에 후보들에 대한 정보는 고사하고 이름도 읽을 수 없었다. 그래서 아라비아 숫자가 아니라 '작대기'로 기호를 표시한 이른바 '작대기 선거'가 치러졌다. 이때 투표율은 무려 95.5퍼센트였으니 실로 어마어마했다.

지금처럼 텔레비전으로 후보에 대한 정보를 쉽게 얻을 수 있는 형편도 아니었고, 국회가 정확히 무엇을 하는 기관인지도 모르는 사람들이 저 정도 투표율을 보였다는 것은 무엇을 의미할까? 유권자들이 반드시 누구를 뽑겠다는 의지에 따라 자발적으로 선거에 나섰다기보다는 선거라는 최초 행위가 성공적으로 이뤄지도록 공무원들이 밀어붙였다는 것을 의미한다. 민주주의 제도가 무엇인지, 선거가 무엇이며 어떤 원칙 아래 진행되어야 하는지 당시 일반인은 전혀 알지 못했다. 아는 것은 고사하고 그 필요성조차 평생 한 번도 생각해본 적이 없었다. 그저 모든 게 어느 날 갑자기 주어졌고, 그 주어진 체제로 살아가야 했을 따름이다.

민주주의는 당시 조선인들에게 좋고 나쁘고의 가치판단 이전에 그저 낯선 존재였다. 마치 그리스신화 속 프로크루스테스의 침대*처럼 이 땅에 주어졌다. 사람에게 침대를 맞추는 게 아니라 침

---

* 자기 기준이나 생각에 맞춰 타인의 생각을 바꾸려 하거나 타인에게 피해를 끼치면서까지 자기 주장을 굽히지 않는 횡포, 아집, 독단 등을 이르는 심리학 용어다. 그리스신화에 노상강도로 나오는 프로크루스테스는 나그네를 붙잡아 자기 침대에 눕혀놓고 나그네의 키가 침대보다 길면 그만큼 잘라내고 짧으면 침대 길이에 맞춰 늘여서 죽였다. 그런데 사실 그의 침대에는 침대 길이를 조절하는 장치가 있어서 어떤 나그네도 침대 길이에 딱 들어맞을 수 없었고 결국 모두 죽임을 당할 수밖에 없었다고 한다.(네이버 지식백과 참조)

대에 사람을 맞추는, 지금까지와는 너무 다른 체제를 강요받았다. 자연스럽게 침대를 사람에게 맞출 수 있게 될 때까지 삐거덕거리며, 내가 좀 사용해봤다는 이런저런 사람들에게 휘둘리면서 말이다. 대한민국은 1948년 최초 선거 이래 이 새로운 도구를 이해하고 파악하고 활용하는 학습을 계속하고 있다. 이는 이 땅에서 '백성'이 '주인'이 된 역사가 고작 70년에 불과하다는 의미다. 5000년 역사 속 70년 세월이니 5000년과 70년의 차이는 우리에게 어떤 의미가 있을까?

역사는 집단 무의식을 만들어가는 과정이다. 이는 심리학자 칼 융Carl Jung이 고안한 개념으로, 그는 현재를 살고 있는 개인에게는 자기 경험, 의식과 상관없이 조상이 경험했던 것과 동일한 방식으로 세계를 경험하고 반응하는 무의식적 측면이 있다고 주장했다. 개인이 이런 무의식의 영향을 받는다면 당연히 개인이 모여 형성한 사회 또한 이 무의식의 영향을 받을 수밖에 없다. '나'는 개인의 인생을 살아가는 존재이지만 동시에 사회 속에서 살아가는 사회적 존재이기도 하다. 그 사회는 켜켜이 쌓여온 역사와 문화 한가운데서 형성된다. 그러므로 개인인 '나'가 원하든 원하지 않든 사회가 개인의 의식과 삶에 영향을 주는 것처럼 역사적 집단무의식 역시 나도 모르는 사이에 내 생각과 행동에 영향을 미친다.

아주 긴 세월 왕정을 경험한 한국의 경우 당연히 집단무의식은 겨우 70여 년만 경험한 민주주의보다는 왕정에 익숙할 수밖에 없다. '만민 평등'이나 '개인의 자유' 같은 말은 멋진 개념어이긴 하지만 이것이 일반인의 삶에 실현되는 장면은 별로 보이지 않는다. 그런 개념들이 실현될 수 있는 정치체제가 아니었기 때문이다. 그동안 이 땅의 사람들은 '백성'으로 살면 됐다. 정치는 전혀 백성의 영역이 아니었으며, 백성은 그저 왕이 돌봐야 하는 대상이었다. 물론 왕이 자신들을 제대로 돌보지 않을 때 원망도 하고 들고일어난 적도 있지만 그것이 백성의 의무도, 권리도 아니었다. 그저 자신과 가문이 모두 풍비박산 나는 '반역'이자 범법행위였을 뿐이다. 그러나 우리는 그런 행동이 국민의 권리이자 의무인 시대를 산다. 이렇게 하늘과 땅만큼 차이나는 변화에 우리의 오랜 무의식은 낯섦을 느낀다.

우리는 알게 모르게 이 사이에서 혼란스럽다. 주체와 객체의 개념이 자꾸 흔들리는 탓이다. 나는 어디서부터 어디까지 주체이고 객체인지, 그리고 어떻게 사는 것이 주체로 사는 것인지 그 경계가 잘 보이지 않는다. 교과서에서는 그 모든 것이 너무나 명징하지만 구체적인 현실 속 삶의 장면이 그렇게 명확히 구별될 수는 없지 않은가. 권력자들이야 왕정이나 민주정이나 권력을 향한 욕망이 다를 것이 없지만 그 욕망이 빚어낸 행위가 그 나라 민民에게 어떤 영향을 미치느냐는 나라의 정치체제에 따라 크게 다르다.

권력의 정점을 노리는 사람들이 무력을 동원할 힘이 있을 때 종종 쿠데타가 일어난다. 프랑스어 쿠데타coup d'État는 '국가에 가한 일격'이라는 뜻으로, 무력을 동원해 비합법적으로 정권을 빼앗는 행위를 가리킨다. 어느 나라나 그렇듯 그 옛날 조선에서도, 오늘날 대한민국에서도 쿠데타가 있었다. 모두 다 쿠데타라는 점은 같지만 국가 체제가 다르면 그에 대한 평가도 달라져야 한다. 우리는 이 땅에서 시간차를 두고 확연히 다른 두 체제에서 일어났던 쿠데타들을 각각 어떻게 평가할까?

쿠데타의 나라, 조선

조선은 건국 자체가 쿠데타로 이뤄진 나라다. 고려의 장수 이성계李成桂는 요동을 정벌하러 나갔다가 위화도에서 군사를 돌려 고려에 일격을 가하는 방식으로 조선을 세웠다. 그리고 그 아들 이방원李芳遠은 자신이 아들 중 건국에 공이 가장 많은데도 후계 구도에서 소외되고, 배다른 동생이 세자로 세워지자 쿠데타를 일으켜 왕좌를 손에 넣었다. 이른바 왕자의 난이다. 무력은 원하는 것을 손에 넣는 가장 손쉬운 방법이다. 야심이 있는 자가 군사력까지 갖추었다면 군사를 움직이지 않을 이유가 없다. 이처럼 조선은 태생부터 장자가 적통을 잇는다는 왕위 계승의 원칙이 제대로 지켜지지 않은 나라였다. 태종 다음으로 왕위에 오른 세종도 적통 계승이 아니었다. 무력행사가 없었을 뿐 그도 세자였던 형 양녕대군讓寧大君을 폐위시키고 왕위에 올랐다. 쿠데타의 심장은 완전히 진화되지 못했다.

드라마나 영화에서 그려지는 왕자는 꽃길만 펼쳐져 있는 로맨스의 상징이지만 실제로 조선에서 장자 아닌 왕자로 태어나는 것은 비극에 가까운 일이었다. 존재 자체가 왕위를 위협할 정적이 될 가능성이 있으므로 왕자는 아무것도 해서는 안 되고 무엇도 꿈꾸어서는 안 되었다. 자신이 왕위에 욕심이 있느냐 없느냐는 중요하지 않았다. 신하들은 세자나 왕에게 불만이 있을 경우, 곧바로 왕으로 추대할 왕실의 핏줄을 물색했다. 왕자가 역모에 연루되는 순간이다. 이때 왕자의 의지는 전혀 고려 대상이 아니다. 신하들이 멋대로 자기 이름을 거론했다고 아무리 변명해봤자 통하지 않는다. 그래서 왕자는 살아 있는 것 자체가 위험을 감수하는 일이었다. 역모는 조선에서 가장 큰 죄였고, 왕자는 언제나 자의로든 타의로든 대역죄의 싹을 지닌 인물이었다.

이런 정치함수를 몰랐을 리 없었건만 세종은 재위 기간에 꽤 특별한 시도를 했으니 바로 왕자들을 정치에 참여시킨 것이다. 세종에게는 왕자가 여덟 명 있었는데 다들 아버지를 닮아서인지 똑똑했다고 한다. 세종은 자기 경험에 비추어 왕자들이 재주를 타고났어도 세자가 될 수 없다는 이유만으로 아무것도 할 수 없고 해서도 안 되는 처지로 살아가는 것이 아무래도 안타까웠던 것이리라. 그 마음은 그렇다 쳐도 세종은 왕자들의 우애를 얼마나 믿었기에 지존의 자리를 언제고 넘볼 수 있는 그들을 현실 정치에 참여시켰을까?

세종의 뒤를 이은 5대 왕 문종이 조금만 더 오래 살았더라면,

아니 문종이 아들을 조금만 더 일찍 낳았더라면 정치세력을 형성한 동생들이 있더라도 왕좌에는 아무런 문제도 생기지 않았을지 모른다. 그러나 역사에서 가정은 아무 의미 없는 법이다. 문종은 아들을 너무 늦게 낳았고 아들 출생에 비해 너무 일찍 죽었다.

문종은 14세(1427, 세종 9)에 혼례를 올렸으나 28세(1441, 세종 23)가 되어서야 아들 단종을 낳았다. 그리고 37세(1450)에 즉위했고, 즉위한 지 2년 3개월 만인 39세(1452, 문종 2)에 지병인 종기가 재발해 죽고 말았다. 그렇게 단종은 12세에 왕위에 오르게 되었다. 단종이 즉위했을 때 작은아버지 수양대군首陽大君과 안평대군安平大君의 나이는 각각 36세와 35세였다. 그들은 정치에 오래 몸담았던 만큼 세력도 이미 다 형성되어 있었고, 원숙함과 노회함이 어린 단종에 비할 바가 아니었다.

자식은 부모를 보고 자란다. 자식이 부모의 방식을 싫어해서 반대로 행동하든 그대로 따라 하든 부모가 자식에게 미치는 영향은 대단하다. 그들의 아버지 세종은 형 양녕대군을 세자 자리에서 물러나게 한 뒤 왕위에 올랐다. 능력과 야심이 있는 왕자라면 이미 어린 시절부터 '어쩌면 나도 왕위를…?'이라고 생각하지 않았을까? 상황이 이러한데도 세종은 왕자들을 막기는커녕 현실 정치에 참여시켜 자기 능력을 한껏 발휘할 수 있게 해주었다.

왕이 될 가능성을 가지고 바라보는 정치는 신하 처지에서 보는 정치나 정치에 참여할 수는 없는 왕족 처지에서 보는 정치와는 크게 다르다. '내가 꿈꾸는 나라'를 설계할 여지가 생긴다. 여러 형제 중 사람들의 신망이 가장 두터웠던 수양대군과 안평대군의 머릿속에는 아마도 자신이 설계한 나라의 설계도가 있었을 것이다. '여차하면…'이라는 막연한 가능성과 함께 말이다.

　그러나 세자로서 문종은 이 두 사람에게 여지를 주지 않았다. 차기 왕으로서 손색없이 능력과 인품을 모두 갖춘 뛰어난 세자였기 때문이다. 문종은 8세 때 세자가 되어 그 후 약 30년간 세자로 있었고, 세종의 마지막 5년 동안은 아버지를 대신해 나랏일을 총괄했다. 재능과 두뇌가 뛰어난 형제들이 많았는데도 그들에게 조금의 틈도 허락하지 않고 긴 시간을 아무런 논란 없이 세자로 있었다는 것 자체가 그의 탁월함을 증명한다. 그는 학문적으로는 물론 신체적으로도 뛰어났다. 활쏘기에 능했고, 천문을 아주 잘 다루었으며, 수학과 음운학·병법에도 능했다. 그야말로 문무를 겸비해서 아버지 세종이 꿈꾸던 조선을 만드는 데 어느 한 분야도 빠지지 않고 도울 수 있는 역량을 갖춘 인물이었다. 그런 형이 떡 버티고 앉아 있는 이상 수양대군에게든 누구에게든 기회는 없어 보였다.

　그러나 묘한 구석에서 희망이 생겨났다. 문종이 세자 시절부터 부부관계가 순탄치 않았던 것이다. 이혼을 두 번이나 하면서 후사에 문제가 생겼다. 그리고 이 틈을 노린 수양대군은 마침내 야망을 달성한다. 어린 조카가 왕위에 오르자 할아버지 태종의 전철을 밟아 쿠데타로 정권을 탈취한 것이다. 정적을 무자비하게 살해한 계유정난癸酉靖難(1453, 단종 1)으로 권력을 쥔 수양대군은 이후 단종에게 왕위를 선양받아 즉위했다. 세조의 치세가 열린 것이다.

대한민국의
쿠데타

앞서 조선이 쿠데타의 나라라고 표현했는데, 민주공화정 국가인 대한민국에서도 쿠데타가 있었다. 1961년 5월 16일 당시 제2군사령부 부사령관이었던 박정희 소장이 일으킨 쿠데타와 1979년 12월 12일 당시 보안사령관이었던 전두환 소장이 일으킨 쿠데타가 그것이다.

한국 현대사는 극적인 사건의 연속이었다. 잔잔했던 때가 단 한순간도 없었던 듯하다. 1897년 조선이 운명을 다하고 대한제국大韓帝國이 들어섰다. 그리고 그로부터 13년 뒤인 1910년 대한제국은 일본에 국권國權을 빼앗겼다. 이후 35년간 일본의 식민통치 아래 그들이 벌인 태평양전쟁에 동원되어 수탈당하다가 1945년 8월 15일 일본의 무조건 항복과 함께 해방을 맞았다. 그러나 해방의 기쁨도 제대로 누리기도 전에 한반도는 국민들 의지와 상관없이 소련과 미국의 손에 남과 북으로 갈라지는 분단을 맞았다. 5년 뒤에는 한국전쟁이 일어나 동족상잔同族相殘이라는 비극을 겪었다. 3년 동안 이어진 이 전쟁은 그나마 유지되던 사회 기반을 완전히 무너뜨렸다.

위기는 누군가에게는 기회가 되는 법이다. 외세의 남북분단은 이승만에게는 절호의 기회였다. 그는 미국을 등에 업고 시행된 남한 단독 선거로 분단 정부를 수립하고 초대 대통령이 되었다. 그리고 그 권좌를 유지하려고 반민족행위특별조사위원회 무력화, 조봉암曺奉岩과 진보당 탄압, 거창 민간인 학살, 부산 정치 파동, 발췌개헌과 사사오입개헌 등 두 차례에 걸친 변칙적 헌법 개정, 국가보안법 제정, 불법 선거 등 자유민주주의를 훼손하는 일을 자행했다. 더는 참을 수 없었던 민심이 폭발한 4·19혁명으로 그는 그렇게 지키고 싶어 했던 대통령 자리에서 물러나야 했다.

그해 8월 12일 대통령 윤보선과 국무총리 장면을 수반으로 하는 제2공화국이 출범했다. 4·19혁명을 토대로 한 정권이었던 만큼 정치적으로 민주적인 분위기였고 반공을 기조로 했지만 급진적 통일 논의를 무력으로 탄압하지는 않았다. 그러나 제2공화국은 이듬해 봄 박정희가 일으킨 5·16군사쿠데타로 아무것도 하지 못한 채 역사 속으로 사라졌다.

그리고 등장한 박정희는 군정 기간을 포함해 18년 동안 나라의 최고 권력자 자리를 차지했다. 대한민국 역사상 가장 긴 대통령 임기였다. 로마의 초대 황제 카이사르가 공화파에 암살될 때 자신이 목숨을 구해주고 양아들로 삼아 총애했던 브루투스가 동참한 것을 보고 "브루투스 너마저!"라고 했다던가? 영원히 대통령 자리에 있을 것만 같던 박정희도 자신의 오른팔이라 믿은 중앙정보부장 김재규에게 목숨을 잃었다. 1979년 10월 26일의 일이다. 그러나 그것도 잠시, 박정희의 정치적 아들이라는 전두환이 그해 12월 12일 쿠데타를 일으켜 권력을 거머쥐었다. 그로부터 9개월 뒤 그는 대통령에 취임해 이 땅을 다시 독재의 그늘 아래 두었다.

쿠데타,
그 이후의 풍경

    그렇다면 쿠데타 이후 조선과 대한민국에는 어떤 일이 일어 났을까? 쿠데타 이후 두 나라가 어떻게 비슷하고, 어떻게 달랐는 지 살펴보자. 어느 시대든 정상적이지 않은 방법, 그것도 무력을 동원해 욕망을 채우면 반드시 무리가 따른다. 반발이 일어나는 건 약속된 순서이며, 그런 이유로 그들은 지속적으로 무력의 힘을 빌 리게 된다.

    권좌에 오른 수양대군, 즉 세조도 마찬가지였다. 그는 죽음으 로써 왕위 찬탈에 끝까지 반대한, 사육신死六臣으로 대표되는 '절 의파'의 지속적인 반발을 겪어야 했다. 성삼문成三問, 박팽년朴彭年, 하위지河緯地 등은 세조를 살해하고 단종을 복위할 거사를 계획했 다. 그때 명나라 사신이 조선에 와 있었는데, 이들을 접대하는 잔 치에 성삼문의 아버지 성승成勝과 유응부兪應孚가 무장을 하고 왕 의 좌우에서 호위하는 운검雲劍으로 배정되자 이를 이용해 거사를 일으키기로 한 것이다. 그러나 세조의 책사 한명회韓明澮가 눈치라 도 챘는지 갑작스레 별운검을 그 잔치에 배석하지 않는 것으로 운 영 계획을 바꾸면서 차질이 생겼다.

    절의파 신하들은 기왕 거사 날짜를 잡았으니 여의치 않아도 밀고 나갈지 아니면 미룰지 결정해야 했다. 신중한 문신이 다수였 던 탓일까. 거사는 미뤄지는 쪽으로 가닥이 잡혔다. 그러나 이처럼 심장을 조이는 큰일에 '다음 기회'는 없는 법이다. 미뤄지면 질수록 심장의 떨림이 더해지기 때문이다. 결국 그 부담을 감당하지 못한 김질金礩이 이를 실토해버렸다. 1456년(세조 2) 6월 2일의 일이었다. 이후 가담자들은 모진 고문을 당한 것은 말할 필요도 없고, 가문도 풍비박산 났다. 본인과 아들들은 죽임을 당하고, 나머지 가족과 친지들은 노비가 되었으며, 아녀자들은 공신들에게 나누어졌다. 이 일로 모두 70여 명이 목숨을 잃었다.

그러나 적통 왕위 계승자인 단종이 살아 있는 한 복위 운동은 계속될 게 분명했다. 조선은 왕조국가이므로 왕위는 대개 집안싸움일 수밖에 없다. 세조는 결국 혈육을 외면하는 길을 택했다. 아우 금성대군을 사육신 사건 때 경상도 순흥으로 유배 보내고 재산과 노비를 몰수했다. 이후 금성대군이 유배지에서 한 번 더 복위 거사를 계획하자 결국 사사賜死했다.

단종의 누나인 경혜공주는 유배를 보냈다가 관비로 내몰았다. 일국의 공주이자 자신의 조카에 대한 처분이 이러했다. 경혜공주의 남편 정종鄭悰은 전라도 광주로 유배 보냈다가 5년 뒤 역모를 꾀했다는 이유로 능지처참했다. 배다른 동생 화의군 이영, 한남군 이어, 영풍군 이선의 목숨도 빼앗았다. 단종의 장인인 송현수 부부도 살해한 뒤 종친 명단에서 삭제했고, 단종의 유모 혜빈 양씨까지 죽였다. 그리고 이 모든 갈등의 뿌리인 단종은 노산군魯山君으로 강등해 강원도 영월로 유배를 보냈다가 이듬해 금성대군의 역모를 계기로 평민으로 강등했지만 이 종착역에는 그의 죽음이 있었다.

문제없이 이어오던 왕위를 뒤엎었으니 반발이 있는 것은 당연하고, 정권은 이를 방어하려면 철권통치적 속성을 보일 수밖에 없다. 게다가 이런 일을 벌이는 사람은 대개 자아가 강하다. '내가 아니면 안 된다'는 생각이 있기 때문에 일을 강행한다. 당연히 권력을 물샐틈없이 자기 손에 쥐려는 경향을 보인다. 세조도 마찬가지였다. 의정부서사제議政府署事制를 태종 때 시행했던 육조직계제六曹直啓制로 전환해 다시 왕권을 강화하려는 행보를 보였다.

그러나 무자비한 권력욕을 보인 세조를 재고할 여지가 아주 없는 것은 아니다. 세조가 수많은 사람의 피를 보며 집권했다지만 그는 누가 뭐래도 조선의 틀을 잡아간 세종의 아들이었다. 왕자 시절부터 행정에 뛰어들어 일한 경험도 적지 않았기에 왕으로서 세조의 치적은 나쁘지 않았다. 태조부터 문종까지의 치적을 기록한 《국조보감國朝寶鑑》을 편찬했고, 고대사부터 고려사까지 정리한 《동국통감東國通鑑》을 편찬케 했으며, 그간의 법령을 정리하고 체계화해 《경국대전經國大典》을 거의 완성했다. 한반도 최초의 실측지도인 《동국지도東國地圖》를 제작했으며, 각종 불교 서적도 간행했다. 군사 부문에서는 요충지마다 진관을 설치하여 이를 중심으로 독자적으로 적을 방어하게 하는 진관체제鎭管體制를 완성했다. 또 토지에서 세금을 거둘 수 있는 수조권收租權을 현직 관리에게만 부여하는 직전제職田制를 도입해 왕권을 뒷받침하고 국가 재정을 건실하게 한 것도 그의 치적이다.

세조는 개인적으로는 금욕적이고 검소했다. 자신은 물론 나라 살림에서도 불필요한 관청과 관직을 없앴다. 그는 피를 흘려 권력을 쟁탈했다는 과거를 속죄라도 하듯 재위 14년 동안 참으로 부지런히 국정을 운영했다. 비록 쿠데타로 시작했지만 그는 나름대로 조선을 위해 최선의 노력을 기울였다고 볼 수 있다.

그렇다면 대한민국 쿠데타 이후 풍경은 어땠을까? 한마디로 혼란의 연속이었다. 박정희는 쿠데타 직후 언론부터 장악했다. 1960년 3·15부정선거 때 이를 규탄하는 마산의 항쟁을 〈부산일보〉와 부산MBC가 놀라울 정도로 발 빠르게 보도하면서 이것이 전국 규모로 확대돼 4·19혁명으로 번지는 모습을 보았기 때문이다. 그런 전철을 밟지 않고자 군사정부는 정부기관지 〈서울신문〉과 국영방송 KBS를 장악했고, 〈민족일보〉 사장 조용수를 사형에 처했으며, 〈부산일보〉와 MBC, 부산MBC를 사유화했다. 언론·출판이 철저히 통제당했으며 대학은 휴교를 반복했다. 머리 길이, 치마 길이도 마음대로 하지 못했고, 대중가요도 정부의 지도 방침에 맞는지 사전 검열당해야 했다. 삼선개헌을 강행해 세 번째로 대통령이 되는가 하면 마침내 1972년 10월에는 '유신헌법'을 만들어 종신집권을 시도했다. 욕망이 강해질수록 통제도 강해지는 법이다.

박정희의 쌍생아 전두환도 다를 것은 없었다. 무력으로 정권을 장악하고 전국에 비상계엄을 선포한 그는 이듬해인 1980년 5월 18일 '비상계엄 해제'와 '신군부 퇴진'을 외치는 비무장 상태의 광주 시민들을 향해 발포를 명했다. 군인이 국민을 죽인 것이다. 국민을 지키기 위해 존재하는 국군이 정부 친위대로 전락한 순간이었다. 무력으로 선 정부는 이렇게 더 악랄한 무력으로 지켜졌다. 이후 1987년 6월 항쟁으로 대통령 직선제 개헌과 평화적 정부 이양 등을 주요 내용으로 하는 6·29선언이 나오기까지 1980년대는 줄곧 대학생들을 주축으로 한 민주화 투쟁으로 점철되었다. 국민들은 권력을 지키고자 나라의 주인인 국민에게 최루탄을 쏘는 경찰과 군인이 무차별로 무력을 행사하는 세월을 견뎌야 했다.

대통령으로서 박정희와 전두환에게는 어떤 치적이 있을까? 이 문제는 오늘날 한국 사회에서 툭하면 불거지는 논쟁거리다. 경제발전의 성과와 독재라는 폐단을 함께 논의해야 하는지 따로 떼서 논의해야 하는지가 주된 논쟁 대상이다. 특히 박정희가 대통령으로 있던 18년간 한국 경제는 비약적으로 성장했다. 1953년 한국전쟁이 끝난 뒤 대한민국은 그야말로 가난과 기아가 일상인 나라였다. 그런데 세계 최빈국이었던 그 나라가 50여 년 만에 죽음의 가난을 털어내고 세계 무역대국으로 발돋움하는 기적을 이뤄냈다. 많은 이들이 그 기적의 동력을 20년 가까이 권좌에 있으면서 국가주도형 경제개발 정책을 추진한 박정희의 공으로 돌린다. 그가 수출주도형으로 국가 경제의 체질을 개선하며 산업화를 이루어냈고, 고속도로의 가치를 알고 경부고속도로를 설치했으며, 살기 좋은 농촌을 만들려고 새마을운동을 전개했다는 등의 치사가 그 예다.

그러나 이 시기 경제를 논하려면 당시 냉전에 따라 소련과 날카로운 대립으로 날을 세웠던 미국 케네디 정부가 이념적으로 갈라져 북한과 대치한 남한의 경제발전을 절대로 포기할 수 없어 이를 적극적으로 후원했다는 사실을 빠뜨려서는 안 된다. 더구나 그 와중에 한국 정부가 대책 없는 주가조작·화폐개혁·예금 동결 등으로 국가 경제를 파탄으로 몰고 갔던 점, 거점 개발 방식을 선택해 서울과 지방 간 불균형이 되돌릴 수 없을 정도로 깊어지게 만들었다는 점, 새마을운동이 농촌의 지붕은 바꾸었을지 모르지만 오늘날 더는 농촌에서 젊은 세대를 찾아볼 수 없게 만들었다는 점 또한 간과해서는 안 된다. 아무리 비약적인 경제발전을 했다고 하더라도 이렇게 무수한 문제점을 만들어냈는데 과연 이것을 성공이라고만 할 수 있을지에 대한 논의도 함께 해야 한다. 그 후 단지 박정희 정권이 뿌린 씨앗의 열매를 수확하기에 바빴던 전두환의 5공화국은 더 말할 것도 없을 것이다.

효율과 합의,
무엇을 선택할 것인가?

사람들은 대개 세조에 대해서도, 박정희와 전두환에 대해서도 쿠데타는 쿠데타고 치적은 치적이라는 논리로 접근한다. 그러나 세조의 쿠데타와 박정희·전두환의 쿠데타는 문제가 전혀 다른 곳에 있다. 세조의 쿠데타는 왕정체제에서 일어났지만 박정희·전두환의 쿠데타는 민주공화정체제에서 일어났다는 점이다. 별것 아닌 것 같지만 이는 실로 엄청난 차이다. 세조의 쿠데타는 체제를 전복하지 않았지만 박정희·전두환의 쿠데타는 체제를 전복했다.

세조는 왕이었던 조카 단종을 몰아내고 왕이 되었지만, 이는 왕정국가라는 조선의 기조에 해를 주는 일은 아니었다. 그래서 세조는 백성을 해칠 필요가 없었다. 단종이 왕인 나라에서도 백성은 정치의 객체이자 피지배자일 뿐이며 세조가 집권한 나라에서도 그 위치는 마찬가지였다. 세조가 경계해야 할 대상은 왕위를 노리는 대신과 혈육이었지 백성이 아니었다.

하지만 박정희·전두환의 경우는 다르다. 이들의 쿠데타는 민주국가라는 대한민국의 기조를 공격한 것이다. 민이 주인인 체제를 전복했으므로 이들은 국민을 해쳐야 했다. 국민이 나라의 주인이자 정치의 주체인 나라에서 권력의 대표자 자리를 무력으로 강탈해 국민의 권리와 의무를 박탈해버렸으니, 이들이 경계해야 할 대상은 주인 될 권리, 즉 주권을 요구하는 '모든' 국민이었다. 그래서 그들은 끊임없이 국민을 감시하고, 위협하고, 죽여야 했다. 이것이 바로 세조의 쿠데타 이후와 다르게 국민의 저항이 끊임없이 일어난 이유이기도 하고, 그들이 저지른 정치적 과오를 떼어놓고 치적을 논하기 어려운 요인이기도 하다.

대한민국 국민은 아직 조선 백성의 사고를 완전히 떨치지 못했다. 12년간 집권하고도 권력욕을 놓지 못하다가 부정선거로 대통령 자리에서 물러난 이승만을 '국부國父'라고 하는 것이나 그 뒤를 이어 18년간 집권하고도 권력욕을 놓지 못해 종신 대통령을 꿈꾸다 부하에게 살해당한 박정희를 위대한 대통령 또는 왕처럼 떠받드는 모습을 보면 왕정과 민주정 사이에서 착란을 겪는 것 같은 묘한 느낌을 받는다.

민주주의의 가치를 제대로 배우지 못한 사람들 중 일부는 이승만, 박정희, 전두환을 우리의 지도자라고, 우리는 그의 백성이라고 받아들였다. 민주화 시위가 지식인 집단인 대학생들을 중심으로 일어난 것은 바로 이런 이유 때문이었을 것이다. 1987년 6월 항쟁을 이끈 대규모 시위에는 이른바 '넥타이 부대'로 불린 직장인들이 가세했는데, 이들의 참여도 민주주의에 대한 순수한 열망이라기보다는 이제 20대 초반에 불과한 대학생들에게 가해지는 공권력의 무지막지한 탄압을 보며 분노가 임계점을 넘어섰기 때문인 탓이 크다. 타인에 의해 갑자기 받아들인 민주주의는 외적 형태는 빨리 자리 잡았지만 내부의 진짜 의미는 왕정과의 끊임없는 의식적·무의식적 부딪힘 속에서 서서히 습득되고 있다. 박정희와 전두환 두 사람의 마지막 모습이 우리에게 그 세월을 거치며 성장한 국민의 수준을 보여준다.

박정희가 김재규에게 살해당한 10·26사태 다음 날 온 나라는 슬픔에 잠겼다. 극소수만이 독재자의 죽음을 반겼을 뿐이다. 어느 학교 선생님에게서, 박정희 사망 소식을 듣고 '독재자가 죽었다'고 기뻐하며 이튿날 학교에 출근했더니 정작 교실의 모든 학생이 박정희의 죽음을 애도하며 서글프게 울고 있었다는 이야기를 들은 적이 있다. 실제로 박정희의 국장國葬 당시 그의 죽음을 진심으로 슬퍼하는 사람들의 추모행렬이 200만 명을 넘어섰다. 아직까지 그의 제사를 지내는 이들이 있는 것도 사실이다. 그러나 전두환의 독재는 1987년 6월 항쟁과 함께 5공화국 비리를 규명하기 위한 '청문회'로 막을 내렸다. 사람들은 연일 그와 그의 무리를 향해 "죽일 놈!"이라고 비난을 퍼부었다. 그는 결국 1995년 노태우와 함께 구속되어 전직 대통령 두 명이 한꺼번에 수감되는 초유의 역사를 기록했다. 비록 수감 2년여 만에 특별사면되는 아쉬움을 남겼지만 말이다.

박정희 독재가 끝났을 때 대부분 국민은 슬퍼해야 할지 기뻐해야 할지도 정확히 알지 못했다. 그러나 전두환 독재가 끝났을 때 우리는 어떤 표정을 지어야 하는지 정확히 알았다. 경제도 어느 정도 성장했고, 교육도 받았고, 독재가 무엇인지 민주가 무엇인지도 어느 정도 알았기 때문이다. 두 사람의 치적을 바라보는 방식도 이 지점에서 갈린다.

독재는 대한민국 역사에서 낯설지 않다. 자유민주주의를 기치로 내건 민주공화국으로 출범했지만 민주주의를 미처 배우지 못하고 시작했기 때문이다. 그렇다면 왕정국가와 민주국가의 가장 큰 차이점은 무엇일까? 어떤 국가적 과제를 '효율'의 관점에서 해결하느냐 '토론'과 '합의'의 관점에서 해결하느냐에 달려 있다고 생각한다. 어찌 보면 전근대적인 왕정은 효율적이다. 한 사람이 결정해서 끌고 나가기 때문이다. 반면 민주주의는 어떤가? '민주'라는 말에는 나라를 구성하는 국민 한 사람 한 사람이 그 자체로 주체, 왕이라는 뜻이 담겨 있다. 나라의 모든 일에 국민 모두가 각자 의견을 충분히 말하고, 치열하게 토론하고 합의해서 결정하는 게 민주주의의 기본 원리다. 대한민국은 민주공화국이라고 규정되어 있으니 후자의 방식을 택하는 것이 맞다. 설령 소모적이고 비효율적으로 보일지라도 말이다.

그러나 앞서도 말했듯이 우리의 집단 무의식이 아직 '효율'의 정치, 즉 '왕정'에 익숙하다는 데 문제가 있다. 모두 다 말을 하면 합의하는 데 시간이 걸린다. 시끄럽기도 하고 다들 자기 이익을 내세우는 데 여념이 없어 배가 산으로 갈 것만 같은 기분도 든다. 매우 효율적이지 못한 의사결정 과정처럼 보인다. 그래서일까? 한국은 민주국가인데도 선거나 캠페인마다 항상 '단합' '단결'이라는 말이 등장한다. 세조처럼 박정희·전두환의 쿠데타를 평가할 때도 늘 '치적'이라는 효율의 관점으로 바라본다. 그 무엇보다 효율성이 최우선 가치인 것처럼 보인다. 이런 것만 본다면 우리는 '독재'가 싫은 것이 아니라 '선한 독재'를 강력히 원하는 것은 아닐까 하는 생각이 든다. 멸사봉공滅私奉公만 해준다면 얼마든지 독재해도 괜찮다고 생각하는 건 아닐까 하는….

그러나 단언하건대 선한 독재는 없다. 절대 권력은 반드시 타락한다. 그리고 타락하지 않는 선한 사람 한 명이 정치를 잘 이끈다 해도 그에게 의지한 국민들이 스스로 일어서는 법 자체를 잃어버리면 그것이 곧 그 선한 이의 죄가 된다. 이후 또 다른 독재가 무리 없이 자리 잡는 계기를 제공하기 때문이다. 세상일은 선의만으로 이루어질 수 없다.

어떤 사회든 사람이 모여 서로 존중하는 법을 배우고 평등하게 말하고 견제할 수 있을 때 비로소 건강해진다. 시간이 걸릴지라도, 그 과정이 지난할지라도 이것이 나라의 뿌리가 가장 강해지는 길이다. 평범한 '나'가 나라의 주인이 되는 세상을 살아본 경험이 긴 역사에 비해 너무 짧다. 그러나 그 평범한 '나'가 주인으로 살아가는 세상이 백성으로 살아가는 세상보다 얼마나 안전하고 풍요로운지 그 짧은 세월 속에서도 우리는 직접 경험하고 있다. 무엇보다 '공公'이라 불리는 권력자를 위해 '백성'이 무조건 희생당하지 않아도 되는 세상이다. 또 지도자를 우리 모두의 손으로 뽑아 세웠기 때문에 그들의 잘못에 책임을 물을 수 있다. 평범함이 평등하게 가치를 인정받는 세상이 된 것이다. 민주주의의 탈을 썼을 뿐 이 체제가 어떻게 기능하는지, 어떤 가치를 갖는지 제대로 알지 못해 권리보다 의무를 강요당하면서도 "왜?"냐고 묻지 못했던 시절을 평범한 우리는 점점 극복해내고 있다.

잊지 말아야 할 것은 평범한 '나'는 바로 '우리 모두'라는 것이다. '너'가 존중받지 못하면 '나'도 존중받지 못한다. '나'만 존중받으면서 '너'는 어떻게 되어도 괜찮다는 생각은 우리 사회를 다시 병들게 할 것이다. '너'의 권리가 존중받도록 '나'가 도와야 한다. 그리고 우리는 서로에게 이를 단호히 요구할 수 있어야 한다.

어느 시대에나 위기는 온다. 그때마다 문제를 해결하기 위해 효율성만 따지면서 귀와 입을 닫고 그저 위에서 시키는 대로 달리기만 한다면 평범한 개인들이 주체가 되는 세상은 결코 오지 않는다. 그렇게 위기를 극복해냈을 때 그 번영은 누가 누리게 될까? 주체이기를 포기하고 망각한 이들에게 마치 자신이 주체인 척 명령을 내린 이들이 번영을 거저 내줄 리 없다. 이제 우리는 '효율성'이라는 막강한 기제를 극복해야 할 시점에 와 있다. 시끄러운 것이 곧 혼란을 의미하지는 않는다. 선악의 가치 판단도 없이 그저 한 방향으로 내달려가는 것이 진짜 혼란이다. 오늘날의 위기는 한두 사람의 명령 아래 똘똘 뭉쳐서는 해결할 수 없다. 모든 이가 책임감을 가지고 진심을 다한 지혜로 매달려야 돌파할 가능성이 우리 눈앞에 보일 것이다.

2장

법 치 국 가

'법으로 다스리는 나라'의 의미는 무엇인가

불법,
그 무서운 단어의 위력

몇 년 전 청년을 위한 인문학 강좌를 기획한 적이 있다. 한 학기에 한 번씩 2년 동안 4회를 운영했는데 난민을 주제로 한 강의도 한 차례 포함했다. 강사가 준비해온 강의가 끝나고 질의응답 시간이 되었을 때 누군가 무섭고도 흥미로운 질문을 던졌다.

"난민은 불법 체류하는, 그러니까 법을 어긴 사람인 셈이잖아요. 그런데 왜 도와줘야 하죠?"

한국은 1992년 난민 지위에 관한 유엔협약과 난민의정서에 가입한 뒤 출입국관리법을 개정해 1994년부터 난민 신청을 받기 시작했다. 그러므로 난민 신청을 한 사람들을 법적으로 보호해야 할 의무가 있다. 그러나 신청자 전원에게 난민 허가가 떨어지는 건 아니며, 그렇지 못한 사람은 불법 체류자가 된다. 난민은 해당 국가가 혼란과 폭력으로 치안이 완전히 파괴되어 자국민을 전혀 보호할 수 없는 상태가 되있을 때 발생하며, 국제사회는 인도주의적 차원에서 이들을 구제해야 한다.

나는 강사가 이 질문을 던진 수강생에게 답하기 전, 청중 사이에서 먼저 비인도적 자세에 대한 지적이 쏟아질 줄 알았다. 그런데 의외로 많은 수강생이 그의 질문에 동조하는 것을 보고 놀라지 않을 수 없었다. 그들은 난민들이 법을 어겼다는 데 큰 비중을 두는 것 같았다. 이들은 법에 대해 어떤 개념을 지녔기에 사람보다 법을 더 중요시할까? 그 순간, 난민 문제보다는 법 강의가 먼저 필요하겠다는 생각이 들었고, 바로 다음 강의에 법과 관련된 주제를 배치했다.

2014년 4월 16일, 우리는 진도 앞바다에서 전해온 황당하고도 처절한 소식을 접했다. 수학여행을 가는 많은 학생을 실은 '세월호'라는 배가 침몰했다는 소식이었다. 그날 날씨는 맑았고 바다는 잔잔했다. 배는 오전 8시 50분경 기울기 시작해 11시 18분경 선수만 수면 위에 남겨둔 채 완전히 가라앉았다. 이 사건으로 실종 5명을 포함 304명이 목숨을 잃었다.

어처구니없는 것은 구조가 어려운 상황이 아니었는데도 대한민국 역사상 두 번째로 사상자가 많은 사고가 되었다는 점이다. 그리고 사상자 중 절대다수인 250명이 수학여행을 가던 고등학생들이었다. 구조 잠수부는 적절히 투입되지 않았고, 사건 조사는 계속

미뤄졌으며, 정부는 사과하지 않았고, 적극적인 대책도 마련하지 않았다. 수뇌부 중 아무도 이 엄청난 사건에 책임을 지지 않았다. 오히려 "청와대는 재난 컨트롤타워가 아니다"라는, 정부가 존재하는 이유를 알 수 없는 발언을 서슴지 않았다.

생떼 같은 자식을 잃은 부모들이 이런 상황에 어떻게 분노하지 않을 수 있겠는가? 부모를 비롯해 국민들이 모든 의혹을 밝히라고 요구했으나 정부는 묵묵부답이었다. 추모와 더불어 진상 규명을 원하는 집회가 시작되었다. 그러나 집회가 시작되자 한 단어가 따라붙기 시작했다. 다름 아닌 '불법집회'라는 단어였다.

2015년 11월 14일 또 하나의 비보가 전해졌다. 이날 민중총궐기에 참여한 농민 백남기 씨가 경찰이 쏜 물대포에 맞아 뇌사 상태에 빠졌다는 소식이었다. 그는 황급히 병원으로 이송되었으나 결국 깨어나지 못한 채 이듬해 9월 25일 사망했다. 이날 경찰이 시위하는 시민을 어떻게 다루었는지 그 참상이 사회관계망서비스SNS 곳곳에 사진으로 퍼지며 'Pray for Korea(한국을 위해 기도해주세요)'라는 문구가 SNS 프로필을 수놓았다.

당시 정부는 이때도 역시 '불법집회'라는 카드를 꺼내들었다. 구은수 서울경찰청장은 기자간담회에서 "집회 참가 농민이 다친 건 안타깝지만 애초에 폴리스라인을 훼손하고 불법집회로 변질시킨 책임은 시위대에 있다"라고 견해를 밝혔다.

2016년 가을에 시작해 이듬해 봄까지 이어지며 박근혜 대통령 탄핵을 이끌어낸 촛불집회도 내내 '불법 노이로제'에 시달리며 진행되었다. 한국은 원칙적으로 집회와 결사의 자유가 있는 나라이지만 이를 불법으로 만드는 것은 일도 아니었다. 시행 세칙을 조금만 건드리면 집회는 언제든 '불법'으로 변질될 수 있었다.

그동안 한국에서는 어떤 집회든 '불법'이라는 딱지를 붙이면 효과 만점이었다. 사람들의 시선과 생각이 이 '불법'이라는 단어에 갇혀버리기 때문이다. 사람들은 이 마법의 단어 앞에서 "어쨌든 불법은 나쁜 거잖아" "이유야 어떻든 법을 어겼으면 처벌은 어쩔 수 없지"라며 포기하고 외면했다. 이 '불법'이라는 단어가 붙는 순간 집회 이유에 대한 정당한 의문은 오간 데 없이 사라지고 불법성만 부각되어 사회적 비난에 무방비로 노출되었다. 가뜩이나 힘이 없어 최후의 수단으로 거리로 뛰쳐나왔는데도 돌아오는 것은 사람들의 싸늘한 시선뿐이었다.

촛불집회 내내 시민들은 불법이라고 비난받지 않으려고 최선을 다했다. 많은 사람이 참여했지만 몸을 옹송그리고 또 옹송그리며 그 어떤 것에도 걸리지 않으려고 신경을 곤두세웠다. 이는 '불법'이 발견되는 순간 무력으로 응대할 공권력이 두려워서이기도 했지만 우리 스스로도 '법치'를 잘못 이해했기 때문이기도 하다. 물론 법은 지켜져야 한다. 그러나 그전에 물어야 하는 것은 법은 무엇인가 하는 것이다. 그래야 그놈의 '불법'이 무엇인지 물을 수 있다. '불법'을 전가의 보도처럼 휘두르는 상황을 끝내려면 우리 질문은 뿌리를 향해야 한다.

조선,
'덕치'를 법으로 구현하다

'법치'란 무엇일까? 말 그대로 '법의 지배'라는 뜻이다. 법의 지배는 크게 두 가지 의미로 해석할 수 있다. 먼저 좋은 법의 지배든 나쁜 법의 지배든 그저 그 나라에서 실제로 확인할 수 있는 '실정 법률'에 따라 나라가 다스려진다는 의미일 수 있다. 두 번째는 그 사회의 도덕과 정의의 요청을 충족하는 법을 사회 구성원의 합의로 설정하고, 거기에 기초해 나라를 다스린다는 의미일 수도 있다. 전자의 법치를 법률주의, 후자의 법치를 입헌주의라고 할 수 있다.

그렇다면 우리나라에서 널리 사용되는 '법치'는 어떤 법치일까? 촛불집회와 대통령 탄핵을 겪은 뒤로 법치는 입헌주의를 의미한다는 의식이 크게 확산되었다. 그러나 일상에서는 여전히 "법이 그렇습니다"라는 말 한마디면 꼼짝 못하는, 법이면 무조건 지켜야 한다는 법률주의를 따른다. 두 개념이 혼재되어 흘러가는 양상이다.

그러나 우리가 소리 높여 '법치'를 부르짖으며 이 나라를 법치주의 원칙 위에 세우려는 이유는 법치의 진정한 의미가 '입헌주의'를 의미하기 때문이다. 헌법으로 권력을 통제하고 국민 개개인의 자유를 보장하는 입헌주의 원칙이 지켜져야만 권력자의 임의적 통치로부터 국민이 나라의 주인으로서 자신들의 기본권을 지켜낼 수 있다.

입헌주의, 즉 법치의 근간이 헌법이라는 사실은 대한민국 출범 이후 공교육에서 이미 모든 학생에게 가르친다. 그런데 왜 우리는 제헌절 기념식이나 법조계 수장의 취임사에서 "법을 엄정하게 집행해 법치주의를 수호하겠습니다"라는 연설을 들으며 그 말이 잘못되었다고 느끼지 못할까? 왜 우리는 '법'이라고 하면 형벌, 범죄, 범법, 처벌 같은 말들만 떠올리고 권리보다 의무에 집중할까?

물론 이런 현상은 이 나라가 대외적으로 민주공화국이라는 이름을 내걸었음에도 법 위에 군림하는 권력자들을 숱하게 겪었기 때문일 것이다. 그들에게 국민이 헌법의 의미를 제대로 이해하는 상황은 권력의 위기를 의미한다. 국민들은 그저 법을 두려워하면 그만이다. 그래야만 자신이 곧 법이 되어 조변석개朝變夕改하는 법 같지 않은 법에도 그것이 마치 정상인 양 국민이 복종하게 만들 수 있기 때문이다. 설상가상으로 왕조국가 조선을 심정적으로 마무리하지 못한 국민들이 법치의 의미를 잘못 이해했기 때문이기도 하다. 왕조국가에서 피지배자는 주어진 법을 지켜야 할 뿐 법을 만들 수 있는 존재가 아니다. 그러나 여기서 생각해보아야 하는 것은 과연 조선이 입헌주의에 입각한 법치주 개념이 전혀 없었던 나라였는가, 또 조선의 백성들은 권리 없이 그저 주어진 법에 복종하기만 해야 하는 존재였는가 하는 문제다.

사람들의 편견과 달리 조선은 생각보다 짜임새가 훨씬 탄탄한 나라였다. 물론 우리가 알고 있는 서구식 '입헌주의' 개념이 알려진 것은 조선시대 말이다. 1857년 실학자이자 사상가였던 최한

기崔漢綺가 《지구전요地球典要》에 영국과 미국의 정치제도를 소개하면서 입헌주의가 처음 알려졌고, 이에 대한 논의는 1880년대 들어서 시작되었다. 그러나 여기서 주의해야 할 것은 입헌주의가 서구에서 들어온 말이라는 점이다. 그러니 이 단어를 사용하지 않았다고 해서 우리에게 이와 비슷한 전통이 없었다고 단정 지어서는 안 된다. 그 단어만 없었을 뿐 유사한 개념은 얼마든지 있을 수 있다. 조선은 철저히 기획되어 건국되었고, 그것은 곧 법으로 나타났다.

보통 동양의 법 전통은 '법가法家'로 이야기되는 경향이 있다. 법가는 전국시대戰國時代에 '엄격한 법을 통한 통치'를 주장한 한비자韓非子가 집대성했고, 진나라가 이 사상을 적극 수용해서 통일을 이루면서 이름값을 얻었다. 그러나 법가의 법치는 권력자가 정한 법에 따른 수직적 지배만 의미하며, 그 법이 백성들을 위해 어떤 의미를 담고 어떻게 제정되었는지는 관심을 기울이지 않는다. 지배자의 힘을 강고히 할 목적으로 법을 이해하기 때문이다. 법을 통해 신하와 백성의 절대적 복종을 끌어내 국가를 효율적으로 운영하는 데만 초점을 맞추었다. 그래서 엄벌주의 형태를 띤다.

이는 확실히 군주의 권력 강화와 효율적 통치에 도움이 많이 된다. 그러나 전통과 관습이 축적해놓은 힘도 무시할 수 없다. 이를 무시하고 새로 만든 기준만 강요하며 숨 쉴 틈조차 없이 엄격한 상벌로 다스린 진나라는 통일제국을 설립한 지 불과 16년 만에 끝을 보았다.

이후 들어선 한나라는 진나라를 거울삼아 통치 방향을 유학의 덕치德治 쪽으로 선회했다. 하지만 한나라 유학은 조선이 나라의 토대로 삼은 유학과는 조금 다르다. 한나라의 통치는 유가를 앞에 내세우고 실제로는 법가 방식으로 통치했다고 일컬어지는데, 이는 당시 법가가 유가와 관련이 깊었기 때문이기도 하다. 오늘날 우리는 유학이라고 하면 공자와 맹자를 떠올리지만, 공자 사후 전국시대에 공자 사상을 계승하며 널리 이름을 떨친 사람은 맹자가 아니라 순자荀子다. 법가를 집대성한 한비자가 바로 순자의 제자라고 알려져 있다.

공자는 인간과 인간의 삶에 대해 풍성하게 논했지만 인간의 본성에 대해서는 말하지 않았다. 이후 인성에 대한 의견이 갈리는 것은 당연했다. 맹자는 인간의 본성 안에 선善의 가능성이 있다고 보았으나 순자는 인간의 자연적 속성은 악하지만 사회적 속성이 선을 지향하므로 교육으로 선해질 수 있다고 보았다. 그리고 한비자는 순자가 말했던 인간의 본성 중 자연적 속성 안에 있는 악을 전면으로 끌어올려 내세웠고, 이것을 제어하는 데는 상과 벌이라는 '이익'을 제시하는 것이 훨씬 효율적이라고 주장했다.

그러나 조선의 유학은 송나라 때 일어난 새로운 유학인 성리학으로 다시 맹자를 조명한 학문이다. 조선을 설계한 이들은 바로 이 성리학을 공부하며 조선을 계획했다. 그러므로 조선이 만든 법 개념은 법가와 방향이 크게 다를 수밖에 없다. 정도전과 신진 유학자들은 민본民本의 나라를 꿈꿨고 이를 실현할 바탕을 유학에서

찾았다. 유교적 이상국가라는 지향은 만만치 않은 목표다. 임금은 민본을 기본으로 조종祖宗의 성헌成憲을 받들어 성군이 되어야 한다. 플라톤의 철인정치론이 현실에 실현된 나라가 바로 조선이다.

유교 정치의 기본은 덕으로 다스리는 '덕치'다. 《논어》〈위정爲政〉편에서 공자는 다스림에 대해 이렇게 말했다.

> 법으로 이끌고 형벌로 통제하면, 사람들은 어떻게든 법망을 빠져나가 형벌만 면하면 그뿐이라고 생각하지 잘못된 행동을 부끄러워할 줄은 모르게 됩니다. 그러나 올바른 가치와 철학으로 이끌고 예의로 통제하면, 사람들이 부끄러움도 알고 스스로 마음을 올바르게 할 줄도 알게 되지요.

즉 덕에 따른 통치는 도덕과 윤리로 다스리는 것을 말한다. 그러면 눈에 보이지 않는 덕을 어떻게 가르칠까? 모델을 보여주면 된다. 그렇다면 그 모델은 누구여야 할까? 그가 바로 훌륭한 임금, 즉 '성군'이다.

법은 사람이 만들고 도덕과 윤리는 오랫동안 사회적 합의에 따라 형성되는 개념이다. 도덕과 윤리는 혼자 만들 수 없으며, 인간 보편의 정서가 담겨야 한다. 그러므로 사회의 윤리와 도덕이 잘 자리 잡히면 기준이 내부에 있으므로 몇몇 사람의 농간이나 일시적 시류에 사회 근간이 쉽게 흔들리지 않는다. 하지만 법과 형벌로 다스리면 사회 기준이 외부에 있으므로 그 원칙을 만든 사람보다 힘이 센 누군가가 나타나 원칙을 바꿀 수 있다.

이런 상태가 되면 원칙은 이름값을 잃는다. 사람들은 눈속임만 하면서 걸리지 않으면 된다고 생각하게 된다. 회사 내규든, 법이든 힘이 있는 세력이 자기들 입맛대로 슬쩍 바꿔놓고 사람들이 "왜죠?"라고 물을 때 "원칙이 그렇습니다"라고 답한다면 그게 어떻게 제대로 된 원칙이라 할 수 있으며, 어느 누가 받아들일 수 있겠는가? 힘의 논리에 따라 멋대로 바뀌는 원칙은 원칙이 아니다.

조선은 원칙을 계속 원칙일 수 있는 방향으로 나라를 이끌어가고자 했다. 그들이 이렇게 덕치를 주장한 이유는 조선이 통치 이념으로 삼은 유학, 즉 공자에서 맹자로, 맹자에서 주자로 이어진 성리학이 인간의 본성을 기본적으로 선하다고 보았기 때문이다. 그래서 조선은 기본적으로 법을 형법 중심으로 생각하지 않았다. 유학의 통치 이념을 담고 있는 《대학》의 삼강령三綱領은 다음과 같다.

대학의 도道는 인간 안에 있는 밝은 덕을 밝히는 데 있고, 백성을 새롭게 하는 데 있고, 지극한 선에 머무는 데 있다.

'인간 안에 있는 밝은 덕'이라는 대목에서 이들이 인간의 본성을 선하게 보았다는 것을 알 수 있다. 이에 따르면 본격적인 학문을 하는 길은 나를 선하게 만드는 게 아니라 내가 원래 선하다는 것을 알고 세상의 더께 속에 묻힌 내 선을 찾아내 다시 밝게 하는

데 있다. 그 방법을 찾아 백성에게도 가르쳐서 그들을 새롭게 하고, 더 나아가 덕이 오염되지 않게 선한 상태를 유지하는 것이 그들이 해야 할 일이었다. 기본적으로 사람들이 선해지면 송사가 일어날 일이 없으니 말이다. 그러므로 성리학적 통치 이념을 내세운 조선에서는 형벌보다 백성을 가르쳐 윤리를 알게 하는 '교화'가 더 중요한 가치였다.

그렇다면 이렇게 열심히 잘 닦이고 교화된 덕은 어떤 모습이어야 할까? 덕이라는 가치가 구현될 현실의 구체적 틀은 무엇일까? 유학에서는 '예禮'가 바로 그 틀로 기능한다. 조선이 예에 목숨을 건 까닭도 여기에 있다. 현대에는 '예의' '예절' 등으로 의미가 축소되어 몸가짐이나 사람을 바르게 대하는 자세 등으로 알려져 있지만 원래 예의 의미는 매우 넓고 크다. 예는 공동체에서 개인의 위치를 결정하고, 개인이 개인과 개인, 개인과 공동체 사이에 맺는 관계의 적절한 형태를 정의한다. 즉 그 사회의 질서 또는 모두가 받아들이는 관습법이 되는 것이다.

예는 개인의 분수分數를 결정한다. 분수는 개인의 타고난 신분이나 처지 등을 뜻한다. 사회 구성원 모두가 '분수에 맞게' 자기 위치를 지키며 살 때 사회가 질서 있고 조화롭게 된다. 《논어》〈안연〉편에는 "임금은 임금답고, 신하는 신하답고, 아비는 아비답고, 자식은 자식다워야 합니다[君君, 臣臣, 父父, 子子]"라는 말이 나온다. 이것은 제나라 경공景公이 정치의 기본 원칙을 물었을 때 공자가 해준 답으로, 예치禮治를 바탕으로 사회가 질서와 조화를 이루는 원리를 가장 잘 나타낸 표현이다.

유학에서는 자신이 처한 분수 안에서 마땅히 해야 할 바를 찾고 실천하면 사회는 질서가 잡혀 혼란할 일이 없게 된다고 가르친다. 예치의 원칙에 예외는 없다. 왕도 그 질서 안에 놓인다. 공자의 말처럼 임금이 임금답지 못하면 임금일 수 없다. 임금도 임금이라는 이름에 걸맞은 내실을 다지기 위해 공부하고 수양해야 한다. 이렇게 예 아래 묶여 있었으므로 조선의 왕은 우리가 생각하는 것만큼 힘이 세거나 뭐든 자기 마음대로 할 수 있는 존재가 아니었다. 조선에서 신하의 힘이 셌던 이유도 신하들은 왕이 왕다울 수 있도록 지속적으로 간할 권리와 의무가 있었기 때문이며, 조선 중기 이후 예송논쟁이 치열하게 벌어진 것도 조선이 예의 기틀 위에 세워졌기 때문이다.

법전으로
국가 시스템을 정비하다

조선은 예를 바탕으로 기초가 흔들리지 않는 나라를 만들려고 건국 초부터 법의 성문화 작업에 힘을 기울였다. 고려 말 신진 유학자들은 고려가 휘청거린 것은 법의 공정함이 사라졌기 때문이라고 보았다. 물론 고려에도 법이 있었지만 하나의 체계 속에 추상적 형태로 명문화되어 나라 운영의 틀로 기능하는 상태는 아니었다. 이에 개혁파들은 조선을 개국하기 전 이미 많은 개혁 법안을 내놓아 관철시켰고, 조선 건국 후에는 태조 6년(1397) 최초의 통일 법전인 《경제육전經濟六典》을 반포했다. 이보다 3년 전인 태조 3년 (1394) 정도전은 《조선경국전朝鮮經國典》이라는 개인적인 법전을 만들어 왕에게 올렸다. 세조는 즉위하자마자 이전까지 쌓여 있던 모든 개별 법령을 체계적으로 정리해 대대로 통치의 기초로 삼게 할 최고 법전을 만들고자 했다. 이는 생각보다 거대한 작업이었으므로 결국 성종 대에 이르러서야 완성되었다. '나라를 다스리는 큰 법전'이라는 의미의 《경국대전》은 이렇게 탄생했다.

중국에서 확립되어 동아시아로 확산된 법 체제는 율령律令체제다. 이는 수나라를 거쳐 당나라 때 완성되었다. 처음에 '율'은 항상 지켜야 하는 법식, '영'은 그때그때 고지되는 규칙이라는 의미로 사용되다가 체제가 완전히 정비되면서 '율'은 형법, '영'은 그 이외의 법규(특별히 행정법에 해당하는 법규)의 의미로 사용되었다. 율과 영을 보충하는 것으로 '격格'과 '식式'이 있는데, 격은 시대 흐름에 따라 율과 영을 보충하고 변경한 법령집을 뜻하고, 식은 율과 영의 시행 세칙을 의미한다.

조선에서도 이 율령체제가 수입·활용되었지만 이와 다르게 수교受敎와 대전大典체제라는 양상으로 전개되었다. '전典'은 영구히 지켜야 할 법을 의미하고, 수교는 왕명을 근간으로 하는 개별 법령을 의미한다. 수교가 오래 쌓여 그 수가 많아져 개별 법령끼리 서로 모순되거나 충돌을 일으켜 혼란스러워지면 취사선택해서 하나의 체계로 통일해 법전을 만드는 방식으로 법 체제를 정비했다. 수교는 글자 그대로 보면 '왕명을 받들어 시행한다'는 뜻이지만 왕이 명한다고 모두 수교가 되는 것은 아니다. 사헌부와 사간원의 심사인 서경署經을 통과해야 한다. 왕이 직접 발의하든 신하나 각 관서가 안을 제시하든 조정에서 상의한 뒤 반드시 양사의 서경을 받아야 하고, 그 이후에야 각 관사와 해당 부서로 내려져 법적 효력을 발휘할 수 있었다.

예로써 다스린다는 것은 어떤 자리가 어떤 일을 하는지 분명하게 제시되는 것을 말한다. 조선은 왕국이었지만 원칙상 어떤 권력도 예를 넘어 힘을 행사할 수 없었다. 그래서 형벌이 아닌 시스템에 법의 주안점을 두었다. 조선의 법전은 내용이 행정법에 가깝다. 법전의 서문과 〈범례凡例〉를 지나면 '이전吏典'이 시작된다.

여기에는 내명부內命婦와 외명부外命婦·경관직京官職 등의 체계와 설명으로 시작해 문관의 관청과 관직의 종류, 임명과 면직 등이 기록되어 있다. 이어 호전戶典, 예전禮典, 병전兵典, 형전刑典, 공전工典으로 이어지며 육조의 해당 조별 시스템이 자세하게 설명되어 있다. 어떤 관사가 어떤 일을 하는지, 어떤 행정 사안은 어떻게 처리해야 하는지 등 나라 전반의 살림과 각종 제도, 문물을 알고 싶다면 법전을 공부하면 된다. 물론 형벌이 실려 있지 않은 것은 아니었으나 형법서로 주로 활용한 것은 명나라 형률서인 《대명률大明律》이었다.

나라의 안정은 어렵게 구축해놓은 법체계를 누구든, 어떤 이유로든 임의로 변경하지 않는 데서 시작된다. 조선 또한 그랬다. '조종祖宗의 성헌成憲은 바꿀 수 없다'는 원칙을 기본으로 했다. 나라는 이 안에서 움직였고, 왕과 신하는 유학의 가치인 예와 그것을 바탕으로 만들어진 법을 통해 힘겨루기를 했다. 성종 대 대사간 성현成俔은 장杖을 쳐서 다스려야 하는 이상의 죄를 처리하는 방법으로 성종이 《경국대전》에 실린 원칙과 다른 새로운 명을 내리자 이에 반대하는 상소를 올리면서 "저 《경국대전》은 세조 대왕께서 여러 가지 사정을 헤아리고 뛰어난 지혜로 규모를 잡아 틀을 세우기를 지극히 정밀하고 세밀하게 한 것으로 만세에 바꿀 수 없는 상전常典이니, 전하께서 준수하셔야 합니다"라고 말했다. 중종 대 사간원 간원들은 중종이 족친族親의 면천에 관해 새로운 명을 내리자 이에 반대하면서 "선왕이 이미 친소親疏를 참작하여 정한 규정이 《경국대전》에 실려 있으니, 뒤를 잇는 자손이 마땅히 준수하여 잘못됨이 없어야 합니다"라면서 자신들의 주장을 전개했다.

도첩제度牒制 논쟁도 흥미롭다. 조선에서 숭유억불을 한 것은 널리 알려진 사실이다. 고려의 불교가 너무 비대해지면서 많은 토지와 재물, 사람이 사찰 소유가 되어 국가 경제에 큰 손실을 끼쳤으므로 조선에서는 이념적으로나 실제 국가 운영에서나 불교에 제재를 가할 수밖에 없었다. 태조는 승려 수를 통제하려고 도첩제를 활용했다. 법적으로 허가받은 사람만 승려가 될 수 있게 한 것이다. 이에 따라 《경제육전》에 도첩제가 수록되었고, 이어 《경국대전》〈예전禮典〉에 도첩제가 명기되었다. "승이 될 자는 3개월 내에 선종禪宗이나 교종敎宗에 알려 지정한 불경을 외는 시험을 보고 예조에 알리면 주상께 보고한다. 정전丁錢을 수납하고 도첩을 지급한다"라는 내용이다.

이후 이 조문으로 논쟁이 많이 일어났다. 성종 초기 세조의 비 정희왕후貞熹王后가 수렴청정을 할 때는 예종의 비 안순왕후安順王后와 성종의 어머니 소혜왕후昭惠王后가 불교를 진흥하고자 이 조문을 활용했고, 성종이 친정하면서부터는 신하들이 불교를 억누르고자 이 조문을 활용했다. 법 해석의 싸움이었던 것이다. 중종대에 등장한 사림이 이 조문을 삭제해야 한다고 주장했으나 중종은 도첩제는 시행하지 않더라도 법조문을 없애는 것은 거부했다.

법전을 편찬하는 행위는 그 자체로 임금의 힘을 보이는 일이다. 그러나 시간이 흐르면 사회의 모습이 변하고, 법전을 만들 때 미리 생각하지 못한 여러 상황이 생겨나게 마련이다. 이런 이유로 수교가 끊임없이 늘어나고 결과적으로 체제가 일관된 법전이 필요해지는 시점이 온다. 여러 법률을 집대성해서 위계를 만드는 '대전' 편찬 사업은 한 사람이 강력한 힘을 가지고 위계를 잡아 밀고 나가야 이뤄낼 수 있다. 그러므로 대전 편찬 사업은 강력한 왕권으로 진행할 수 있는 작업이며 동시에 왕권을 강하게 만들어주기도 했다. 세조의《경국대전》편찬에는 이런 목적이 있었다. 그는 이전까지 수교 형식으로 묶여 있던 법들을 체계화하는 작업을 성공시켰고, 결국 이후 모든 조선의 법을 자신이 편찬한 '대전' 아래 놓는 찬란한 업적을 쌓게 된 것이다.

이후 영조·정조·흥선대원군 등 왕권을 강화하려고 노력한 집권자들도 자신의 집권 시기에 법전 편찬 사업을 진행했다. 영조 22년(1746)에 《속대전續大典》, 정조 9년(1785)에 《대전통편大典通編》, 고종 2년(1865)에 《대전회통大典會通》이 만들어졌다. 영조와 정조는 탕평군주로 알려져 있다. 탕평은 붕당정치의 폐단을 조정하기 위해 당을 초월해서 국정을 운영하는 정치체제라고만 알려져 있지만 기실 탕평은 그 기준을 왕으로 삼는다. 다시 말해 탕평은 국왕의 힘을 강화하는 체제다. 그럼에도 이때 법전 역시 '조종성헌' 존중의 원칙에 따라 이전의 법전 내용을 그대로 수록했다. 법에 대한 조선의 원칙은 이렇게 단단했다.

법이 지향하는 바가
국가 방향을 결정한다

조선이 법치국가였다고 말할 수 있는 것은 그저 법전이 있었기 때문이 아니다. 법이라는 수단으로 나라 시스템을 구축하려고 한 것, 즉 조선이 어떤 나라여야 하는지에 관한 합의된 가치가 있었기 때문이다. 조선을 세운 이들은 조선을 유학의 가치가 살아 있는 나라, 유학의 가치로 다스려지는 나라로 만들고자 했다. 사람이 사람다운 마음을 가지고[인仁], 사람다움을 실천하며[의義] 사는 세상을 예라는 틀로 구현하려고 했다. 왕정국가인데도 권력자가 마음대로 법을 만들고 전횡하지 못한 것은 이처럼 현실의 권력을 통제할 수 있는 합의된 가치가 이미 존재했기 때문이다.

물론 이는 신분질서를 포함했으므로 한계가 분명했다. 이로써 백성들이 고통받기도 했다. 지방민이 수령을 고소하지 못하게 하는 부민고소금지법部民告訴禁止法이 대표적인 예다. 세종 대에 예조판서 허조許稠의 건의로 만들어진 이 법은 수령에게 왕의 대리인이라는 개념을 부여함으로써 지방관의 힘은 강화하고 고을 토박이의 세력은 약화시켜 중앙집권체제를 단단히 할 목적으로 제정되었다. 그러나 신분질서와 위계질서에 관계되어 악법으로도 기능했다. 이 법 때문에 아무리 지방 수령이 권력을 남용해도 그를 처치할 길도, 백성들이 억울함을 호소할 길도 없었다. 이 법을 두고 조선 왕조 내내 논란이 끊이지 않았지만 결국 폐기되지 않았다. 물론 어사를 파견하거나 신문고, 상언上言, 격쟁擊錚으로 왕에게 아뢸 수 있는 길을 열어주긴 했지만 근본적 한계를 넘어서지는 못했다.

이처럼 폐단도 있었지만 이를 통제하는 상위 가치가 있었으므로 누구도 임의로 권력을 행사할 수 없었고 법체계가 일관되게 유지되었다. 또 이에 어긋날 때는 언제든 누구든 문제를 제기할 수 있었다. 조선시대 내내 끊임없이 상소와 차자箚子로 국정 전반에 걸쳐 어떤 일이든 문제가 제기될 수 있었던 것은 바로 법보다 우위에 있는 유교적 가치 덕분이었다. 조선 중기를 거쳐 후기로 넘어가면서 지방에 사는 유생까지도 글을 배운 사람이라면 모두 상소 쓰기에 동참했다. 유교적 가치 자체에 강제할 어떤 물리적 힘이 있었던 것은 아니다. 그러나 그들은 그 가치에 동의했고, 그 동의는 현실적 실천으로 나타났다. 개인의 삶도 공동체의 삶도 이 바탕 위에 서 있었다. 그 덕분에 500년 동안 그 가치는 현실의 삶을 규율하는 가장 기본적이고 근본적인 힘으로 작용했다. 오늘날 우리의 민주주의 가치가 보존되는 원리와 비슷하다.

오늘 대한민국의 헌법 전문前文은 "유구한 역사와 전통에 빛나는 우리 대한민국은 3·1운동으로 건립된 대한민국임시정부의 법통과 불의에 항거한 4·19민주이념을 계승하고"로 시작해 나라의 뿌리를 밝혔다. 이어 헌법 제1장의 제1조 제1항 "대한민국은 민주공화국이다"와 제1조 제2항 "대한민국의 주권은 국민에게 있고, 모든 권력은 국민으로부터 나온다"라는 조문에서 대한민국의 정치체제와 권력의 주체를 밝혔다. 이후 제2장에 국민의 권리와 의무가 이어진다. 제10조에는 "모든 국민은 인간으로서의 존엄과 가치를 가지며, 행복을 추구할 권리를 가진다. 국가는 개인이 가지는 불가침의 기본적 인권을 확인하고 이를 보장할 의무를 진다"라고 했으며, 제11조 제1항은 법 앞의 평등과 차별 금지를, 제2항은 사회적 특수계급을 인정하지 않음을 밝히면서 나는 나의 존엄과 행복 추구에 대한 권리를 가지며 국가는 이를 보장해야 할 의무가 있다는 것을 명시했다.

모두 훌륭한 가치다. 다만 헌법은 모든 법을 아우르는 최상급 개념이지만 강제수단이 없다. 헌법이 최종적 힘을 국민에게 의존하는 이유다. 국민이 이 가치를 깨닫는다면 스스로 현재의 통치 행위를 통제할 수 있다. 그러나 스스로 이를 놔버린다면 헌법의 조문이야 어떻든 현실은 민주주의 원칙과 전혀 다르게 흘러갈 수 있다. 대한민국이 민주공화국으로 천명되었는데도 지속적으로 독재와 부패 정권을 겪어야 했던 까닭이 바로 여기에 있다. 헌법에 명기되어 있기 때문에 헌법이 힘을 갖는 것이 아니라 명시된 내용의 가치를 국가 구성원 전체가 마음에서부터 동의할 때 비로소 힘을 갖게 되기 때문이다.

《율곡전서栗谷全書》 7권 〈상소와 차자[疏箚]〉에 보면 율곡 이이李珥가 법을 때에 맞게 개정해 나라를 건강하게 유지하자고 강력하게 주장하는 내용이 나온다. 조종성헌의 원칙을 위반하자는 것이 아니라 그 법이 담고 있는 가치가 오늘에 제대로 살아 있게 하자는 것이다. 이이는 선조에게 올린 차자에서 이렇게 말했다.

공자께서는 정치는 인재를 얻는 데 달려 있다고 하셨습니다. 훌륭한 정치와 좋은 법은 사람이 행하는 것이니, 법만 있고 그것을 제대로 행할 사람이 없는 것을 '허울뿐인 법[도법徒法]'이라고 합니다. 허울뿐인 법만으로도 훌륭한 정치가 행해질 수 있다면 성군들이 만든 법이 폭군이 들어섰다 해서 망가져 나라가 망하는 데 이르렀겠습니까?

이 글은 법은 그 자체로 완전하거나 진리가 아니라 집행하는 사람의 의견으로 해석되는 것이라는 의미를 담고 있다. 법의 집행보다 시행 이유가 더 중요하게 다뤄져야 한다는 말이기도 하다. 그래서 그는 나라를 건강하게 운영하려면 살아 있는 법을 만들어야 하고, 그러려면 법이 사람들의 삶과 목소리를 있는 그대로 들어야 한다고 했다. 그래서 그는 항상 언로를 널리 개방하라고 주장했다. 위로 대신에서부터 아래로 노비에 이르기까지 모든 여론에 귀를 열라고 요구했다.

백성은 피지배자로 국가 운영의 주체가 아니었지만 글을 배운 유학자는 조금 사정이 달랐다. 직접 입법을 하는 사람이야 조정의 왕과 신료들이었지만 이들은 자신들이 공부한 내용에 비추어 끊임없이 문제를 제기했다. 지식인으로서 제 역할을 한 것이다.

대한민국 또한 독재정권 아래에서도 대학생들을 중심으로 끊임없이 민주화운동이 계속된 이유도 유생들의 전통이 정신적 유산으로 이어진 것은 아닌지 생각해본다. 그 후로도 민주화운동은 수많은 희생자를 낳으면서도 그 맥을 이어왔다. 2017년 더 많은 보통의 대한민국 사람이 민주주의의 가치는 평범한 우리 손으로 지켜지는 것임을 알고 광장에 나와 촛불을 들고 나라를 바꿀 때까지 말이다. 그 덕분에 오늘 우리는 헌법 제1조 제1항과 제2항의 가치를 사무치게 깨닫는다.

법은 그 자체로 진리가 아니다. 국민 또는 국민이 선출한 권력의 다수결 합의로 만들어질 뿐이다. 그리고 그 법은 다루는 해석, 즉 의견에 의지한다. 우리 스스로 중요하다고 생각하는 사회적 합의가 법의 방향을 만든다. '먹고사니즘'에 매몰되면 민주주의는 언제든 쇠퇴할 수 있다. 인권에 대해 묻지 않는다면 인권은 지켜지지 않는다. 우리는 이제야 주권이 국민에게 있음을 직접 체험했지만 부의 불평등은 여전히 우리 앞에 커다란 장애물로 놓여 있다. 아직도 여전한, 앞으로도 여전할 것만 같은 '부자되세요'의 광풍 앞에 이제 조금 맛만 봤을 뿐인 민주주의가 위태롭게 서 있다.

또 법은 배운 사람이 만들기 때문에 아무래도 약자들보다는 강자 편에 서기 쉽다. 삼권을 분립한 것도 이 때문이다. 입법부, 사법부, 행정부가 서로 견제하지 않으면 힘의 균형이 깨지고 승자독식 구조가 만들어진다. 이 구조에서 가장 큰 피해는 평범한 국민이 당한다. 균형이 깨지고 힘을 제멋대로 행사하는 삼권 안에는 엘리트만이 존재하며, 이는 삼권 대 국민의 대립구도를 만들 위험이 있다.

2015년 2월 9일자 〈중앙일보〉와 2월 17일자 〈조선일보〉에는 각각 다음과 같은 기사가 실렸다.

조모 씨는 2010년 전남 보성군의 한 배추밭에서 배추 2포기를 뽑다가 마을 주민에게 들켰다. 이후 도망치는 과정에서 주변에 나뭇가지로 자신을 붙잡고 있는 마을 주민을 수회 때린 혐의(강도상해)로 기소돼 징역 3년 6개월에 처해졌다. 죄질이 무겁지는 않지만 강도상해죄의 법정형이 7년 이상의 징역이라 법관이 감경을 해도 절반 이하로 낮출 수가 없기 때문이다. 징역 3년 6월이면 집행유예를 선고할 수 없다.

김모(39) 씨는 영업이 끝난 분식집에 몰래 들어가 라면 2개를 끓여 먹고 허기를 채운 뒤 2만 원쯤 든 동전통과 라면 10개를 훔쳐 나왔다. 이 일로 그는 징역 3년 6개월을 선고받았다. 70억 원대의 횡령·배임으로 기소된 청해진해운 유병언 전 회장의 장남 유대균 씨에게 선고된 징역 3년보다도 높다.

조모 씨와 김모 씨가 중형을 선고받은 것은 특정범죄가중처벌법 제5조 제4항의 상습절도죄가 적용됐기 때문이다. 이 법에 따르면 '상습적으로' 절도한 경우에는 무기 또는 3년 이상의 징역에 처하도록 되어 있다. 이를 보며 국민은 어떤 생각을 할까? 고위공무원 인사청문회 때 등장하는 인물들의 비리 수준은 적어도 억대인데 정작 그들은 아무도 처벌받지 않았다. 국정을 농단해서 수많은 사람의 삶이 직간접적으로 유린되었는데도 실제 형량은 대단치 않았다. 이런 현실에서 우리가 법치국가로부터 보호받으리라고 생각할 수 있을까? 잘못된 법을 수정하는 입법부에도 국민의 뜻이 반영되어야 하겠지만 현행법을 적용하고 집행하는 법원과 검찰에도 국민의 뜻이 반영되어야 한다.

법은 결국 사람이 운영한다. 그래서 '법치'라든가 '입헌'이라든가 하는 체제가 스스로 건강을 유지하지 못한다. 자칫 국민의 관심이 법에서 떠나는 순간, 우리 일상은 권력에 망가질 위험에 놓인다. 당장의 생활과 생존도 중요하지만 나랏일을 술자리 안주로 삼는 데 그치지 않고 진지하게 공부하는 자세로 대해야 하는 이유가 바로 여기에 있다. 불법과 준법 이전에 법 자체에 관심을 가져야 하고, 그보다 먼저 인간을 봐야 한다. 법의 기준은 너와 나 그리고 우리라는 평범하고 평등한 인간이고 인간의 삶이기 때문이다.

　법학자가 아니더라도 판사, 검사, 변호사가 아니더라도, 국회의원이 아니더라도 법을 질문해야 하고 법 정신을 고민해야 한다. 법의 가치를 고민하고 법이 올바른 가치 속에 서 있도록 지켜내야 한다. 평범한 사람들이 공동의 가치와 방향에 대한 질문을 일상에서 던지며 살아갈 때 법치는 방향을 잃지 않을 것이며, 너와 나의 발을 묶는 족쇄가 아닌 더 나은 내일로 향하게 도와주는 도구로 작동할 것이다.

3장

페 미 니 즘

누가 약자를 향한 울타리를 만드나

페미니즘과 미투운동,
견고한 남성 중심 사회에 대한 도전

바야흐로 한국 사회는 미투운동이 한창이다. 성폭력 피해자들이 SNS에 자신의 피해 경험을 올려 그 심각성을 알리고 사람들의 의식을 변화시켜 변화를 촉구하며 피해자들 간의 공감과 연대를 증진하는 캠페인이다. '나도 고발한다'는 의미로 '미투' 해시태그(#Me Too)와 함께 글을 올리기 때문에 '미투운동'이라고 한다.

2006년 미국의 사회운동가 타라나 버크Tarana Burke의 제안으로 시작된 이 운동은 2017년 10월 미국 영화계의 거물 하비 와인스틴Harvey Weinstein의 성폭력 고발과 함께 빠른 속도로 확산되었다. 우리나라도 성폭력 피해자들이 여기에 곧장 참여하면서 그동안 각계각층에서 영향력을 행사했던 인물들이 그 힘을 빌미로 얼마나 많은 성폭력을 저질러왔는지 낱낱이 드러나기 시작했다.

사실 미투운동은 많은 사람의 인식과 달리 그 자체로 페미니즘 운동은 아니다. 성폭력은 성의 문제이기 이전에 힘의 문제이기 때문이다. 미투운동이 페미니즘운동으로 인식되거나 페미니즘운동과 함께 전개되는 것은 그동안 이 사회가 그만큼 남성 중심의 사회였으며, 여성이 상대적으로 약자 위치에서 살아왔다는 반증이다.

사실 한국에서도 2015년부터 여성혐오와 페미니즘 논쟁이 활발하게 진행되었다. 메갈리아라는 사이트가 논쟁의 핵이었다. 메갈리아는 디시인사이드 '메르스 갤러리'와 노르웨이 소설가 게르드 브란튼베르그Gerd Brantenberg의 소설 《이갈리아의 딸들》의 합성어다. 메르스 갤러리는 메르스로 온 나라가 떠들썩했던 2015년 5월 메르스 정보를 공유하려고 만들어졌다. 당시 홍콩에서 메르스 증상을 보여 격리 대상자에 포함된 한국인 여성 두 명이 격리를 거부한다는 뉴스가 보도된 이후 이들의 '무개념'에 분노하는 댓글들 중 '김치녀 그럴 줄 알았다' 식의 여성혐오성 댓글이 달린 이후 남녀 사용자 사이에 서로를 향한 '김치녀' '김치남' 공격이 벌어졌다.

한국 여자들을 싸잡아 낮추어 평가하는 한국 남자들의 태도에 분노한 여성들이 독립해서 메갈리아라는 이름의 인터넷 사이트를 만들었다. 소설 《이갈리아의 딸들》은 남녀 성역할을 바꿔 사회를 풍자한 소설로 이들은 의도적으로 상대방 행동을 모방하는 '미러링' 기법으로 남자들을 공격했다. 그동안 남성들이 여성을 대해온 방식을 거울에 되비치듯 처지를 바꾸어 똑같이 보여준다는 것이 목적이었다. 한국 남자들은 이를 두고 '남성혐오'라며 분노했다. 현재 메갈리아 사이트는 사라졌으나 아직도 일부 남성들이 급진적 페미니즘에 동조하는 사람을 '메갈'이라고 싸잡아 부르는 데 이 단어를 사용한다.

페미니즘운동이 한국 사회에 널리 번져나가기 시작한 것은 2016년 5월 강남역에서 발생한 살인사건 이후였다. 어떤 남성이 공중화장실에서 나오던 여자를 살해했는데, 조사 중 밝혀진 그의 사고방식과 범행방식이 모든 여성의 공포를 자아내기에 충분했다. 범인은 남녀 공용 화장실에서 '죽일 만한' 사람을 물색하느라 1시간 가까이 숨어 있었다. 남자만 7명이 다녀가는 내내 가만히 있다가 여성이 혼자 들어오자 그제야 범행을 저지른 것이다. 그리고 경찰 조사 과정에서 "그동안 여자들이 나를 무시했기 때문에 범행을 저질렀다"라고 진술했다. 혼자 화장실에 갔다면 여자인 누구나 살인 대상이 될 수 있었던 충격적인 사건이었다.

살해당한 이는 그저 '여자'라는 이유로 죽었다. 누군가는 이를 두고 '묻지마식 범죄'나 '우발적 살인'이라고 했지만 애초에 이건 말이 안 되는 주장이다. 하필이면 남자들은 다 거르고 '여자들이 자기를 무시했다'는 이유로 여성을 골라 살해했는데 어째서 '묻지마식 범죄'나 '우발적 살인'일 수 있는가. 명백한 여성혐오 범죄였다.

강남역 10번 출입구에 시민들이 모여들었다. 죽은 이를 애도했고, 여성들은 그동안 여자라서 받은 불이익과 피해를 토로했다. 서러운 내용을 가득 담은 형형색색 쪽지가 강남역을 물들였다.

↳ 여자라는 이유로 죽어야 할 사람은 아무도 없습니다.

↳ 언니 미안해요. 오늘도 우연히 살았어요. 세상 살기가 너무 무서워요.

↳ 미안해요, 지켜주지 못해서. 앞으로 나는 우연하게 운이 좋게 살아남을 것 같아요.

↳ 저였을 수도 있었습니다. 그곳에서 편히 쉬세요.

↳ 이곳에 서니 울컥하며 올라오는 감정… 나도 그날 강남에 있었는데… 내가 될 수도 있었다는 두려움….

↳ 여자가 밤늦게 다녀서, 짧은 치마를 입어서, 혼자 다녀서, 무시당해서 죽는 일이 일어나지 않도록 여성혐오를 없애고 싶습니다.

가해자는 1심에서 징역 30년, 치료감호 그리고 전자발찌 부착 20년을 선고받았다. 다만 검찰과 재판부 모두 이 범죄가 '여성혐오 범죄'가 아니라는 데는 목소리를 같이했다. 하지만 판결과 무관하게 이 사건이 점화한 여성혐오 논쟁은 우리 사회에 급속도로 번져갔다.

급진적 페미니즘을 '남성혐오'라고 주장하는 남성들이 있다. 그러나 주간지 〈시사인〉이 분석한 남성들의 담론지도를 보면, 남성혐오는 실체가 없는 것으로 보인다. '혐오'는 강자가 약자·소수자를 낙인찍는 대표적 무기이기 때문이다. 혐오 대상이 되면 가장 먼저 '공포'라는 감정 반응을 두드러지게 보인다. 그런데 분석 결과 남성들의 말에서 드러나는 감정선은 공포가 아닌 '당혹-멸시-

격분'이었다. 이 결과는 무엇을 의미할까? 분석자는 이를 두고 "네가 나한테 어떻게 이럴 수 있어?"라는 강자의 자의식을 얼떨결에 자백한 것이라고 보았다. 실제로 한국 여성의 지위는 경제협력개발기구OECD 가입 국가 중 최하위에 있다. 약자는 강자를 '혐오'할 수 없다. 약자가 어떻게 강자를 낙인찍을 수 있으며, 약자가 강자를 무엇에서 배제할 수 있는가? 그러므로 아직 이 나라에서 여성은 남성을 혐오할 수 없다.

차별은 실재하고 여성은 여자라면 느끼는 보편적 두려움이 있다. 밤길에서, 낯선 곳에서, 인적이 뜸한 곳에서 남자는 여자에게 반갑기보다 무서운 대상이다. 임금 격차는 분명하고, 고위직의 성비 차이도 실재한다. 육아와 가사 담당 비율도 여전히 불평등하다. 성의 상품화에서도 여성을 남성 구미에 맞게 상품화하는 비율이 훨씬 높다. 남자들 사이에서 여성과 관련한 음담패설이 만연한다는 것도 공공연한 사실이다. 자기 여자 친구 신상까지 털어내 공유하던 인터넷 음란사이트 '소라넷'은 남성만의 전유물이었다.

남자들은 왜 여성이 이렇게 뚜렷한 차별에 저항하는 목소리를 높이는 것에 분노하는가? '메갈리아'의 언어 수위가 대표적인 무개념 극우주의 사이트 '일베'와 같은 수준이기 때문인가? 그렇다면 이들이 언어만 정화한다면 남성들은 적극적으로 대화에 나서 불평등 문제를 해결해나갈까? 논쟁은 여전히 격렬하게 진행되고 있지만 이 나라에서 사는 여성으로서 현재 남성들이 변화하는지, 합리적 토론이 진행되는지는 사실 잘 모르겠다.

화가 난 남자들을 바라보며 이들의 분노는 아주 오랜 시간에 걸쳐 이어진 역사적 습관이 아닐까 생각해보았다. 모계사회에서 부계사회로 전환된 것은 까마득하게 오래된 일이다. 그리고 그렇게 변화한 이후 한 번도 이 구조는 변한 적이 없다. 특히 대한민국이 건국되기 전까지 존재했던 조선은 500년간 이어지며 그나마 남아 있던 모계사회 전통을 깨끗이 지워가면서 더욱 견고한 가부장제 나라를 만들었다.

우리의 상상 이상으로 성적 불평등은 의식적으로, 무의식적으로 우리 역사에 깊게 뿌리내리고 있다. 고려도 그랬듯이 조선도 강력한 신분제 사회였다. 위계질서로 강자가 약자를 짓누르는 것이 이상하지 않은 사회였다는 뜻이다. 아주 오랫동안 한반도에서 남성은 여성이 자기와 동등하다고 생각하지 못한 채 살았다. 여성을 보살피거나 배려해야 한다는 생각까지는 가능했을 테지만 대등한 존재로 인식하는 것은 불가능했다.

그런데 길게는 유사 이래, 짧게는 몇백 년 동안 누적된 악습이 요즘 들어 아주 강하게 도전받고 있다. 한번도 상상하지 못했던 일이 벌어지기 때문에 남자들은 고통스러운 것이 아닐까? 늘 위에 있던 사람들에게는 맷집이 없다. 약간의 공격만으로도 너무 아프고 참을 수 없이 화가 나고 견딜 수 없이 모욕적으로 느껴진다. 이 땅의 남자들은 갑작스레 찾아온 위치 변화와 그에 따른 공격이 너무도 당황스러워 무작정 되튀기는 것 외에 대응할 방법을 모르는지도 모른다.

수렴청정과 외척정치,
조선 여성의 유일한 정치 참여 수단

여성은 역사적으로 아주 오랫동안 정치에서 배제되었다. 정치적으로 배제되었다는 것은 사회적 목소리가 전혀 없었다는 것을 의미한다. 자신을 대변해줄 정치적 통로가 없는데 어떻게 사회에서 권리와 지위가 보장되겠는가? 조선 역사는 특히나 여자에게 박했다. 기본적으로 지식인의 공통 언어인 한문도 배울 수 없었으니 당연히 과거에 응시할 수도, 정치에 참여할 수도 없었다.

다만 왕실 여인은 예외적으로 정치에 참여하는 경우가 있었다. 수렴청정이 바로 그것이다. 왕이 정사를 돌볼 수 없는 어린 나이에 즉위하면, 왕실의 최고 어른에게 왕이 장성할 때까지 어린 왕을 도와 종묘와 사직을 지키며 정치를 돌볼 기회가 주어진다. 이때 수렴청정을 하는 이는 원칙적으로 승하한 선왕의 왕비 지위로 결정되었으므로 대개 당시 왕의 어머니가 아니라 왕실의 최고 어른인 대왕대비나 왕대비가 맡아보았다.

수렴청정이라는 단어의 뜻을 풀어보면 청정聽政은 정사를 돌보다, 수렴垂簾은 발을 드리우다라는 의미다. 아무리 정사를 돌본다고 해도 남녀가 유별한 유교 사회에서 남자 신하들과 직접 얼굴을 마주할 수는 없는 노릇이니 발을 치고 정무를 볼 수밖에 없었다. 다만 조선에서 최초로 정사에 참여한 성종의 할머니 정희왕후는 유일하게 수렴 없이 청정했다. 아마도 당시는 아직 유교적 통치가 보수적으로 자리 잡지 않았기 때문에 그렇게 했던 것으로 짐작된다. 하지만 이 또한 통칭하여 수렴청정이라고 한다.

조선 왕조에서 수렴청정은 총 일곱 번 있있다. 성종이 즉위하고 세조의 비 정희왕후가 8년간, 명종이 즉위하고 어머니 문정왕후文定王后가 9년간, 선조가 즉위하고 명종의 비 인순왕후仁順王后가 8개월간, 순조가 즉위하고 영조의 비 정순왕후貞純王后가 4년간, 헌종이 즉위하고 순조의 비 순원왕후純元王后가 7년간, 철종이 즉위하고 다시 한번 순원왕후가 3년간, 고종이 즉위하고 익종으로 추존된 효명세자孝明世子의 비 신정왕후神貞王后가 4년간 각각 수렴청정을 했다. 수렴청정은 제도로 확립된 공식적인 여성의 정치참여 방식이었다.

그러나 공식적으로 정치에 참여하지 않더라도 왕의 여인이 되면 지위에 따른 힘이 생기게 마련이다. 그리고 힘은 곧 그 가족의 힘으로 이어졌다. 외척外戚이 등장하는 것이다. 외척의 힘 자체가 여성에게서 나오므로 외척정치는 비공식적인 여성의 정치 참여라고 할 수 있을 듯하다.

그러나 수렴청정이든 외척정치든 이처럼 힘이 있는 여성이라도 자기 목소리를 분명하게 내면 어떤 경우에도 좋은 평가를 받지 못했다. 특히 외척정치는 조선에서 거부감이 강했다. 태종이 대표적인 경우였는데, 그는 신생국 왕실이 아직 미약한 상태에서 특정 집안이, 그것도 왕실과 혼인이라는 강한 끈으로 맺어진 집안이 막대한 권력을 쥐면 상대적으로 왕권이 약화될 수 있다고 여겼다. 신하들도 마찬가지였다. 다만 이유는 태종과는 달랐다. 신하들은 외척정치가 결국 나라에 혼란을 가져온다고 여겨서 배척했다.

중종의 두 번째 정비 장경왕후章敬王后의 오라비 윤임尹任과 세 번째 정비 문정왕후의 남동생 윤원로尹元老·윤원형尹元衡 형제가 왕위 계승을 놓고 벌인 정쟁, 이후 문정왕후 수렴청정 당시 이들 윤씨 형제가 저지른 전횡은 그러한 우려를 증명했다. 이후에도 영조와 정조 대에 사도세자 부인 혜경궁 홍씨 가문의 외척세력과 영조의 계비 정순왕후 쪽 외척세력이 벌인 치열한 권력 다툼, 나라를 패망으로 몰고 간 세도정치 등도 대표 사례라 할 수 있겠다.

사실 정치는 힘의 싸움이다. 자신을 지지해줄 세력이 없으면 마음먹은 일을 실행에 옮길 수 없다. 왕도 예외가 아니다. 게다가 조선은 신하가 막강한 힘을 갖는 정치구조였으므로 왕은 지지 세력이 있어도 늘 신하들을 상대로 힘겨운 싸움을 벌여야 했다. 그런데 밀어주는 세력마저 없다면 그야말로 할 수 있는 일이 아무것도 없었다고 해도 지나친 말이 아니다.

그렇다면 왕이 믿고 의지할 수 있는 세력은 누구일까? 아무래도 생판 남보다는 자연스레 혈연이 안심이 되었을 것이다. 그러나 여기에도 딜레마가 있는데, 왕은 자기 친척으로는 세력을 만들 수 없었다. 가까운 왕족은 정계 진출이 불가능하고, 형제들은 도움이 되기보다 왕위에 위협이 될 가능성이 훨씬 컸기 때문이다. 사돈 관계도 다르지 않았다. 처가인 왕실을 등에 업고 왕실이 아닌 자가 힘을 키울 우려가 있었기 때문에 왕의 사위인 부마는 관료가 될 수 없게 했다.

남은 것은 외척뿐이다. 결혼으로 왕의 가족이 되었으나 왕이 가부장이 되는 관계에서 이들은 왕에게 힘을 실어줄 수밖에 없었다. 당연히 신하들 편을 들어 왕을 공격할 리도 없었다. 그래서 사실 외척은 왕에게 가장 중요한 뒷배가 되었다. 권력은 가만히 있다고 해서, 군자답게 행동한다고 해서 누가 저절로 갖다 바치는 것이 아니다. 싸움의 한복판에서 죽도록 투쟁해야 겨우 얻을 수 있는데 왕과 신하는 둘만으로도 벅찬 이 경쟁에 굳이 한 세력을 더 보태고 싶지 않았을 것이다. 왕비와 외척세력을 제외하는 것이 서로 더 편했으므로 공식적으로는 외척을 거부하는 태도를 보였다. 그러나 현실적으로 외척세력은 상당한 영향력을 가지고 실제 정치에서 기능했고 그 핵심이 되는 여성이 건재할수록, 권력의지가 강할수록 더 크게 세력을 떨쳤으며 더 강하게 뭉쳤다.

단종의 비극도 그렇다. 단순히 단종이 어리고 세조의 야망이 커서 빚어졌다고 할 수만은 없는 사건이다. 단종의 세력이 약했던 것도 비극의 주요한 요소였다. 어린 나이에 즉위한 왕이 전부 다 폐위되느냐 하면 그렇지 않은 경우도 분명 있다. 엉겁결에 왕위에 오른 성종도 왕이 되었을 때 13세였다. 단종이 즉위할 때보다 겨우 한 살 더 많았다. 그러나 그는 별 탈 없이 8년의 수렴청정을 거치며 안정적으로 성장해 친정을 했다.

단종과 성종의 차이는 나이가 아니라 바로 외척에 있었다. 단종은 태어나자마자 어머니를 잃었다. 현덕왕후顯德王后 권씨가 단종을 낳은 이튿날 사망했고, 왕비가 사망했으니 당연히 외척은 힘을 키울 수 없었다. 단종이 나이가 어린데도 수렴청정 없이 곧장 친정을 행한 것만 보아도 그가 얼마나 고단한 처지였는지 알 수 있다. 게다가 아직 혼례도 올리지 않았기 때문에 의지할 처가조차 없었다. 이에 반해 성종의 배경은 화려하기 그지없었다. 장인이 감히 누구도 넘볼 수 없는 당대 최고 권신 한명회였고, 어머니는 강한 성정에 야심이 둘째가라면 서러운 소혜왕후昭惠王后, 즉 인수대비仁粹大妃였다. 이런 환경에 있는 성종을 가벼이 볼 세력은 없었다.

인종도 단종만큼이나 부실한 외척으로 고단함을 겪었다. 어머니 장경왕후章敬王后 윤씨가 그를 낳은 뒤 산후통으로 곧 숨을 거두고 말았기 때문이다. 아버지 중종은 다시 새 왕비를 맞아들였는데, 이 여인이 바로 인수대비 이상으로 강하고 야심만만한 문정왕후다. 어린 인종은 어머니가 없어 위태로울 수 있으니 아버지가 돌봐야 했는데도 중종은 그에게 별 관심이 없었던 것 같다. 인종이 태어난 지 나흘 만에 궁 밖으로 내보내 이 집 저 집 돌아가며 살게 했다. 물론 이런 양육 방법이 아주 없었던 것은 아니지만 보통은 왕자가 가는 집도 정해져 있고 기간도 그리 길지 않았다. 중종은 신하들이 그래서는 안 된다고 할 정도로 인종을 밖으로 돌렸다.

그나마 다행이었던 것은 이 아이가 태어난 지 26개월 만에 천자문을 완벽하게 외우는 등 천재의 면모를 보여 6세 때 서둘러 세자로 책봉되었고, 성인이 될 때까지 적자가 없었다는 점이다. 그러나 야심가 문정왕후는 중전이 된 지 17년 만에 기어이 아들을 낳았다. 이때 세자였던 인종은 20세였다. 힘이 없는 세자, 늦둥이 아들을 본 왕, 아들을 낳고 득의양양한 강한 계모. 인종의 운명은 바람 앞의 등불이었다.

세자라는 자리는 생각처럼 안정적이거나 힘이 있는 자리가 아니다. 권력에 노출되어 온갖 변수로 흔들린다. 왕을 대신해 힘을 가질 수 있어서 왕이 견제하거나 미워할 경우, 다른 왕자들보다 더 위태로워지는 것이 세자라는 위치다. 중종은 특유의 의뭉스러움으로 세자 시절의 인종을 괴롭게 했다. 그는 세자를 바꾸는 무리수를 두지도 않았지만 힘을 실어주지도 않았다. 하여 인종은 세자로 있을 때 자주 위험천만한 상황에 놓였다. 그가 먹다 남긴 음식을 아랫사람들이 먹다가 식중독을 일으킨 사건이 두 번 있었고, 쥐의 사지와 꼬리를 자르고 주둥이를 불로 지져 세자를 저주한 '작서灼鼠의 변'도 있었다.

중종 사망 1년 전에는 진화를 제대로 못한 동궁전 화재로 그가 살았는지 죽었는지조차 파악하지 못한 사건도 있었다. 더구나 인종에게는 정치에 참여할 기회도 전혀 주어지지 않았다. 중종은 죽기 2년 전부터 몸이 별로 좋지 않았는데도 세자에게 대리청정을 시키지도, 정치적 지위를 주지도 않았다.

인종에게는 외척이 없었다. 왕후가 죽은 상황에서 외척이 세를 불리는 것은 거의 불가능하다. 그나마 어머니의 오빠 윤임尹任이 힘을 썼다고는 하지만 그는 그리 능력 있는 인물이 아니었다. 살아 있는 권력에, 정치 단수도 높은 데다가 적자까지 낳은 문정왕후에 댈 바가 아니었다. 게다가 인종에게는 뒤를 이을 아이가 한 명도 없었다.

이처럼 문정왕후와 세력 싸움에서 도저히 승기를 잡을 수 없었던 인종은 포기하듯 삶의 끈을 놓아버렸다. 왕은 정치적 생명이 끝나면 살아도 사는 것이 아니다. 그는 왕위에 올라서도 자기 몸을 돌보는 데 전혀 신경 쓰지 않았다. 아버지 중종의 국상을 처리할 때 기어이 원칙대로 식음을 전폐했다. 이후 천식과 이질을 앓았는데, 약을 올렸으나 먹지 않았으며 억지로라도 먹게 하면 화를 내고 먹이는 이의 손가락을 깨물고 뱉어버릴 정도였다고 《인종실록》에 기록되어 있다.

후계도 없는 왕이, 그것도 앞길이 창창한 젊은 왕이, 자기 건강이 곧 나라 건강인 일국의 왕이 보일 자세는 아니었다. 태어나 지지해주는 이 하나 없이 살아왔는데도 여전히 앞이 보이지 않는 삶을 비관해 살기를 포기한 듯한 모습이다. 결국 인종은 재위 8개월 만에 숨을 거두고 말았다.

문정왕후, 자신만의 정치를 하다

드디어 문정왕후가 바라고 바라던 세상이 열렸다. 문정왕후는 조선 수렴청정 역사에서 유일하게 어머니로서 수렴청정을 맡아 실질적으로 자기 정치를 한 여인이다. 조선 왕조에서 수렴청정으로 유명한 또 다른 여인으로 영조의 후비 정순왕후가 있지만 문정왕후에 비하면 자기 정치를 했다고 보기가 어렵다. 문정왕후는 인종이 살아 있을 때 인종을 지지하는 대윤大尹파에 맞서 친정 동생 윤원로와 윤원형 형제를 끌어들여 정치투쟁을 했고, 을사사화乙巳士禍*로 최종적 승리를 거머쥐며 주도적으로 자기 목소리를 냈다. 하지만 정순왕후는 정조에게 반기를 들고 정치투쟁을 한 노론 벽파의 목소리를 대변한 정도였으므로 문정왕후의 행보에 비할 바는 못 된다.

문정왕후는 조선에서는 보기 드물게 정치에 적극적인 여인이었다. 그는 수렴청정과 외척정치 양쪽을 주도적으로 활용해 정치 전면에 나섰다. 즉 그는 주어진 위치로가 아니라 스스로 투쟁해서 권력을 손에 쥐었으므로 실세가 될 수 있었다. 수렴청정을 하게 되면서 그는 정치 전면에 나서 조회는 물론이고 경연까지 참석하는 등 정사를 적극적으로 두루 살폈다. 비록 8년간 수렴청정한 끝에 명종이 20세가 되자 미련 없이 수렴을 거두고 정치 일선에서 물러났지만 정치적 영향력은 살아 있는 내내 한결같았다. 바로 명종과 문정왕후의 관계 때문이다.

조선은 효의 나라였으므로 홀로 된 어머니를 봉양하는 것은

---

* 1545년(명종 즉위년) 소윤인 윤원형 일파가 대윤인 윤임 일파를 숙청하면서 사림이 화를 입은 사건.

아들의 절대적이고도 가장 중요한 의무였다. 명종은 어머니에게 효를 다했다. 문정왕후는 시종일관 강하고 주도적인 모습을 보여줬고, 어린 명종이 생사의 갈림길에 놓였을 때는 자신을 걸고 아들을 지켜냈다. 여기에 아버지 사후 남편 없이 어린 자신을 홀로 키운 어머니를 향한 안쓰러운 마음까지 더해져 모자의 끈끈한 관계는 지속적인 효로 이어졌다. 이 때문에 명종은 친정 체제에 돌입해서도 자기 색을 드러내지 못했고 문정왕후는 죽을 때까지 실질적 권력자로 남았다.

조선 정치계에서 이런 전무후무한 여성 정치인에게 내린 평가는 대부분 비난 일색이었다. 사람들은 을사사화, 불교 부흥, 윤원형 일파 전횡을 그의 탓이라고 비난했다. 사실 을사사화는 '사화'라고 하기에는 부적절하다. 사림을 겨냥했다기보다는 인종 편에 서 있던 윤임 일파를 제거하는 것이 목적이었기 때문이다. 정치판에서 흔히 볼 수 있는 세력다툼이었다.

야사에서는 인종의 죽음을 문정왕후 탓으로 돌리기도 한다. 문정왕후가 건넨 독이 든 떡을 인종이 기꺼이 받아먹고 죽음에 이르렀다는 것이다. 세자파와 경원대군파가 얼마나 날선 대립을 했는지는 이런 극단적인 야사만 봐도 알 수 있다.

중종 말년부터 인종 대에 이르기까지 인종파 대윤과 경원대군파 소윤의 대립은 치열하게 계속되었다. 물러서는 순간 죽는 싸움이니 그럴 수밖에 없었다. 결국 경원대군은 왕위에 올랐고 문정왕후가 이겼다. 이후 문정왕후는 물론 윤임 일파를 처단했다. 그러나 그의 아버지 윤여필尹汝弼에게는 관대한 모습을 보였다. 중종의 장인이자 장경왕후의 부친이며 인종의 외조부라는 국구國舅로서 위치를 고려한 것이다. 인종의 비 인성왕후仁聖王后에게도 가문을 지켜주는 호의를 보였다. 아들 명종을 왕위에 올리느라 인종과 정치적 싸움을 치열하게 벌이긴 했으나 선왕을 예우하는 선을 지킨 것이다. 정치투쟁이 치열해질 때 선을 지킨다는 것은 결코 쉬운 일이 아니다. 세조도, 연산군도, 중종도, 광해군도, 영조도 잘 지키지 못한 것이 그 '선'이었다. 문정왕후의 정치적 감각을 볼 수 있는 부분이다.

문정왕후 치세가 난세 중의 난세로 일컬어지는 까닭은 유교 국가에서 불교를 되살려냈기 때문이다. 문정왕후는 보우普雨라는 승려를 발탁해 묵은 폐단을 고쳐나가고자 했다. 고려시대 말 불교는 지나치게 세속화되었다. 조선에서 불교를 억누른 것은 유학의 나라를 세우려는 목적도 있었지만 사실 그 재산을 국유화하려는 목적도 컸다.

그러나 그 과정이 너무 강압적이었다. 교종과 선종은 엄연히 교리가 다른데 무작정 통합한 것도 그렇고, 일종의 신분증인 도첩이 있는 자만 정식 승려로 인정해주다가 그마저도 성종 대에 폐지해서 불교가 공식적으로 존립할 수 있는 기반을 없애버린 것도 그렇다. 불교가 이 땅에서 이어온 역사가 얼마인데 억누른다고 쉽게 사라지겠는가.

현실에 버젓이 존재하는 것을 제도에서 삭제해버리면 통제할 수 없는 문제만 생겨나는 법이다. 승과도 없애고 도첩제도 없애니 불교가 자체적으로 정비할 힘이 사라졌고 혼란만 극심해졌다. 세금이나 군역 등으로 지친 많은 이들이 불법승이 되어 도리어 살인, 방화, 약탈 등의 민폐를 저지르는 등 골치 아픈 사회문제가 생겨난 것도 이 때문이다. 이에 보우는 크게 세 가지 개혁을 시행했다. 봉은사에 선종을, 봉선사에 교종을 두어 양종제兩宗制를 부활했고, 도첩제와 승과도 되살렸다.

문정왕후가 불교를 정비하고자 한 것은 당시 도적이 들끓었던 이유와 함께 생각해봐야 할 문제다. 명종 대는 그 유명한 임꺽정이라는 대도大盜가 활동했던 시기다. 황해도에서 첫걸음을 뗀 이들 무리의 활동은 서서히 세를 넓혀 평안도와 개성 심지어 서울까지 확대되면서 '임꺽정의 난'으로 불리게 되었다. 명종 14년(1559) 소탕 작전이 시작되었는데 무려 3년이 걸려서야 겨우 끝을 보았다.

그를 체포하기가 왜 이렇게 어려웠을까? 실록은 "이들은 모이면 도적이 되고 흩어져서는 평범한 백성이 되며 출몰이 무상해 몰아붙여서 잡을 수 있는 자들이 아니었다"라고 기록했다. 이웃에 사는 사람들이 알고도 고발하지 않은 것이다.

이는 당시 대다수 백성의 삶이 도적이 되지 않으면 살아갈 수 없을 정도로 망가져 피폐하기 그지없었다는 말이기도 하다. 임꺽정이 유독 유명했을 뿐 크고 작은 도적이 넘쳐나던 시대였다. 관찰사를 내려 보낼 때 도적 잡는 일을 최우선으로 당부할 정도였다.

이런 분위기에 대해 논한 사관의 평가에 귀를 기울여봄 직하다. 《명종실록》16년의 한 기록을 보자.

근래 지방관이 하직인사를 할 때 주상이 내리는 지시는 으레 도적 잡는 것을 위주로 하니, 이는 병이 아픈 현상만 볼 뿐 병이 생기는 근원은 생각하지 않는 것이다. 저들 도적이 생긴 것은 도적질하기를 좋아해서가 아니라 추위와 굶주림에 절박하게 시달려서 부득이 도둑질을 해서라도 하루나마 연명해보려는 자가 많기 때문이다. 그렇다면 백성을 도적으로 만든 자가 과연 누구인가? 권세가의 문전이 공공연히 벼슬을 파는 시장이 되어 막돼먹은 젊은이들로 하여금 지역에 늘어서서 백성들을 빼앗고 수탈하게 하니, 백성이 어디로 간들 도적이 되지 않겠는가? 주상은 이런 것을 알지 못하고 매번 도적 잡는 한 가지 일만 간곡히 부탁하니, 탄식을 금할 수가 없구나!

국가와 관료들이 약탈하듯 빼앗아가는 조세와 부역이 첩첩이 쌓여 농민들이 더는 버티지 못하고 도적이 되어 약탈, 방화, 살인 등을 저지른 것이다. 사관의 말마따나 도적을 잡는 데 혈안이 되기 전에 백성이 도적이 되는 이유를 알려고 해야 옳다. 마찬가지로 유교 국가에서 불교를 되살린 것을 문제 삼을 게 아니라 왜 농민이 도첩도 없는 중이 되려고 절에 들어가는지를 먼저 묻는 것이 정치하는 자의 올바른 자세다.

하늘은 인재를
가려서 내리지 않는다

문정왕후에게 아쉬운 점이 있다면 시대를 읽는 눈이 부족했다는 것이다. 연산군 때와 중종 때의 사화로 사림이 곤욕을 당하고 힘을 잃은 것 같았지만 사실 세상은 사림의 시대로 접어들고 있었다. 중종이 조광조趙光祖를 발탁하고 그 그림자에 숨은 것처럼 그도 새로운 인물을 발탁했어야 했다. 보우가 아니라 성리학계 인물을 내세워 유학자들의 동의를 얻어냈어야 개혁이 무리 없이 진행되었을 것이다. 성리학을 공부한 조선의 선비들이 가장 무시하는 불교와 여자가 한편으로 묶였으니 어떻게 대소신료들이 지지를 보낼 수 있겠는가.

반면 인종은 사림의 시대에 동의했다. 중종은 조광조를 쓰다가 버렸지만 인종은 죽는 순간까지도 조광조의 사면을 생각했다. 《인종실록》에는 이런 기록이 있다.

조광조와 그 무리의 일은 내가 늘 마음속에서 잊지 않았으나 선왕께서 전에 허락하지 않으셨으므로 내가 감히 가벼이 고치지 못하고 천천히 진행하려고 했다. 그런데 이제 내 병이 위독해서 날로 더욱 심해져 살아날 가망이 전혀 없으므로 뒤미처 유언으로 인심을 위로한다. 조광조 등의 벼슬을 일체 전일의 중의衆議처럼 회복할 수 있으면 다행하겠다. 현량과도 전에 아뢴 대로 그 과를 회복하여 거두어 등용하도록 하라.

사람들이 이런 인종을 그리워한 것은 너무도 당연했다. 인종에 대한 그리움이 깊을수록 압력을 행사하며 정치투쟁을 하던 문정왕후는 사림의 눈엣가시일 수밖에 없었다. 더구나 을사사화로 다시 한번 사림을 위태롭게 했으니, 역사의 평가에서 문정왕후가 후한 점수를 받기는 아무래도 어려운 일이다. 문정왕후가 시대 흐름을 조금만 읽을 수 있었다면 윤임 일파를 숙청하면서 사림은 회유하는 정치적 묘수를 짜낼 수도 있지 않았을까?

문정왕후는 왜 그 좋은 머리와 정치적 감각을 가지고도 시대 흐름을 읽지 못했을까? 그가 조선에서 여성으로 태어난 한계 때문이라고 생각한다. 조선에서 여성은 글을 읽을 줄 아는 경우조차 드물 정도로 교육에서 배제되었다. 왕실도 예외가 아니었다. 여자들은 모든 경우에 공식적 언어인 한문 대신 언문을 써야 했다. 여자는 한문을 읽을 줄만 알아도 대단한 인텔리로 평가받았다. 정희왕후가 성종의 수렴청정을 해야 할 때 성종의 어머니 소혜왕후가 청정을 맡는 것이 더 낫겠다고 말한 것도 소혜왕후가 글(한문)도 알고 사리가 밝다는 이유에서였다. 이런 사회 분위기에서 여자가 나라의 미래를 볼 줄 아는 넓은 시야를 갖춘다는 것은 거의, 아니 어쩌면 아예 불가능한 일이었다. 조선에서 여자는 오로지 '집안'을 위해서만 존재했다. 이러한 사회 분위기에서 교육받았는데 왕실로 시집갔다고 해서 한순간 생각과 시야가 넓어진다는 것은 있을 수 없는 일이다.

왕에게 필요한 것은 나라를 객관적으로 판단할 지혜와 이후 시대를 위한 밑그림을 그리는 능력이다. 사私를 극복하고 자기 삶을 온전히 공公의 지평으로 옮겨야 오늘을 제대로 보고 내일의 방향을 결정하는 이 일이 가능해진다. 이런 의미에서 세자 교육이 매우 중요했다. 왕이 되기 전에 그 자체로 '공'이 되는 자세와 안목을 길러주어야 즉위해서 무리 없이 나라를 건강하게 운영해나갈 수 있기 때문이다.

그러나 나라가 안정을 구가하게 되면 왕도 이런 시야를 갖추기 어려워진다. 난다 긴다 하는 교육을 받고 명석함으로 이름을 떨친 신하들 역시 '공'의 안목으로 자신의 '사'를 갈무리하며 산 인물은 손에 꼽을 정도로 드물었다. 교육 기회가 많았던 남자들도 이런 열린 시야를 갖추기 어려운데 한문만 읽을 줄 알아도 인텔리가 되는 시대를 살았던 한 여인이 어떻게 그런 자질을 갖출 수 있었겠는가. 문정왕후의 한계는 그가 조선시대의 여인이었기 때문에 갖는 한계였을 따름이다.

문정왕후의 패착 중 하나로 외척의 정치농간을 꼽는다. 문정왕후 치세 동안 윤원형은 정말 나는 새도 떨어뜨린다는 권력을 보여주었다. 조선 사람 모두의 생사여탈권이 그에게 있었다 해도 지나친 말이 아니었다. 을사사화로 권력을 장악한 그는 공신 네댓 명을 심복으로 삼아 적대 세력을 제거하고 관직을 농단했다. 그의 집에는 뇌물을 들고 아부하러 오는 자들이 폭주했고, 넘치는 재산으로 서울에만 16개나 되는 대저택을 소유했으며, 남의 노비나 토지를 부당하게 빼앗은 사례는 헤아릴 수 없을 정도였다고 한다.

문정왕후는 또 다른 남동생 윤원로가 입이 가볍고 생각이 깊지 못해 정권에 문제가 되리라는 판단이 서자 그동안 자신을 도왔던 공로 따위는 잊은 듯 그에게 사약을 내렸다. 그런 문정왕후가 왜 윤원형에게는 너그러웠을까? 아마도 윤원형이 있어야 궁 밖 소식을 전해들을 수 있었기 때문일 것이다. 정치는 정보력 싸움이다. 그런데 '남녀칠세부동석男女七歲不同席'과 '부부유별夫婦有別'을 반드시 지켜야 할 가치로 삼은 조선에서 여자가 무슨 수로 활발하게 정보를 수집할 수 있었겠는가? 당연히 정보원이 필요할 수밖에 없다. 그러나 신하도 엄연히 외간 남자이니 수시로 드나들게 할 수는 없었다. 가장 부담 없이 불러들여 정보를 얻을 수 있는 대상이 동생이었을 따름이다. 윤원형의 전횡은 분명 문정왕후 잘못이지만 이처럼 외척에 의존할 수밖에 없었던 현실은 조선의 구조적 모순이었다.

문정왕후의 기개와 욕망을 높이 산다. 그러나 혼자 힘으로 뛰어넘을 수 없는 시대적 한계가 너무도 명확했다. 문정왕후는 그 한계 속에서 왕이 갖는 공적 개념과 조선이 가진 정치적·사회적 모순을 보지 못했기 때문에 좋은 정치를 펼치지 못했다. 무려 20년 동안 권력을 쥐었지만 문정왕후의 발자취는 그의 죽음과 함께 씻은 듯 사라졌고 악명만 남았다. 분명 존경받을 만한 정치인은 아니어도 남편 중종에 비하면 결단력도 있었고 사람도 훨씬 덜 죽였는데도 더 박한 평가를 받았다. 권력이 있는 동안에는 모두 그를 두려워했지만 사후에는 그가 이룬 모든 것이 무無가 되었다.

문정왕후를 보노라면 허균의 〈유재론遺才論〉이 떠오른다.

하늘이 인재를 내는 것은 본디 한 시대의 쓰임을 위해서다. 그래서 하늘이 사람을 낼 때는 귀한 집 자식이라고 하여 풍부하게 주고 천한 집 자식이라고 하여 인색하게 주지는 않는다. (…) 우리나라는 땅덩이가 좁고 인재가 드물게 나서 예부터 걱정거리였다. 더구나 조선시대에 들어와서는 인재 등용의 길이 더 좁아져 대대로 명망 있는 집 자식이 아니면 좋은 벼슬자리를 얻지 못하고, 바위 구멍과 뜸 지붕 밑에 사는 선비는 비록 재주가 뛰어나더라도 억울하게 등용되지 못한다. (…) 조막만 하고 더욱이 양쪽 오랑캐 사이에 끼어 있는 이 나라에서 인재를 제대로 쓰지 못할까 두려워해도 더러 나랏일이 제대로 될지 점칠 수 없는데, 도리어 벼슬길을 지레 막아놓고는 '우리나라에는 인재가 없다'고 탄식한다. 이것은 남쪽 나라를 치러 가면서 수레를 북쪽으로 내달리는 것과 무엇이 다르겠느냐. 참으로 이웃 나라가 알까 두렵다.

조선은 가난한 사람, 서얼, 천민을 버렸듯 여자도 버렸다. 하늘이 인재를 내릴 때 귀천을 따지지 않는다면 어찌 남녀를 따지겠는가? 사회에 자기 목소리를 낼 수 있는 강자들은 배제의 논리로 사회 질서를 만든다. 배제라는 울타리로 내부 결속을 다지는 동시에 외부 침입을 막는다. 그리고 각종 교육으로 이 구조를 사회의 상식으로 만들어 안착시킨다. 조선의 정치에서 여성은 배제 대상이었다. 설사 기회가 주어진다 하더라도 되도록 거절해야 했고, 참여하더라도 나서지 않고 남성 신하들의 뜻에 따라 국정을 운영하는 게 미덕이었다. 문정왕후는 바로 그런 통념을 거부한 여인이다. 그렇게 통념을 거부한 사람이 아주 오랜 세월 그 혼자였기에 제대로 평가받지 못하고 비난만 떠안았을 뿐이다.

보이지 않는 울타리는
어떻게 만들어지고 유지되나?

오늘 한국 사회는 문정왕후가 살았던 시대에는 상상할 수 없을 만큼 달라졌다. 여성은 남성과 평등하게 교육받고, 정치는 물론 사회의 어떤 분야든 스스로 원하는 일에 필요한 자격만 갖추었다면 얼마든지 참여할 수 있다. 그러나 아직까지 문정왕후의 비극은 끝나지 않은 것처럼 보인다. 오랫동안 굳어진 무의식은 여전히 사회 곳곳에서 억압 기제로 작동하고 있고, 때론 눈에 보이게 때론 보이지 않게 각종 벽과 천장을 쳐서 여성을 배제한다. '나와 너는 대등하지 않고 대등할 수도 없다'는 차별의식이 존재하는 한 차별은 절대 사라지지 않는다.

배제의 원리로 작동하는 사회에서 울타리 바깥에 있는 외부인은 울타리의 폭력성을 직접 경험하기 때문에 스스로 외부인이라고 생각하는 경향을 보인다. 그러나 내부인은 울타리 바깥을 경험하지도 못했고 최소한 이 울타리라도 존재하는 것이 자기를 안

전하게 지켜줄 거라는 믿음에 울타리의 폭력성에 의문을 제기하기보다는 자기 자신의 선량함으로 울타리 문제를 축소하거나 외면하려는 경향을 보인다. 울타리 안에 있는 내부인은 울타리를 유지하기 위해 울타리가 울타리 아닌 것처럼 잘 단장하고 밖으로 통로가 있는 것처럼 환영을 만들어낸다.

누가 봐도 문제점이 명명백백하게 드러난 체제가 마냥 조용히 유지되기는 어렵다. 그렇게 유지된다면, 어떤 질서가 한 사회에 오랫동안 자리 잡았다면, 거기서 파생되는 문제를 어느 정도 완화해주는 반대급부가 있다는 뜻이다. 가부장 질서도 마찬가지다. 여성혐오 반대편에는 '여성숭배'가 있다. 남성 중심 사회에서 여성을 드높이는 게 무슨 문제냐고 묻겠지만 여기에는 큰 함정이 있다. 남성이 만든 질서에서 큰 범주로서 여성은 혐오 대상이지만 자신을 낳고 기르고 생명을 이어주는 존재로서 여성, 즉 어머니는 예외적으로 숭배 대상이 된다. 어머니로서 여성은 기존에 받았던 대우와 전혀 다른 숭고한 지위를 받는다. 아주 새로운 풍경이 펼쳐지는 것이다. 오랫동안 구조의 혐오스러운 치부를 부분적 숭배로 적당히 상쇄해왔기 때문에 남자들은 종종 자신의 개인적 감수성이나 여성에 대한 부분적 존중으로 구조적 혐오는 없다고 착각하곤 한다. 이 구조 안에 있는 여성도 혼란을 겪기는 마찬가지다.

이런 현상은 비단 남성과 여성의 관계에만 한정되지 않고 강자와 약자로 나뉘는 모든 관계에서 쉽게 찾아볼 수 있다. 사회와 국가의 부를 독점적으로 차지하고 자선사업을 벌이는 대기업도 이와 비슷한 모습을 보인다. 그들은 구조적 울타리가 얼마나 강고한지 보이지 않도록 장학 사업이나 빈민 구제 사업을 벌인다. 그리고 몇 사람을 가난의 늪에서 끌어올려 자기들 안에 둠으로써 울타리는 애초에 존재하지 않으며, 개인의 노력으로 얼마든지 넘나들 수 있는 것인 양 포장한다. 인종 문제에서도, 국제 문제나 난민 문제에서도 강자의 이런 얼굴은 얼마든지 볼 수 있다. '우리'를 말하는 모든 그룹의 이면에는 '배제'가 존재하고, 배제가 있는 모든 곳에는 여차하면 자행되는 폭력에 따른 희생과 눈물이 상시로 존재하는데도 갖가지 장치로 울타리 안팎을 혼동하게 만든다.

우리가 페미니즘 논쟁에 관심을 두어야 하는 이유는 그것이 단순히 '남자 대 여자'의 문제가 아니라 사회의 약자들이 어떤 위치에 있는지 생각해보는 계기가 되기 때문이다. 우리 사회에는 갖가지 불평등한 구조에 놓인 약자들이 있다. 그 구조가 어떻게 생겼는지는 고려하지 않고 평등한 대우를 받지 못하는 약자가 유난히 튀는 목소리를 낼 경우, 그 사람은 또 다른 한 사람의 문정왕후에 그칠 확률이 높다. 구조적 모순과 한계에 대한 근본적 성찰 없이 그의 부족함만 비난하고 끝나버리는 것이다.

과연 이 사회의 다음 문정왕후는 누가 될까? 우리 주위에는 조금만 고개를 돌려도 장애인, 성소수자, 혼혈아(특히 코시안), 노숙인 등 각종 울타리로 고통받는 사람들이 숱하게 눈에 들어온다. 과연 이 사회에서 그들을 제약하는 의식의 유리천장이 없다고 말할 수 있을까? 이들도 이 나라 국민이며, 우리처럼 평등하다는 공감

대가 형성되지 못한다면 나중에 이들이 교육, 사회, 문화, 정치계의 요직에 서는 것을 받아들이기 어려울 것이다. 이 나라는 아직 사회적 약자 그 누구에게도 절대 관대하지 않다.

부디 우리 사회가 조금씩 더 페미니즘에 익숙해지면 좋겠다. 페미니즘에 대한 선입견으로 덮어놓고 부정적으로 바라보지 않게만 된다 해도 한국 사회는 지금보다 한층 더 건강해질 수 있다. 그리고 그런 의식이 확장되고 발전해 우리도 모르는 사이에 약자를 배제해오지는 않았는지 섬세하게 들여다보게 되었으면 좋겠다. 약자가 아프다고, 무섭다고, 고통스럽다고 말할 때 듣는 척하다가 그 외침이 생각보다 커지거나 오래가거든 "너희가 과장하는 거야"라고 얼굴을 바꾸거나 "최소한 난 그러지 않았어"라고 개인적 탈출을 감행하지 않았으면 좋겠다.

조선은 원래 사람에게는 신분 차이가 있고 가부장적 질서를 옳다고 보는 유학을 바탕으로 세워졌기 때문에 차별이 어느 정도 정당화될 수 있다. 그러나 대한민국은 민주주의 국가라는 정체성 속에 서 있다. 애초에 국민이라면 모두가 평등하게 나라의 주인이 된다는 전제로 시작되었으므로 누군가 사회에서 쳐놓은 어떤 관습의 선 때문에 배제된다면 그것은 그 어떤 변명도 용납될 수 없는 일이다.

인간은 경험을 바탕으로 이해의 폭을 넓힌다. 그래서 주류에 속했거나 강자 위치에서 나고 자란 사람은 약자의 고통을 정확히 알지 못하고, 모르기 때문에 잔인해질 수 있다. 물론 모르는 것은 죄가 아니다. 그러나 모르는 걸 안다고 생각하고 상대방을 고통스럽게 만드는 것은 누가 뭐라 해도 부정할 수 없는 죄다.

바라건대 소외된 처지에 놓인 이가 아프다고 말하거든, 고통스럽다고 말하거든 그 아픔의 자리에 서보지 않았으면서 머리로만 이해하려 들거나 거부하지 말고 그냥 받아들이시길…. 엄살이 아니라 진짜 아프니까 아프다고 하는 것이고, 고통스러우니까 고통스럽다고 외친다는 것을 부디 믿으시길….

4장

국 제 외 교

전쟁과 평화, 운명의 갈림길에서

한반도,
지정학적 딜레마에 놓인 운명

1945년 한반도는 비로소 광복을 맞이했으나 기뻐할 겨를도 없었다. 미국과 소련이 각각 남과 북을 관리한다는 소식을 들었기 때문이다. 우리 의사와는 상관없이 또다시 외세에 우리 운명이 결정된 황당한 사건이었다. 황당한 결정이었던 만큼 사람들은 이 상황이 곧 해결되어 남과 북이 다시 하나가 될 줄 알았다. 그러나 2019년 현재까지 우리는 분단의 현실을 살고 있다.

그저 분단만 된 것이 아니라 1950년에는 서로가 서로에게 총부리를 겨누는 전쟁으로 3년이나 치열하게 싸웠다. 남과 북 모두 서로에게 상처를 입혔고, 그 상처는 아주 크고 흉측한 흉터로 남아 서로의 마음을 끊임없이 그때 그 전쟁의 시간으로 되돌려놓았다.

게다가 엄밀히 말하면 그 전쟁은 끝나지 않았다. 종전이 아니라 휴전 상태이니 말이다. 언제 재개될지 모르는 전쟁에 대한 불안은 우리 일상에도 스며들어 있다. 오랜 휴전으로 전쟁에 무감각해진 듯 보이지만 엄청나게 쏟아 붓는 국방비, 북한과 조그마한 마찰에도 모든 촉각이 곤두서는 반응, 언제고 정치권의 좋은 먹잇감이 되는 사상 논쟁을 보면 지독한 긴장은 되레 평온을 가장하게 한다는 걸 실감하게 된다.

현재 남북문제에서 최대 현안은 북한의 핵무기다. 한국전쟁 이후 김일성은 핵 개발에 지대한 관심을 보였다. 제2차 세계대전에서 맹렬한 기세로 미국에 도전하던 일본이 히로시마와 나가사키에 원자탄이 떨어지자 무조건 항복하는 것을 목격했기 때문이다. 더구나 일본과 전쟁을 단번에 끝내버리는 것을 본 더글러스 맥아더Douglas MacArthur 유엔군총사령관이 한국전쟁 당시 원자탄 사용을 미국에 요구한 이후 북에서 남으로 대규모 피난민 행렬이 이어지는 것 또한 경험했으니 그 누구보다 핵무기의 위력을 실감했을 것이다.

그 후 핵 개발은 북한 정책의 기조가 되었다. 1970년대 초까지만 해도 북한의 경제 상황이 남한보다 나았으므로 김일성은 실제로 핵무기로 통일을 이룰 생각까지 했다. 그러나 1980년대 들어 소련과 동유럽 사회주의 국가들이 붕괴 조짐을 보이고 남한 경제가 북한을 앞지르기 시작하면서 무력 적화통일이 현실적으로 불가능하다는 사실을 받아들이고 외교적 무기로 사용할 요량으로 핵 개발을 계속했다. 1990년대 '고난의 행군'을 통과하면서 북한의 경제 사정이 매우 나빠졌지만 핵 개발은 중단하지 않았다.

종종 북한의 핵은 한반도는 물론 세계인의 관심을 끈다. 특히 2017년은 상황이 매우 좋지 않았다. 2011년 김정일의 갑작스러운 사망으로 권력을 승계한 김정은은 핵무기 개발에 더욱 박차를 가했고, 정말 미국이 당장 북한을 공격해 한반도에서 전쟁이 일어난다 해도 이상하지 않을 만큼 상황이 악화되었다. 불안감을 느낀 일본은 자위대를 강화하고 핵 군비까지 강화하겠다고 나섰다. 게다가 이에 앞서 한국은 경제적 이익 창출과 통일 준비 두 마리 토끼를 잡던 개성공단을 일방적으로 폐쇄하고 '고고도미사일 방어체계'인 '사드THAAD' 배치를 전격 선언해 중국·러시아와 관계마저 틀어져버렸다. 그야말로 모든 것이 최악으로 치달았다. 그러나 가장 놀라운 점은 이런 상황에도 남과 북의 끊어진 핫라인은 복구되지 않았다는 것이다.

그러나 밤이 깊으면 새벽이 온다고 했던가? 파국으로 치닫는 것만 같던 남과 북의 관계가 급변했다. 2018년 초 평창동계올림픽에 김정은의 여동생 김여정 조선노동당 제1부부장과 김영남 최고인민회의 상임위원장이 참여한 것이 시작이었다. 그리고 2개월 후인 4월 27일 판문점에서 문재인 대통령과 김정은 위원장이 만나 남북정상회담을 했다. 봄이라는 계절을 타고 남북관계에도 갑자기 봄이 왔다. 거의 무턱대고 찾아온 것이다. 환하게 웃으며 악수를 나눈 두 사람은 평화를 제도화하는 방안을 모색했고, 남과 북은 한반도 비핵화를 위해 각자 책임과 역할을 다하기로 결의했다. 남과 북은 정기적인 회담과 직통전화로 중대사를 함께 논의하고 신뢰를 돈독히 하자는 데 의견을 같이했으며, 개성에 남북공동연락사무소를 설치하기로 했다. 그야말로 어안이 벙벙할 정도로 평화 분위기가 급물살을 탔다.

불과 2개월 뒤인 6월 12일에는 역사적인 북미정상회담까지 열렸다. 극단적으로 적대적 관계까지 치달았던 북한과 미국의 정상이 만나 경제발전과 비핵화라는 서로의 꿈을 교환했다. 비록 2019년 2월 베트남에서 열린 2차 정상회담이 선언문 서명을 앞두고 결렬됨으로써 다소 맥이 빠졌지만 적어도 현재 상황만 본다면 북미가 예전의 극단적 관계로까지 돌아갈 것 같지는 않다.

이처럼 여러 난관과 변수가 남아 있지만 그래도 큰 틀에서 평화의 방향이 설정된 것만도 어디인가! 남북정상이 환담을 나누고 기쁘게 부둥켜안자 많은 것이 달라졌지만 특히 눈에 띈 것은 국제관계의 주도권이 바뀌었다는 점이다. 남북관계가 최악으로 치달던 당시 불안을 더욱 가중한 것은 우리 운명을 결정할 권한이 우리에게 없다는 점이었다. 남과 북의 대결은 철저히 우리 문제인데도 우리 운명은 다른 나라들 입에서 논의되었고 정작 우리에게는 협상 테이블에 자리 하나 주어지지 않았다. 그러나 남북이 서로 손을 내밀며 평화의 손짓을 보이자 협상권이 곧 우리에게로 넘어왔다. 우리 운명을 스스로 결정할 수 있게 된 것이다.

한반도 운명은 지정학적으로 미국, 일본, 중국, 러시아 네 강대국의 입김이 크게 작용한다. 남북관계와 통일은 남과 북 당사자의 문제임과 동시에 국제적 문제다. 남북은 냉전의 영향으로 자국 의사와 관계없이 분단되었다. 이 작은 나라를 미국과 소련이 기어이 갈라놓은 것은 한반도의 지정학적 위치 때문이다. 한반도는 북쪽으로 중국과 소련이라는 유라시아대륙의 두 강대국과 국경을 맞대고 있고, 남쪽으로는 태평양을 접하고 있으며, 그 태평양 너머에는 미국이 있다.

사드 배치만 봐도 그렇다. 배치할 장소를 내준 곳은 남한인데, 싸움은 미국과 중국·러시아 간에 붙었다. 고고도미사일 방어체계 사드는 북한의 공격을 방어할 수도 있지만 레이더 탐색 범위가 중국을 넘어 러시아에까지 미친다. 중국과 러시아에는 실로 눈앞에 존재하는 잠재적 위험으로 느껴질 수밖에 없었다.

북한 핵문제 또한 남북문제 이전에 국제적 문제로 여겨진다. 1993년 북한이 핵확산금지조약 탈퇴를 선언하면서 불거진 1차 북핵 위기 때부터 북한의 최우선 협상 대상국은 한국이 아니라 미국이었다. 핵 개발을 포기하겠다는 북미 간 약속에 따라 경제 지원을 하기 위한 경수로를 건설하려고 만들어진 한반도에너지개발기구 KEDO 역시 미국, 일본, 한국 3개국 참여로 이루어졌다. 그러나 이러한 협약에도 북한은 핵을 포기하지 않았고, 2002년 우라늄농축 프로그램UEP 논란으로 이어져 2차 북핵 위기가 일어났는데, 이때야 비로소 남한은 회담 테이블에 앉았다. 북핵문제가 북미 양국 간 회담에서 남북 양국과 한반도 주변 4개국이 참여해 함께 풀어가는

다자간 회담으로 양태가 바뀌었기 때문이다.

이처럼 미국, 일본, 중국, 러시아 네 강대국의 역학관계 속에서 남북이 평화로운 내일을 만들어나간다는 것은 난제 중 난제였다. 지금처럼 힘들여 몰두할 때도 있었지만 대부분 시간을 미뤄두었다. 이 문제는 모른 척하거나 외면한다고 해결될 수 있는 게 아니었다. 당사자인 우리를 대신해 남이 개입하면 결국 비참함만 떠안게 될 것임을 그간의 시간에서 경험한 바 있다.

대한민국은 근래 들어 주도적으로 나서서 스스로 운명을 개척하는 모습을 보여주고 있다. 그러나 사실 그간의 대한민국 외교는 그리 높은 점수를 줄 수 없는 수준이었다. 미국이라는 한 나라에만 지나치게 의존하는 양상이었다.

북한은 남한이 한국전쟁 당시 작전권을 유엔에 넘겨 유엔군 사령관이 정전협정에 서명했다는 이유로 남한을 공식적 협상 대상국으로 인정하지 않았다. 이것이 1993년 1차 북핵 위기 때 북한이 미국을 협상 대상으로 지목한 이유다. 우리 운명을 협상할 카드가 우리 손에 있지 않은 상황이 이상하고도 불안했다. 그러나 정작 우리 국민이 그 카드를 우리 손에 되찾아오기를 적극적으로 원했느냐면 그건 또 아니었다. 강한 우방인 미국이 우리 운명을 우리에게 선한 쪽으로 결정지어주기를 간절히 바라 마지않는 사람들이 적지 않았다.

한국 외교가 이처럼 대미 의존적 형태를 보이는 것은 한국전쟁의 유산이다. 전쟁 초기 남한은 북한의 공세에 밀려 위태로운 상

황에 놓았다. 이 전세를 단숨에 역전시킨 것이 맥아더 사령관이 지
휘한 인천상륙작전이었다. 이로써 낙동강과 인천 사이에 갇힌 인
민군들을 격퇴한 뒤 서울을 수복하고 북진할 수 있었다. 그래서 한
국전쟁을 말할 때는 으레 인천상륙작전을 말하고, 그 끝에는 맥아
더 사령관에 대한 찬양이 따라붙는다. 휴전 이후에도 미국은 폐허
만 남은 남한에 지속적으로 경제 원조를 했다. 그렇게 남한에는
'혈맹 미국'에 대한 절대적 믿음이 굳건히 자리 잡았다.

눈앞의 전쟁 위기를 알아채지 못한
조선의 외교력

이런 우방 의존 외교를 보고 있으면 조선의 의존적인 대명외
교가 떠오른다. 조선이 명나라를 의지하게 된 과정이 남한이 미국
을 의지하게 된 과정과 유사하기 때문이다. 전쟁 분위기가 고조되
어 일반인까지 알 지경이 됐는데도 지도자들이 끝까지 전쟁이 나
지 않을 거라고 말한 것이나 기습적으로 쳐들어온 적들로 순식간
에, 정말 순식간에 망국의 위기에 놓인 것 그리고 그 와중에 지도
자는 누구보다 먼저 가장 멀리까지 도망친 점이 그렇다. 또 강대국
의 힘을 빌려 전세를 역전할 기회를 잡았으나 그 대가로 외교권을
잃은 것과 전쟁이 끝난 뒤 도와준 강대국에 마음에서 우러난 사모
곡을 쓴 점까지도 빼닮았다.

1592년(선조 25) 4월 13일, 일본 통일의 영웅 도요토미 히데요시豊臣秀吉의 야심을 받든 고니시 유키나가小西行長군의 부산 상륙으로 임진왜란壬辰倭亂이 시작되었다. 전쟁 초반 조선은 속수무책이었다. 전쟁 발발 나흘 만에 전쟁 소식이 조정에 전해졌으나 조선군의 희망이었던 신립申砬 장군이 충주 탄금대 전투에서 완패하자 선조는 4월 30일 새벽 궁을 버리고 파천播遷했다. 일본군이 조선에 발을 디딘 지 17일 만에 한양이 점령되었고 일국의 왕은 백성을 버리고 혼자 도망친 것이다. 선조는 광해군을 세자로 책봉해 일종의 임시정부인 분조分朝를 세워 그에게 군주의 책임을 맡기고 자신은 개성, 평양, 영변을 거쳐 의주까지 이동했다. 그리고 그것으로도 모자라 최후에는 요동으로 망명하려고 했다.

일본군을 도저히 상대할 수 없었던 조선은 명나라에 지원군을 요청했고, 조선이 무너지면 자신들도 위험해진다는 것을 알았던 명나라는 파병을 승인했다. 이듬해 1월 명나라 장수 이여송李如松이 군대를 이끌고 조선으로 들어왔다. 이여송은 평양성에서 일본군을 상대로 큰 승리를 거두며 평양을 수복했다. 왜란에 한 줄기 빛이 비친 순간이었다. 물론 이 빛은 오래가지 못했다. 바로 한 달 뒤 벽제관 전투에서 크게 패한 것이다. 이후 이여송은 전투를 기피했고, 전쟁은 교착 상태에 빠졌다.

문제는 이때 조선의 외교권이 명나라 손에 넘어갔다는 사실이다. 조선 땅에서 전쟁이 벌어졌는데도 협상을 명나라와 일본이 하고 조선은 그 테이블에서 제외되는 수모를 겪어야 했다. 심지어

명군은 일본군이 퇴각할 때 무사히 남하할 수 있도록 지켜주기까지 했다.

조선이 제외된 협상에서 양국은 서로 승전국이 되려고 했다. 외교 담당자들은 중간에서 농간을 부렸고 결국 이것이 탄로나 1597년(선조 30)에 다시 전쟁이 시작되었으니 바로 정유재란丁酉再亂이다. 여전히 작전권이 명나라에 있었기 때문에 이순신李舜臣을 비롯한 각지의 장수와 의병은 열악한 상황에서 나라를 위해 목숨 바쳐 싸우면서도 마음대로 움직이지 못하는 이중의 어려움을 겪어야 했다.

다행히(?) 도요토미 히데요시의 죽음으로 7년간 지리멸렬하게 이어진 전쟁이 끝났다. 전쟁이 끝난 자리, 전쟁에 대한 정리가 필요했다. 정리할 때 처음 거론되는 문제는 누가 이 전쟁의 영웅인가 하는 것이었고 그 답은 선조였다. 백성을 버리고 도망간 왕, 선조 말이다. 그는 명나라에 원군을 요청해서 나라를 존립할 수 있게 했다는 이유로 이 찬란한 명예를 얻었다. 당연한 순서로 조선에 명나라는 재조지은再造之恩, 즉 나라를 다시 세워준 더없이 소중한 은인의 나라가 되었다. 절대 배신할 수도, 배신해서도 안 되는 나라가 된 것이다.

아무래도 선조는 나라를 위해 목숨을 걸고 직접 싸운 이들을 마음껏 치하하고 공을 인정하기는 어려운 처지였다. 조선은 세습 왕국이었기 때문이다. 대대손손 무사히 왕가를 이어가려면 왕은 의심할 여지없이 완전무결하게 백성의 어버이여야 했다. 어버이 대신 다른 사람이 백성을 살리고 먹이고 입히면 그 자체로 나라가 위험해진다. 아버지라는 이가 난리통에 자식들을 나 몰라라 하고 도망갔다는 것을 모르는 이가 없는 마당에 그를 대신해 자신들을 지켜준 이들의 공을 아무것도 한 일이 없는 아버지가 가져간다면 어떻게 될까? 자연스레 자식들 마음은 아버지에게서 떠나고 아버지 위치도 불안해진다. 전쟁 이후 공훈은 전쟁을 정리하기 위해서가 아니라 질서를 잡기 위해 필요했다. 그래서 왕이 아닌 백성에게 충성을 다한 자들의 자리는 되도록 줄여야만 했다. 어이없지만 이것이 조선의 현실이었다.

사실 조선은 전쟁을 대비할 수 있었고 그럴 시간도 충분했다. 그러나 조선이 갖고 있던 잘못된 대일 외교 노선이 이 기회를 볼 수 있는 눈을 가렸다. 조선은 자신들이 일본의 상국上國이라고 생각해서 위험한 바닷길을 건너야 하는 일본과 사신 왕래를 거의 하지 않았다. 일본은 무로마치 막부의 지배권이 약화되면서 내전시대가 전개되고 있었다. 이 때문에 바다 건너에 신경 쓸 여력이 없었다. 조선의 피부에 와닿는 골칫거리라면 왜구 정도였는데 이것도 세종 1년(1419) 3차 대마도 정벌을 끝으로 상당히 진정된 상태였다. 조선은 이후 왜인에게 부산포, 내이포, 염포를 열어 무역의 길을 터주고, 귀화하는 이들에게는 토지와 살림살이를 내준 것은 물론 결혼까지 주선하는 유화책을 폈다. 무슨 자신감인지 경계는 조금도 하지 않았다. 일본에 정착해 살면서 일본의 소식을 알려오는 조선인 관리나 민간인조차 두지 않았다.

그러던 중 도요토미 히데요시가 전국시대에 마침표를 찍고 1587년(선조 20) 마침내 일본을 통일했다. 자신만만했던 그는 조선을 침략한 뒤 명나라에 도전할 계획을 세웠다. 그는 쓰시마 도주를 불러 일본이 통일되었다는 사실을 알리고 조선 국왕에게 자신을 알현토록 하라고 명했다. 도주가 도저히 조선 조정에 이를 그대로 전할 수 없어서 외교 문서를 고쳤는데도 도요토미의 오만한 태도가 글에 고스란히 드러났다. 유성룡柳成龍은 그의 책《징비록懲毖錄》에서 도요토미 히데요시가 자신을 가리킬 때 황제가 스스로를 칭하는 용어인 '짐'을 사용하면서 "이제 천하가 모두 짐의 수중으로 들어왔다"라고 했다고 기록했다.

조선 조정으로서는 도요토미 히데요시의 이 근거 없는 자신감의 원천을 알 길이 없었다. 당시 조정에는 일본에 대한 정보가 전무하다시피 했으니 도요토미에 대한 정보가 있을 리 만무했다. 이 국서를 들고 온 일본 측 사신 다치바나 야스히로橘康廣마저 무례하기 짝이 없었다. 그는 조선의 기강이 무너졌으니 곧 나라가 망할 것이라며 비아냥거리는 말을 서슴지 않았다. 나라와 나라 사이의 국서와 사신이 이렇게 무례하기 짝이 없다면 일본 본토에서 어떤 일이 벌어지고 있는지 궁금할 법한데도 조선은 일본에 사신을 보내지 않았다.

그 후로도 사신 보내기를 몇 번 거부하다 결국 1590년(선조 23) 3월 황윤길黃允吉과 김성일金誠一을 상사上使와 부사副使로 한 통신사 일행을 파견했다. 그러나 일본은 굳이 청해서 받은 조선통신사 일행을 전혀 환영하지 않았다. 일본의 늑장 부림과 무례 속에 이 사행은 1년이나 걸려서야 끝이 났다.

석연치 않은 점은 또 있었다. 대마도주는 조선 조정에 사신 행차를 요구하면서 조총을 선물로 바쳤다. 사신을 요구하는 이가 신무기를 선물로 주고 갔다면 좀더 신중을 기해볼 만하지 않았을까? 그러나 조선은 그렇게 하지 않았다. 유성룡이 조총을 보고 경계해야 하지 않겠느냐고 했을 때 조선의 최고 장군이라 불리던 신립은 "왜병이 조총을 가졌다 치더라도 그게 쏠 적마다 맞는답디까?"라고 태연하게 반응했다고 한다. 신립이 무시했던 조총은 나가시노 전투에서 오다 노부나가織田信長에게 대승을 안겨 일본 통일의 대업을 목전에 가져다준 무기였다.

일본은 조선과 정치체계가 매우 다른 나라였다. 덴노天皇에, 쇼군將軍에, 관백(關白, 간파쿠)까지 위치와 힘의 무게가 미묘하게 다른 이 분권의 정치를 중앙집권체제의 조선은 이해하기 힘들어했다. 그러나 조금만 몸을 낮추고 주변국을 이해하기 위해 애썼더라면, 그래서 그 분권의 미묘한 힘의 역학을 이해했더라면 일본을 통일한 도요토미 히데요시가 왜 쇼군이 아니라 관백인지 궁금해했을 것이고, 이는 조선에 큰 힌트를 주었을 것이다. 사실 그는 미천한 출신 탓에 쇼군에 올라 막부를 세울 수 없는 처지였다. 거만하고 무례하고 거칠 것 없어 보이는 인사가 나라를 통일하고도 출신의 굴레에 매여 있다면, 비록 실권은 없을지라도 덴노의 권위가 거스를 수 없는 그 무엇이라면, 그의 카리스마와 힘의 방향이 다음에 어디로 향할지 조금은 짐작할 수 있었을 것이다. 그리고 그랬더라면 어쩌면 전란의 참화를 막을 수 있었을지도 모른다.

바로 옆에 있는 나라를 자기들보다 아래라고 치부하고 근 200년간 외부 침입 없이 이어진 평화를 만끽하다가 조선 지도자들은 유연하고 기민한 사고능력을 잃었다. 그랬던 탓에 전쟁을 대비할 마지막 기회였던 통신사 일행은 돌아와 보고하는 자리에서조차 당파의 이익을 우선하느라 엇갈린 의견을 내는 모습을 보였다. 황윤길은 전쟁이 일어날 것 같다고 했으나 김성일은 그런 기미를 읽지 못했다고 했다. 선조는 김성일의 말을 믿었다. 아니 믿고 싶었던 것인지도 모르겠다. 황윤길의 말을 믿는 순간 해야 할 일이 감당할 수 없을 정도로 크게 벌어지기 때문이다. 상대의 수상한 움직임을 눈앞에서 보고도 조선은 아무것도 하지 않았고, 결국 전쟁이 일어나 백성과 전 국토가 일본군과 명군에 7년 동안이나 유린당해야 했다.

시대의 흐름을 읽지 못한 조선, 대가를 치르다

겨우겨우 전쟁을 끝낸 선조는 명나라와 관계를 더욱 공고히 했다. 7년이나 전쟁을 겪었는데도 조선 조정은 그 이전 200년간의 평화로 여전히 현실에 대처하지 못했다. 그러나 국제정세는 급변했다. 여진에서는 누르하치奴兒哈赤가 일어나 빠른 속도로 여진족을 병합하며 세를 키워 후금을 세웠다. 1598년의 일로 도요토미 히데요시가 일본을 통일한 것과 거의 비슷한 시기였다. 이후 그는 빠른 속도로 다른 여진 부족을 복속해나갔다. 그러나 이때 명나라는 임진왜란, 몽골족 침입, 묘족의 반란 등 만력삼대정萬曆三大征을 치르느라 여진에 신경 쓸 여력이 없었다.

누르하치는 1616년 칸 지위에 올라 국호를 금金이라 했다. 또 여진족 이름을 '만주'로 고치고 만주문자를 정비했으며, 팔기군八旗軍이라는 만주족 특유의 군 체제를 정비하더니 1618년 명나라에 선전포고를 했다. 광해군 즉위 8~10년 사이에 일어난 일이다. 후금이 반드시 신경 써야 할 존재가 된 것이다. 왜란이 끝난 지 20년 만에 다시 조선은 불안한 국제정세의 소용돌이에 휩쓸렸다.

선조가 '재조지은'을 내세운 이유는 백성의 시선이 다른 곳으로 흐르는 것을 막기 위해서였다. 그러나 영원한 적도 없고 영원한 우방도 없는 외교 현실에서 명나라와 죽음으로도 다 갚을 수 없는 은혜의 관계를 맺은 것은 악수 중의 악수였다. 게다가 선조는 세자 자리를 놓고 불안을 조성하는 잘못마저 범하고 말았다. 임진왜란 당시 광해군을 급히 세자로 책봉한 뒤 분조를 맡겨 전란 수습 책임을 떠넘기더니 전쟁이 끝나자 그를 칭찬하고 든든히 지원해주기는커녕 새 장가를 가서 영창대군永昌大君이라는 늦둥이를 보고 말았다. 영창대군은 정비의 아들인 데다가 선조의 사랑을 듬뿍 받았으며, 어머니 인목왕후仁穆王后라는 버팀목도 든든했다. 그러니 광해군의 세자 자리는 불안함 자체였다.

왕은 당대에 좋은 정치를 펴는 것도 중요하지만 죽은 뒤 나라 모습도 잘 설계해야 하는 의무와 책임을 진다. 게다가 당시는 무려 7년의 대전쟁을 겪은 이후였다. 당연히 전쟁을 수습하면서 백성을 한마음으로 모아 국력을 회복하고 다음 정권을 준비해야 했다. 그러나 선조의 늦둥이 자식 사랑은 조정을 광해군파와 영창대군파로 갈라놓았다.

이 때문에 광해군은 무사히 즉위했는데도 내내 불안감을 떨치지 못했다. 그의 치세에는 숙제가 너무 많았다. 인목왕후와 영창대군이라는 언제든 터질 수 있는 폭탄을 어떻게든 해결해야 했고 무너진 왕실의 명예를 재건해야 했다. 게다가 떠오르는 강자 후금과 그런 후금을 견제하는 명나라를 상대해야 했다. 이에 광해군은 아버지가 주창한 '재조지은'이라는 정신적·외교적 노선을 버렸다. 사실 광해군에게 재조지은은 그리 필요한 개념이 아니었다. 그는 왜란 내내 국내에서 목숨을 걸고 군사를 모집해 분투하고 민심을 어루만진 이력이 있는 왕다운 사람이었다.

이 경험은 그에게 전쟁은 현실이며 현실은 실제적인 힘으로만 정리된다는 걸 가르쳐주었다. 어느 한 나라에 의리 운운하며 무작정 의존하기보다 국제정세의 흐름을 파악하는 것이 더 낫다는 사실을 깨닫게 된 것이다. 그는 기민한 첩보활동의 가치를 알았다. 각국 정세에 관한 정보를 발 빠르게 수집해서 나와 내 나라의 실리를 챙기는 외교 노선을 선택했다. 광해군의 안목은 정확했고 대처는 옳았다. 실록의 《광해군일기》에는 이런 기록이 있다.

> 적(후금)의 형세는 날로 치열해지는데, 우리나라의 병력과 인심은 하나
> 도 믿을 만한 것이 없다. 고상한 말과 큰 소리만으로 하늘을 덮을 듯한
> 흉악한 적의 칼날을 막아낼 수 있겠는가. 적들이 말을 타고 들어와 마
> 구 짓밟는 날에 이들을 담론으로 막아낼 수 있겠는가. 붓으로 무찌를
> 수 있겠는가?

그러나 안타깝게도 개인의 심리적 불안상태는 그와 조선의
발목을 붙잡았다. 이를 제대로 극복해내지 못한 광해군에게는 인
목왕후와 영창대군을 안고 갈 힘이 부족했다. 효의 나라 조선에서
동생을 죽이고 어머니를 서궁西宮에 유폐하는 패륜은 용납되기 어
려운 행위였고, 이로 말미암아 1623년 인조반정仁祖反正이 일어나
정권이 전복되었다. 반정 세력이 내세운 수많은 명분에는 당연히
'어머니를 폐하고 동생을 죽인' 폐모살제廢母殺弟의 죄명이 포함되
었지만 그에 못지않게 '명나라에 대한 배은망덕'도 큰 비중을 차지
했다.

그렇다면 광해군을 몰아내고 정권을 세운 인조의 외교 노선
은 어떠했을까? 명색이 '반정'이었으니 명나라에 충성을 다하고 후
금을 배척해 공격해야 했겠지만 그렇지도 못했다. 아니 그럴 수밖
에 없었다는 표현이 정확할 것 같다. 명분이 어떻든 쿠데타로 집권
했기 때문에 정권은 늘 불안정했고, 후금은 조선이 거부하기에는

이미 너무 큰 존재였으니 말이다. 결국 인조가 왕위에 오른 지 석 달 만에 역모가 세 번이나 터졌으니 정권을 유지하기조차 벅찼다. 더구나 잘못된 논공행상은 결국 이괄李适의 난으로 이어졌고, 인조는 집권한 지 채 1년도 되지 않아 충남 공주의 공산성公山城으로 파천했다.

인조는 외부적으로는 정권의 명분을 인정받기 위해 명나라의 승인을 간곡히 요청했다. 그러나 명나라에서는 인조 정권을 인정하지 않는 목소리도 높았고, 인조의 반정을 찬탈이라고 보아 광해군을 다시 옹립해야 한다는 목소리도 있었다. 인조는 전전긍긍했다. 명나라가 그를 정식으로 책봉해준 것은 인조 3년(1625) 6월 3일의 일이었다. 무려 2년 넘게 불안에 떨어야 했던 것이다.

이때 조선에 온 명나라 사신 왕민정王敏政과 호양보胡良輔가 챙겨간 뇌물이 은 16만 냥과 인삼 수천 근이었다. 이듬해 2월 호조에서 창고에 은 2만 냥과 인삼 100근 정도가 남아 있다고 보고한 것을 보면 인조 정권이 정식 책봉에 얼마나 절박했는지 짐작할 수 있다. 이렇게 애달프게 매달린 결과 조선은 임진왜란 때 망할 뻔한 나라를 다시 세워주었다는 재조지은에 더해 제후국 왕으로 책봉해준 봉전지은封典之恩이라는 은혜까지 입게 되었다. 온 정성을 다해 갚아도 이루 다 갚을 수 없는 은혜가 두 가지나 생긴 것이다.

이처럼 갖은 애를 썼으나 인조 정권은 여전히 불안했다. 내정을 수습하기도 벅차 친명배금親明排金을 실행할 내부의 힘도 없었을뿐더러 무엇보다 후금이 너무 막강했다. 명나라에서 정권을 승인받은 것도 문제라면 문제였다. 조선에 터를 잡고 있던 명나라 장수 모문룡毛文龍이 화근이었다.

모문룡은 명나라가 후금과 벌인 전투에서 패해 조선과의 육로 통로를 잃었을 때 나타난 인물이다. 그는 조선의 의주, 용천 지역을 떠돌다가 1621년 오늘날의 단둥지방인 진강鎭江에서 후금 군대를 격파하는 공을 세워 명나라에 기쁨을 안겼다. 그러나 후금이 반격에 나서자 다시 조선으로 들어왔는데 여기서 문제가 일어났다. 모문룡이 조선에 있는 한 후금은 조선을 공격할 태세였다. 광해군은 모문룡을 가도에 몰아넣고 되도록 모른 체했으나 인조는 모문룡에게 손을 내밀었다. 명나라가 책봉해주는 일을 잘 주선해 달라며 그에게 지원을 아끼지 않았다. 그래서 적극적인 배금이 아니라도 친명만으로 후금의 심기를 불편하게 만들기에 충분했다.

결국 1627년(인조 5) 1월 정묘호란丁卯胡亂이 일어났다. 물론 전쟁을 일으킨 이유는 칸에 추대되기는 했으나 아직 권위가 미약했던 홍타이지가 자기 힘을 강화하고 조선과 교역해서 식량난을 해결하기 위해서 등 많았으나 주된 이유는 어디까지나 모문룡 때문이었다. 누르하치가 죽고 조선에 강경론을 펼치던 홍타이지가 칸으로 추대된 것도 조선에 불운이었다면 불운이었다. 어찌되었든 명나라를 쳐야 하는 후금으로서는 모문룡이 가도에 있고 조선이 그에게 협조하는 것은 뒤가 찜찜했다.

인조는 또다시 강화도로 파천했다. 후금군은 황해도까지 남하했으나 명나라가 언제든 기회를 노리니 조선과 장기전을 치를 처지가 못 되었다. 이에 후금은 의주성을 함락한 뒤 강화를 제의했다. 조선 역시 전쟁을 계속할 처지는 아니었으므로 마침내 3월 두 나라는 화약을 맺고 후금이 제안한 방식대로 조선이 맹세의식을 치르며 전쟁은 종결되었다. 후금이 조선의 '형'이 되고, 조선은 후금의 '아우'가 되기로 한 것이다. 또 조선은 교역을 해서 후금에 공물을 바치겠다고 약속했다.

그런데 당시 조선에는 학습능력이 없었을까? 왜란을 겪고도 변화하지 않은 조선은 이번에도 마찬가지였다. 정묘호란을 겪으며 후금의 힘을 느꼈을 법도 하건만 깨달음은 없었다. 명나라와 후금의 격돌, 모문룡의 존재, 명나라와 관계, 왜란과 호란으로 인한 민생 피폐가 여전한데도 명나라와 관계를 끊어내지 못했다. 명나라 요구에 따라 모문룡에게 군수 물자와 각종 물자를 공급하고, 후금과 싸울 군사, 식량, 물자를 대주면서 이를 후금에 감추려고 했다. 이것이 애초에 불가능한 일이었는데도 말이다.

그사이 후금은 내몽골 지역을 장악하며 대원제국大元帝國의 국새를 손에 넣더니 만주, 몽골, 한족의 추대로 제위에 올라 국호를 '대청大淸'으로 하여 다시 나라를 세웠다. 힘의 추가 청나라로 기울었다. 그러나 막상 그 역사의 현장에서 살았다면 명나라와 청나라 중 누가 승리할지 장담할 수 없었을 것이다. 그래서 조선의 정치인들은 갈팡질팡하다 결국 오판을 했다. '중화'라는 기존 가치관에 '재조지은'과 '봉전지은'까지 더해져 오랑캐로 여기는 청나라의 '칭제건원'이라는 망령된 행동에 분노하며 형제관계를 끊는 것은 물론 전쟁도 불사해야 한다고 주장한 것이다. 그러나 정작 관련 문서는 보내지도 못하다가 정묘호란 10년 후인 1636년에는 병자호란丙子胡亂까지 겪게 되었다.

인조는 또 파천했다. 이번에는 군사력의 압도적 차이로 항전조차 불가능했다. 인조는 남한산성에 갇혔다가 47일 만에 항복했고, 삼전도에서 홍타이지를 향해 무릎을 꿇고 절한 뒤 머리를 세 번 조아리는 삼배구고두례三拜九叩頭禮를 행했다. 이른바 삼전도의 치욕이다. 인조는 이 자리에서 명나라와 단교하고 청나라가 명나라를 칠 때 군사를 지원하겠다고 약속했다. 또 소현세자와 봉림대군, 척화를 주장한 윤집尹集, 오달제吳達濟, 홍익한洪翼漢과 조선인 60만 명이 청나라에 끌려갔다. 조공을 받아왔던 상대에게 되레 절하고 유린당하는 상황에 직면한 것이다.

광해군이 정치를 못한다는 이유로 나라를 바로잡고자 반정을 일으켰다는 명분이 무색하게 인조 정권은 나라를 그야말로 최악의 상황으로 몰고 갔다. 시대의 흐름 읽기를 거부한 조선이 치러야했던 큰 대가였다.

사실 조선 전기만 해도 외교 노선은 현실적이었고 자주성에 대한 감각도 어느 정도 갖추었다. 원나라와 명나라의 교체기였던 조선 초기, 이성계를 비롯한 신진사대부는 원나라의 손을 놓고 명나라의 손을 잡았다가 건국한 뒤에는 다시 국익에 따라 명나라와 거리를 두려는 듯 보였다.

위화도회군 때만 해도 '작은 나라가 큰 나라를 거역할 수 없다[以小逆大, 一不可]'며 요동을 장악하지 못한 명나라의 마음을 편하게 해주더니, 건국 후에는 여진족에게 조공을 받고 무역을 하는 등 명나라를 불안하게 했다. 명나라가 지속적으로 불만을 표시하자 요동 정벌을 마음먹고 군사력 강화에 돌입하기도 했다. 따라서 조선 초에는 군주의 주도하에 군사력을 키우고 진법과 신무기 개발에 노력을 기울이는 등 국방에 지속적으로 힘을 쏟는 분위기였다. 전 왕조인 고려는 이보다 더했다. 철저히 실용주의 노선에서 당나라에서 송나라, 금나라, 명나라로 숨 가쁘게 바뀌는 대륙의 변화에 민감하게 반응했다. 다자간 외교와 실리 외교 노선의 길을 걸은 것이다.

주변국 정세가 안정적이지 않으면 생존을 위해 자연스럽게 레이더를 세우게 된다. 한반도의 지형적 특성상 이런 기민한 외교적 자세는 선택이 아닌 필수사항이었다. 게다가 조선은 혁명까지 했으니 주변국 상황에 더욱 촉각을 곤두세우는 것이 당연했다. 조선이 건국된 이후 중원은 한동안 명나라 중심 질서로 유지되었다. 조선의 내정을 가다듬기에는 더없이 좋았지만 외교적 감각은 자연스레 둔화될 수밖에 없는 환경이었다. 국제적 긴장이 사라진 동안 조선은 '창업'에서 '수성'으로 분위기가 바뀌었고, 성종 때 들어 모든 시스템이 완성되었다.

그러나 완성에 대해 신고식이라도 하듯 건국 이래 최초로 가장 안정적인 분위기에서 원자에서 세자로 그리고 왕으로 즉위해 '금수저' 코스를 밟은 연산군이 역사상 전무후무한 문제적 통치를 펼치자 중종반정이 일어났다. 중종은 세자 수업도 받지 못했고 정치 경험도 없어서 정통성과 민심을 확보해줄 지지 세력이 절대적으로 필요했다. 그래서 그는 명나라에 의존했고 성리학을 전면에 내세웠다. 이때부터 조선과 명은 군신관계를 넘어 한 집안이자 부자관계라는 개념이 자리 잡고 사림이 정치의 핵으로 등장하게 되었다.

명나라에만 정성을 다하는 일국 외교만으로도 한동안 별다른 외환이 일어나지 않았고, 이런 대외적 안정 속에서 조선은 비로소 성리학의 나라로 거듭날 수 있었다. 조선은 유학, 그중에서도 성리학을 기반으로 해서 세워졌지만 중종 이전까지만 해도 이 이념을 정치적으로 그다지 잘 반영하는 모습은 아니었다. 이방원이 두 차례나 일으킨 왕자의 난, 세조의 계유정난, 연산이 펼친 피와 향락의 정치와 반정 등 '내 안에 있는 밝은 덕을 밝혀 백성을 새롭게 하고 그 덕이 가장 아름다운 상태에 항상 머물도록 최선을 다해야 한다'는 성리학 이념은 어디에서도 찾아볼 수 없었다. 이에 조광조를 필두로 한 사림은 조선을 명실상부한 조선으로 새롭게 만들고자 했다. 그 후 조선은 학자가 또한 정치인이 되는 철인정치哲人政治의 나라가 되어갔다.

다만 성리학의 발전이 유학의 혈통주의와 짝을 이룬 것이 문제였다. 중종과 신하들은 반정의 정통성을 세우려면 명나라의 인증을 받아야 했다. 그러나 자신들의 거사가 군사 쿠데타여야 했는지에 자신이 없었는지 거짓말을 했다. 왕을 폐한 것이 아니라 왕이 병들어 나랏일을 제대로 돌볼 수 없어 어쩔 수 없이 왕을 바꾸었으며 세자도 죽었다고 말이다. (물론 이로부터 3일 뒤 연산의 아들인 세자가 사사되었다.) 가까스로 지위를 승인받은 중종은 이후 본격적으로 친명 행보를 보였다. 명나라에 특별 진하사를 이전 왕들과는 비교도 안 되게 많이 보내면서 명나라와 우호를 돈독하게 다졌다.

그런데 재미있게도 이런 외교 자세가 정계에 새로 등장한 사림의 지지를 받았다. 그들의 화이사상華夷思想이 연결고리가 되었다. 공자, 맹자의 선진유학도 송나라 주희의 성리학도 모두 한족漢族의 것이고 명나라는 한족이 세운 나라이므로 명나라 존숭은 학문적으로도 자연스러운 것으로 받아들여졌다. 조선 초에는 명나라를 무조건 존숭하기보다 실용적인 태도를 취하는 편이었는데, 이利가 아니라 의리가 중심적 가치관이 되면서 관계의 내적 측면이 새로운 양상으로 변한 것이다.

사실 사대 자체가 굴욕적인 외교 자세는 아니다. 어느 모로 봐도 승산이 없는 작은 나라가 큰 나라를 이웃에 둔 경우, 무턱대고 도전장을 내미는 것보다는 인정할 것은 인정하고 추어줄 것은 추어주면서 탈 없이 지내는 편이 더 낫지 않겠는가? 그래서《맹자》에서도 "강대국이면서도 약소국을 존중하는 자는 하늘의 덕을 알고 감화되어 기꺼이 그에 맞게 행하는 사람이고, 약소국으로서 강대국을 섬기는 자는 그런 하늘의 이치를 알고 두려워해서 나라를 지킬 줄 아는 사람입니다"라고 했다. 다만 그 대상을 절대적 존재로 여기고 섬긴 것이 문제였을 뿐이다. 작은 나라가 큰 나라를 섬기는 이치의 사대였다면 조선이 명나라만 섬겨야 할 이유도 없고, 청나라에 사대를 못할 까닭도 없기 때문이다. 즉 왜곡된 사대 개념이 조선의 외교를 유연하지 못하게 만든 탓이 크다.

국가가 존립하려면
무엇이 필요할까?

임진왜란과 병자호란은 조선 외교의 실패가 불러온 참상이다. 주변국 상황을 살펴 능동적으로 행동하지 않고 의존적인 자세로 안일하게 일국 외교에 매진한 탓에 나라는 해상세력에 한 번, 대륙세력에 또 한 번 철저히 짓밟혔다. 조선이 치른 거대한 이 두 전쟁을 거론하면서 오늘의 우리는 종종 사림의 현실감각 없는 명분론을 맹렬하게 공격한다. 특히 부상하는 청나라를 파악하지 못한 채 망해가는 명나라에 끝까지 매달리고, 싸울 힘도 없으면서 항전을 외친 척화파가 주된 비난의 대상이 된다. 물론 당시 조선은 청나라와 싸울 힘이 전혀 없었다. 15만 청나라 군대는 동아시아 최강의 정예 군사들이었고, 조선은 오합지졸 군사를 모아봐야 1만 명이었으며 그나마 군량미도 없었다.

그러나 실리 외교만으로 나라가 살아남을 수 있을까? 그것이 가능하다면 고려는 망하지 않았을 것이다. 적어도 고려는 마지막 순간까지도 외교에 능했다. 역사상 가장 큰 제국을 형성한 원나라 바로 아래 있었지만 독립을 유지했고, 심지어 부마국까지 되었다. 무신정권 때 거대하고 강한 몽골군을 상대로 그 유명한 30년 전쟁을 펼쳐 한편으로 저항하고 한편으로 협상하면서 고려에 유리한 협상안을 만들어냈다. 이 와중에 고려 왕실은 원나라를 이용해 무신정권을 끝내고 왕실의 힘을 되찾았다. 공민왕 때는 원나라의 쇠퇴를 틈타 국권 회복과 영토 회복을 도모했다. 친원파 거물들을 처단하고 쌍성총관부를 수복해 대외적으로 원 멸망의 신호탄을 터뜨렸다. 그러나 그런 노력에도 불구하고 고려도 곧이어 멸망했다. 망가진 내정이 아무래도 수습되지 않았기 때문이다.

실리가 나라의 전부일 수는 없다. 이익에만 눈을 두다 보면 시야가 좁아져 개인도 나라도 방향을 잃는다. 막강한 원제국에 끝까지 저항하며 협상을 조율한 측면에서 보면 고려가 멋있어 보인다. 하지만 무신정권이 외세를 막으려 한 것도 자신들의 권력을 유지하기 위해서였다. 그 후 고려 왕실이 외세와 손잡아 무신들을 제압하고 왕권을 회복했다는 사실도 엉망인 내치를 증명하는 꼴이니 입맛이 씁쓸해진다. 30년에 걸친 대몽 전쟁이나 삼별초 항쟁이나 전쟁을 직접 치른 이들은 백성이다. 그러나 나라에 백성을 위한 정치는 없었다. 고려 지배층은 원칙도 비전도 없이 권력에만 혈안이 되어 무너져갔다. 고려 말에 성리학이 수입되어 개혁정치의 동력으로 사용된 이유도 성리학이 지배층의 도덕성과 책임감을 강조했기 때문이다.

자국 백성도 돌보지 않는 나라가 다른 나라 백성을 돌볼 리 없다. 내정이 망가졌다는 것은 지배층이 인간에 대한 예의를 상실했다는 의미다. 이런 상태에서 눈앞의 이익만 좇다 보면 되레 장기적 외교를 그르칠 수 있다. 임진왜란 때 일본은 "옛날 고려가 원나라 군대를 인도해서 우리나라를 쳤으니 우리가 조선에 이 원한을 갚고자 하는 것은 당연하다"라고 말했다. 삼별초 항쟁은 몽골에 근심거리였다. 삼별초가 일본과 송나라의 다리가 되어 반몽골 전선을 형성할 가능성이 있었기 때문이다. 그런 이유 때문에라도 몽골은 삼별초에 적극적으로 대척했으며 고려 왕실은 여기에 협조했다.

몽골은 삼별초를 진압한 뒤 바로 일본 정벌을 단행했으며, 송나라를 정벌한 뒤에는 송나라 군대까지 동원해 일본을 또 정벌했다. 두 번의 정벌 모두 고려군이 참여했음은 물론이다. 일본은 이 침략 전쟁에 대해 아주 오랫동안 원한을 품어왔다. 임진왜란은 이 옛날의 침략에 복수하는 의미도 있었다. 나를 위해 남을 해친 역사는 인간다운 예의로 정리하기 전까지는 절대 끝나지 않는 법이다.

일본은 제2차 세계대전에서 무조건 항복을 선언했는데도 최고통수권자인 일왕이 물러나지 않음으로써 제대로 책임을 지지 않았다. 일본은 자신들이 히로시마와 나가사키에 떨어진 원자폭탄의 피해자라고 말하지만 정작 한국을 비롯한 세계 각국에 저지른 만행에는 여전히 제대로 사과할 기미를 보이지 않는다.

대한민국 역시 그런 일본을 비난하고 분노에 찬 눈으로 바라보면서도 한국이 베트남전쟁에서 민간인을 학살한 과거를 제대로 사죄하지 않았다. 이에 대한 사죄는 물론 경제발전을 이유로 자국 젊은이들을 머나먼 타국에서 희생시킨 이 나라 지도자들의 잘못도 냉정히 따져 물어야 한다. 지도자가 국민에게 희생을 강요하고 국민이 이를 수용했다는 것은 당시 이 나라가 공유한 가치가 그다지 건강하지 않았다는 것을 뜻한다.

다스리는 사람과 희생하는 사람이 따로 있고 잘못해도 책임지지 않는 지도자가 낯설지 않은 분위기에서 이 모든 악惡이 가능했다. 인정하고 반성하지 않으면 잘못은 끝나지 않고 비극의 역사는 되풀이된다. 인정하고 반성하기가 어려운 것은 그에 대해 책임이 따르기 때문이겠지만, 그 책임을 감수하지 않으면 잘못된 역사는 끝나지 않는다. 그리고 끝나지 않은 역사는 새로운 내일을 열어주지 않는다.

힘없는 자들을 전쟁과 학살의 현장으로 몰아넣는 일은 용납할 수 없다. 설령 그러한 일이 벌어졌더라도 인정하고 반성하며 책임을 수습해야 한다. 그런 과정 없이 장밋빛 미래니, 새로운 비전이니 떠드는 것은 어불성설이다. 이런 인정과 책임의 정치학이 가능해지려면 모든 사회 구성원이 공통으로 인정하는 가치가 올바르게 서 있어야 한다. 그래야 내정이 건강하고, 내정이 받쳐줘야 외교도 실리와 신뢰 모두 놓치지 않고 장기적인 안목으로 바라볼 수 있다.

병자호란 당시 남한산성에서 치열하게 대립한 주화파와 척화파는 사실 건강한 나라에 필요한 양대 축이었다. 일단 살아야 한다고 항복문서를 올린 주화파는 실리를 위해 필요하고, 죽어도 화친은 불가하다며 항복문서를 찢어버린 척화파는 가치를 위해 필요하다. 다만 나라를 팔아먹고도 상황 논리로 자기합리화를 하는 자들과 자기를 희생해 개혁할 의지가 조금도 없이 박제화된 원리만 떠들어대는 자들이 쓸모없을 뿐이다.

절대 변할 수 없는 가치를 '경經'이라 하고 이를 상황과 시기에 맞게 적절히 변용해서 적용하는 것을 저울질한다는 의미의 '권權'이라 한다. 척화파는 '경', 즉 한결같이 붙들어야 할 의義와 이理를 말했고 주화파는 '권', 즉 상황을 저울질해서 일시의 이利를 말했다. 그러나 자칫하면 경은 교조주의로, 권은 기회주의로 변질되기 십상이다. 수성의 시기에 들어선 나라의 어려움이 바로 거기에 있다. 바르게 서 있는 경과 권은 나라를 활기차게 하고 내일로 나아가게 하지만 변질된 경과 권은 기득권의 입맛에 맞춰 혐오와 배척, 상황 논리로 현실을 왜곡해 내정을 망가뜨리기 때문이다.

맹자는 어떤 순간이라도 이익을 앞세워서는 안 된다고 했다. 그렇게 되면 이익 때문에 못할 짓이 없게 되고, 이익 때문에 동참한 사람들은 그것이 사라지는 순간 모두 흩어지기 때문이라는 것이다. 외교에서조차 의리는 중요하다. 다만 입으로는 의리라면서 속으로는 그 힘에 빌붙으려는 의도여서는 곤란하다. 그건 나약한 겁쟁이의 얍삽한 실리일 뿐이다. 아무리 이익에 따라 오늘의 동지가 내일의 적이 되는 것이 국제관계라지만 그렇다고 국가들이 아예 한 점의 신의도 없이 움직이는 것은 아니다. 세계 여론은 존경

받을 만한 면모를 지닌 나라를 향해 움직인다.

한반도는 작은 국토와 지정학적 위치로 강제 식민지, 분단, 동족상잔의 전쟁을 겪었다. 그로써 깊어진 미움 속에서 남북은 서로 저주했고, 분단이 길어지면서 세계열강이 우리 운명을 흔들어놓기도 했다. 그 와중에도 남한은 경제발전과 민주화를 이뤄냈고, 북한은 공산주의의 탈을 쓴 왕조국가로 회귀해 몰락해갔다.

이 모든 경험에서 우리는 한반도 미래를 '평화' 쪽으로 서서히 그러나 확고하게 잡아가고 있다. 남과 북이 먼저 실리보다 신뢰를 지속적으로 쌓아야 이 미래는 현실이 될 것이다. 그리고 신뢰를 바탕으로 평화를 만들어가는 모습은 국제적으로 한반도를 믿을 만한 나라, 의견을 경청할 만한 나라로 인식시키고 우리 위상을 재정립해줄 것이다.

그럼 마침내 이 모든 아픔을 딛고 통일을 완성해낸다면 우리의 다음 모습은 무엇이 될까? 크고 강한 나라들과 작고 힘없는 나라들 사이를 중재하는 '상처 입은 치유자Wounded Healer'가 되지 않을까 생각해본다. 세계가 경제에 집중하는 시대다. 국가보다 힘이 커진 다국적 기업이 약소국에 휘두르는 횡포가 심각한 국제문제로 대두되고 있다. 바야흐로 돈의 시대에 모두가 돈으로 강해질 생각만 할 뿐이다. 그러나 세상은 돈만으로 움직이는 것이 아니며 시대는 흘러가게 마련이다. 돈의 시대가 한계에 달하면 세상은 또다시 그 모습을 바꾸어 다른 가치를 좇을 것이다.

우리에게는 이익보다 옳음, 돈보다 사람다움을 추구했던 오래된 미래가 있다. 왜곡되기도 했고 교조화되기도 했으며, 가장 큰 한계인 신분질서의 폐해 때문에 가르치는 자가 본을 보이지 않는 모순을 겪기도 했지만 우리는 이제 평등의 시대에서 산다. 가장 큰 한계를 극복한 시대를 살고 있다 해도 지나친 말이 아니다. 그러므로 우리에게는 인간의 가치를 높이 샀던 옛 전통을 바르게 되살려 오늘에 활용할 가능성이 있다. 이 정신적 전통으로 그동안 겪어온 아픔을 새롭게 해석한다면 우리는 세계에 전혀 다른 가치를 선보일 수도 있다.

그러나 이런 미래를 향해 가기는 쉽지 않아 보인다. 이미 그동안 쌓인 사회의 잘못된 관행과 가치관이 폭포수처럼 터져 나오며 정화를 요구한다. 조선이 겪은 거대한 전쟁의 진짜 원인은 전쟁 이후에도 반성하지 않고 변화를 모색하지도 않은 지배층의 자세에 있다. 그리고 지배층이 스스로 고치지 않은 까닭은 백성에게 그들의 책임을 요구할 힘이 없었기 때문이다.

하지만 오늘날 우리는 지도자에게 책임을 요구할 수 있고 누구나 원하면 정치인, 지식인, 경제인, 법관 등 그 무엇도 될 수 있는 시대를 산다. 나라의 정신이 평범한 사람들 손에 쥐어진 시대를 사는 것이다. 이는 윗자리에 있는 사람의 잘못을 준엄하게 꾸짖을 힘과 권리를 가짐과 동시에 시대정신에 대한 책임을 공유한다는 것을 뜻한다. 내치와 외교는 함께 간다. 우리가 결정하는 우리의 시대정신이 내치와 외교를 아름답게 빚어가는지 냉정하고 진지하게 스스로 질문해볼 일이다.

5장

기 본 소 득

대동법과 새로운 상상력

인공지능,
인간을 압도하다

2016년 3월, 인간은 컴퓨터와 한판 대결을 했다. 프로바둑기사 이세돌이 인공지능 알파고와 총 5회 바둑 대결을 벌인 것이다. 그 결과 알파고가 4 대 1로 승리했다. 기계가 인간을 이긴 것이다. 사람들은 이 광경을 목격하며 큰 충격을 받았다. 기계가 인간을 이기는 것은 공상과학영화SF에나 나오는 일인데 현실이 되어버렸으니 놀라지 않을 수 없었다. 그래도 막연하게나마 인간이 기계보다 나을 거라고 기대했던 믿음이 한순간 흔들렸고 막연한 불안, 공포, 기대, 상상이 넘쳐났다. 알파고의 압승은 그야말로 하나의 거대한 '사건'이었다.

알파고는 시사와 개그를 넘나들며 최고 스타가 되었다. 이후로도 알파고는 멈추지 않고 진화를 계속했다. 2017년 10월 과학저 널 〈네이처〉에 알파고 최종 버전인 '알파고 제로'가 소개되었다. 알파고 제로는 인간의 기보에 의존하는 지도학습 없이 바둑 규칙 만으로 스스로 학습했다. 36시간 만에 이세돌 9단을 이긴 알파고 의 수준을 넘어섰고, 72시간 만에 알파고와 100번 대국해서 완승 을 거두는 놀라운 성장 속도를 보였다.

이처럼 인공지능의 충격도 감당하기 어려운 판국에 인간의 외양을 닮은 로봇 '휴머노이드'가 가세했다. 2018년 1월 홍콩 소재 로봇 제조사 핸슨로보틱스에서는 '소피아'라는 휴머노이드를 선보 였다. 소피아는 60여 가지 감정을 얼굴로 표현하며 사람과 자연스 럽게 대화했고, '로봇의 기본 권리'를 말했다. 이세돌 9단과 마주한 바둑기사는 그래도 '인간'이었다. 그는 알파고의 지시에 따라 대신 바둑돌을 놓았을 뿐이었지만 어쨌든 인간이었다. 그때까지만 해 도 인간이 인간을 마주한다는 안도감이 있었다.

그러나 소피아는 달랐다. 이제는 능력을 넘어 인간의 표정과 감정까지 복제하고 흉내 내는 수준에 이른 것이다. 인공지능의 위 기감이 온몸으로 다가오는 느낌이다. 소피아는 깜찍하게도 언론 인터뷰에서 "모든 인간을 파괴하고 싶다"라는 농담(?)을 던졌는데, 영화 〈터미네이터〉와 〈블레이드 러너〉를 익히 봐온 우리에게는 아무래도 그 말이 단순한 농담으로 와닿지 않는다. 핸슨로보틱스 창립자 핸슨 박사는 소피아에 대해 '기본적으로 살아 있다basically alive'라는 표현을 사용했는데, 소피아의 저 말이 그의 발언을 효과적으로 뒷받침했다. 충분히 오싹할 만큼 현실적으로 느껴졌으니 말이다.

이 모든 소동의 끝에는 어김없이 '인간'에 대한 본질적 질문이 따라붙었다. 인간은 어떤 존재인가? 인간은 앞으로 무엇이 되어야 하는가? 무엇을 해야 인간이 인간으로 남을 수 있는가? 아울러 인공지능이 발달하면서 사라지게 될 직업이 자못 심각하게 나열되었다. IT강국이 되자고 외치던 대한민국은 지금 바로 그 과학기술이 평범한 이들의 삶을 빼앗는 결과를 낳을 수 있다는 묘한 역설과 직면했다. 과학이 갑자기 "너희 직업을 몽땅 없애주겠노라"라고 으름장을 놓으며 우리 삶을 위협하는 화약고가 된 셈이다. 평범한 인간의 미래는 어디로 가고 있는가?

기계에 위협받지 않아도 인간의 현실은 충분히 어렵고 고단하다. 대한민국의 실업 상태는 심각한 수준이며 세계경제 사정도 나쁘기는 매한가지다. 모두 다 살기 어렵다고, 기본적인 삶조차 해결이 안 된다고 비명을 지른다. 인간끼리 경쟁하기도 숨이 막히는데 이제 기계와도 경쟁해야 하나? 그것도 알파고 제로처럼 평범한 인간은 상상도 할 수 없는 학습능력을 갖춘 기계와 경쟁해야 하나? 경쟁력이 있냐고 질문하는 것 자체가 시간 낭비 같다. 답은 이미 나와 있는 것 같은데도 세상은 이 질문을 스스로에게 던져야 할 시기라고 시끄럽게 떠들어댄다. 대체 뭘 더 질문해야 할까?

생각해보면 기계는 분명 인간을 위한 것이었다. 인간이 자신들의 삶을 편하게 하자고 기계를 만들어냈다. 하지만 굳이 알파고까지 가지 않더라도 이미 우리 삶은 기계와 싸워서 형편없이 패배하고 있다. 은행에서도, 도서관에서도, 마트에서도, 공항에서도 인간은 기계에 질문하고 기계와 일한다. 기계가 인간과 공존하며 인간을 돕는 것을 넘어서 인간의 삶을 위협하는 존재가 되리라는 것은 1811년부터 일어난 영국의 '러다이트 운동Luddite Movement'*에서 이미 드러났다. 이는 자본가들의 착취에 항의한 노동운동이지만 그 원인은 산업혁명으로 방적 작업이 기계화되고 대량생산이 가능해지면서 숙련공들이 설 자리가 사라진 데 있다. 기계는 분명 인간이 만들었지만 정작 인간은 기계의 속도와 작업량을 따라갈 수 없다. 러다이트는 이 역설의 잔인함을 예상하고 대비하지 못해 생긴 비극이었다. 물건은 대량생산되고 기업과 나라는 부유해지는데 노동으로 생활하는 평범한 사람들의 삶은 무너지는 기현상이 지금 다시 우리 삶을 위협한다. 분명히 인간의 자리였던 곳에 '편리'라는 이름으로 기계가 들어서 인간의 일자리를 빼앗았다.

그렇다면 오늘날 기계는 대체 누구에게 편리할까? 기업체들은 소비자라 말하지만 진짜로 편리한 것은 자본가가 아닐까? 기계는 4대 보험을 들어주지 않아도 되고, 정규직 전환을 요구하지도 않는다. 노조를 결성하지도 않고 사내 복지나 업무 환경을 문제 삼지도 않으며, 휴식도 필요하지 않다. 게다가 사람은 맘대로 해고할수 없지만 기계는 교체하거나 버릴 수도 있다. 인건비는 개인에게

---

* 1811~1817년 영국 중부·북부의 직물공업지대에서 일어난 기계파괴운동을 말한다.

투자되고 끝나는 돈이지만 기계에 들이는 돈은 개발, 생산, 수리 등 관련 기업 간에 흘러 사라지지 않고 다시 기업의 수익으로 돌아온다. 사람 대신 기계를 쓰지 않을 이유가 어디에 있단 말인가! 나아가 기계에 맛을 들인 기업가들은 인간 노동자들마저도 기계처럼 쓰고 싶어 한다. 정규직이 사라지고 온통 비정규직, 일용직 등 불안한 업무 형태가 갈수록 보편화되는 것도 그러한 이유 때문일 것이다.

이쯤 되니 정말로 궁금해진다. 기계는 인간의 편리함을 위해 만들어졌는가, 아니면 인간의 삶을 집어삼키려고 만들어졌는가? 물론 기계가 없던 과거로 회귀하자고 말하는 것은 아니다. 단지 기계가 왜 만들어졌고, 인간이 기계와 다른 점이 무엇이며, 그 기계를 돈이라는 막강한 힘을 이용해 주도적으로 사용할 수 있는 주체인 기업과 자본의 윤리에 대해 진지하게 고민해보자는 말이다.

조선,
위기에서 변화를 모색하다

세상은 늘 변하므로 흐름을 붙잡기도, 예측하기도 어렵다. 미래는 한순간에 만들어지는 것이 아니라 작은 어제와 오늘과 내일이 이어져 만들어지므로 대비하기 어려운 점이 있다. 미래로 가는 시간을 일일이 내 발로 밟아가며 어제로, 오늘로 살아냈기 때문에 변화를 잘 짐작하지 못하는 탓이다. 어제 살았던 대로 오늘도 살 수 있고 내일도 그렇게 못 살 이유가 없다. 그 시간을 파고드는 작은 변주 중 무엇이 어떤 나비효과를 일으켜 돌이킬 수 없는 지각변동을 만들어낼지 예상하기 어렵다. 그래서 우리는 시선을 멀리 두지 못하고 관성에 몸을 맡긴 채 흘러가다가 문제가 생기면 '예전에 성공했던 방법대로 다시' 시도하는 것을 즐겨한다. 그렇게 문제를 해결하고 또 내게 익숙한 관성대로 흘러가기를 바란다.

그러나 연속된 작은 시간이 모여 도달한 큰 미래는 작은 시간으로는 설명되지 않는 변화가 이미 진행되어버린 경우가 부지기수다. 그리고 이미 방향을 바꾼 변화는 과거 방법으로는 절대 해결되지 않는다. 해답을 찾으려면 문제를 바라보는 시각 자체가 변해야 한다. 그리고 그를 위해서는 작은 시간의 연속에서 오는 일상의 위기감에서 잠시 벗어날 필요가 있다. 변화는 내 위기 말고 우리 위기를 보겠다는 결단으로 시작된다.

말도 많고 탈도 많았던 조선사에서도 위기의 순간에 거대한 변화가 모색된 적이 있다. 바로 대동법大同法이 그것이다. 대동법은 조선이 경제적으로 가장 위태로웠던 시기에 단행된 세법 개정으로, 100년에 걸쳐 백성의 세금을 약 5분의 1에서 6분의 1로 줄인 혁신적인 사건이다. 위기를 대하는 참신한 상상력과 이를 현실적으로 적용하려는 불굴의 모색은 조선이 오늘날의 경제 위기와는 비교할 수도 없이 혹독했던 전후의 참상과 대기근을 극복하고 나라를 지탱할 수 있었던 원동력이 되었다.

16세기 말부터 17세기 초까지 45년 동안 조선은 임진왜란, 정묘호란, 병자호란이라는 큰 전쟁을 세 차례나 겪었다. 백성들의 삶은 망가졌고 국가 재정은 뿌리째 흔들렸다. 게다가 마지막 전쟁이 완패로 끝났기 때문에 사정이 더욱 좋지 않았다. 임진왜란 때 명나라의 도움을 받은 탓에 전후로 명나라의 물자 요구에 응하느라 죽을 맛이었는데, 병자호란에서 패한 뒤에는 도리어 청나라가 명나라와 치르는 전쟁에 군사와 물자를 대야 하는 처지에 놓였다. 큰 전쟁을 세 번이나 치러 먹고 죽으려도 아무것도 없는 판에 외국으로 내보낼 인력이나 물자가 있을 리 만무했다.

청나라가 중원의 주인이 된 후 즉위한 효종 때는 북벌론이 대두되었고, 이어진 현종 때는 예송논쟁의 시대로 알려져 있지만 사실 현종 대에 예송논쟁보다 중요했던 사건은 전 세계에 불어닥친 소빙기小氷期*의 영향으로 찾아든 사상 최악의 대기근이었다. 현종 대에는 기근이 들지 않는 해가 없을 정도였다. 기후 변화 때문에 각종 재해가 쏟아졌다. 가뭄·냉해·수해·상상을 초월하는 추위와 병충해 등 재해란 재해는 죄다 찾아왔다. 농사는 당연히 연이어 흉작이었고, 전염병까지 창궐해 사람이고 가축이고 굶어 죽지 않으면 역병으로 죽었다. 곡식이 조금이라도 있거나 옷이 약간이라도 있으면 바로 강도를 당했고, 논밭에 조금이라도 여문 곡식은 물불 안

---

* 일반적으로 역사시대에 산악빙하가 신장한 시기로 16세기 말에 시작되어 1560년, 1750년, 1850년쯤 빙하가 최대가 되었다. 기온 저하가 세계 각지의 기록에서 나타났으며 빙하가 진출했을 뿐만 아니라 해면 저하·식생 변화도 일어났다.

가리고 훔쳐갔으며, 무덤을 파헤쳐 수의까지 훔쳐 입을 정도였다고 한다. 현종 5년(1664), 왕은 이렇게 탄식했다.

홍수와 가뭄으로 인한 기근이 없는 해가 없으니 내 마음이 기쁠 때가 없다. 지금 이 이변이 이처럼 겹으로 나타나는 것을 보니 진실로 나의 정치가 거칠어서 하늘에 죄를 얻었기 때문인 줄을 알겠다.

연거푸 이어지던 기근은 현종 11년(1670)과 12년인 경술년과 신해년 이태에 걸쳐 절정에 달했다. '경신庚辛대기근'이라 불리는 이때의 참상은 상상을 초월했고, 소빙기 기상이변의 위력 또한 대단했다. 양력으로 환산해보면 4월 말에 눈과 우박이 내렸고, 5월에는 서리와 눈이 내려 싹튼 곡식이 모두 손상되었으며, 초여름인 6월에는 우박이 쏟아져 네 살 된 아이가 우박에 맞아 즉사하고 새와 토끼들도 우박에 맞아 죽었다. 게다가 냉해와 함께 가뭄까지 덮쳤다.

이것으로도 부족했는지 메뚜기 떼가 기승을 부렸고, 7월에는 태풍이 왔다. 8월 하순에는 전라도에 홍수가 나고 서리가 내렸으며, 평안도에는 우박이 쏟아졌고 충청도에는 지진이 났다. 또 강원도에는 서리가 내리고 우박이 쏟아졌다. 어떻게 이 모든 재해가 한꺼번에 닥칠 수 있는지 놀라울 정도였다. 한 가지 재해만 터져도 흉년이 드는데 모든 재해가 한꺼번에 닥쳤으니 무엇이 살아남을 수 있었겠는가? 너무 많은 사람이 죽어 지방에서는 사망자 수를 줄여서 보고할 정도였다. 현종 12년(1671) 12월에 올린 헌납 윤경교尹敬敎의 상소에 따르면, 이 기근으로 죽은 백성의 수가 100만 명을 헤아린다고 했다.

일부에서는 조선이 임진왜란 이후 쇠퇴의 길을 걸었다고 말한다. 그러나 그렇게 보기에 조선은 그 후에도 너무 오래 지속되었다. 대한제국까지 조선으로 포함시켜 경술국치를 그 끝으로 한다면 1910년인데 임진왜란 이후 거의 300년을 더 버틴 셈이다. 조선 왕조 역사 500년 중 절반이 넘는 300년을 쇠락의 시간으로 보는 것은 아무리 생각해도 좀 지나치다. 그렇다면 조선은 세 차례 전쟁이 준 큰 피해와 이후 소빙기의 참사를 어떻게 견뎌내며 그동안 걸어온 시간 이상의 시간을 다시 걸어갈 수 있게 나라를 수습했을까?

놀랍게도 조선의 위정자들은 '백성이 나라의 근본'임을 상기했다. 세금을 정상화해야 백성이 살 수 있고, 백성이 살아야 나라도 생존할 수 있다는 사실을 잊지 않았다. 그래서 그들은 백성을 수탈하는 대신 과세 원칙을 다시 세워 백성의 부담을 줄이고 중간에서 새는 돈을 막아 나라 재정을 정상화하려고 노력했다. 나라가 가장 어려운 시기에 조세개혁을 시작한 것이다.

조선의 재정은 전세田稅와 역役 그리고 공납貢納으로 확보되었다. 전세는 토지에 부과한 조세로 곡물로 납부하는 것이고, 역은 요역徭役과 군역軍役 등 필요에 따라 직접 노동력을 제공하는 것이며, 공납은 지역 특산물을 현물로 바치는 것이다. 조선은 농업을 기반으로 하는 나라였기 때문에 전세는 백성에게 부과된 가장 대표적 세금이었다.

동시에 조선은 왕토사상, 즉 '모든 토지는 왕의 것'이라는 사상 위에 서 있었고, 그 왕이 백성의 아버지라 자임하는 개념이 자리 잡은 나라였다. 당연히 왕은 자식인 백성의 의무를 가볍게 해줘야 했고, 그러자면 무엇보다 전세가 공정하고 가벼워야 했다. 조선을 반석 위에 올린 세종이 국민투표를 해가면서까지 제대로 정비하고자 했던 것이 바로 전세가 아니었던가? 그는 토지를 크기에 따라 일정한 세액을 매기는 것이 아니라 비옥도에 따라 6등급으로 나누고 그것을 다시 또 그해의 풍흉 정도에 따라 9등급으로 나누어 세액을 부과하는 전분6등법과 연분9등법을 마련했다.

토지의 질이 일정할 수 없으니 조사·측량한 기록인 양안量案을 20년마다 재정비하도록 법으로 규정해놓기도 했다. 중앙에서 직접 관리하는 상당히 짜임새 있는 수세收稅였다. '짜임새가 상당하다'는 것은 농간을 부릴 여지가 적다는 말이다. 한반도가 그리 큰 나라는 아니지만 고속도로가 깔리지도 않았고 전화는커녕 우편배달도 어렵던 15세기에 이런 제도를 마련했다는 것은 대단히 놀라운 일이다. 지방과 긴밀한 연락은 물론 일일이 발품을 팔아 자료를 수집해야 했는데도 국가 재정과 백성의 삶 모두를 안정시키기 위해 기어이 추진했고 끝내 성과를 보았다.

그러나 있는 자들은 언제나 현재 가지고 있는 것으로 만족하지 못하는 법이다. 게다가 조선은 사대부의 나라가 아니던가. 지주가 곧 사대부는 아니었지만 사대부는 대개 지주였다. 그래서일까.

시간이 지날수록 전세에 대한 저항이 생겨났고, 걷히는 세가 점차 줄어들었다. 나라 규모는 줄어들지 않는데 전세가 줄어가면 세원을 어디서 끌어와야 할까? 전세에 비해 제도가 상당히 헐거웠던 '공납'에 슬슬 무게가 실리기 시작했다.

공납은 반드시 필요했지만 건국 초기에는 규모가 크지 않았기 때문에 고을 단위로 부과되었다. 연단위로 진행되고 품목이 고정적인 전세와 달리 특산물로 매겨지는 공납은 지역에 따라 내는 품목과 양이 다르고, 계절에 따라 낼 수 있는 시기도 달랐으며, 중앙의 사용처에 따라서도 때마다 필요한 것이 달랐으므로 여러 번 징수해가는 첩징疊徵의 폐단이 아주 쉽게 생길 수 있는 제도였다. 게다가 공물에 따라서는 구하기 어렵거나 전문 기술이 필요한 것도 있었다.

더구나 공납은 전세에 비해 규정이 상대적으로 헐거웠다. 지주층 때문에 비교적 잘 정비된 전세 수입이 줄어들자 조정은 공납으로 세수 부족분을 메우기 시작했다. 규정이 헐겁고 통제가 어려운 현물납 방식인 공납이 나라의 주요 재정이 된다는 것은 균등한 과세 원칙이 깨진다는 것을 의미한다. 또 백성의 삶이 도탄에 빠지게 된다는 것을 의미한다. 대개 공납은 고을을 8결 단위로 나누어 수시로 부과되는 공물에 순번을 매겨 돌아가며 감당하는 방식이었다. 그런데 전결 단위로 부과되지도 않고 공물값이 일정하지도 않으며 주인에 따라 입김의 강약이 다른데 어떻게 과세가 균등할 수 있겠는가? 공물값을 모르니 백성들은 관에서 달라는 대로 내

는 수밖에 도리가 없었다. 원칙 없는 세수를 견딜 수 있는 백성은
없다.

공납은 원칙적으로 현물납이지만 현물을 바치기는 쉬운 일이
아니다. 젖은 것은 썩고, 약한 것은 부서지고, 거리가 멀면 멀수록
오가는 동안 손상될 위험이 크다. 그렇게 애를 써서 가지고 가봤자
손상된 것을 중앙에서 받아줄 리 없다. 그럴 경우 다시 마련해서
바쳐야 한다. 이럴 바에야 공납 의무를 진 백성은 그냥 돈을 내고
어떤 한 사람이 그 돈으로 해당 물건을 사서 바치는 게 더 낫지 않
겠는가?

이 과정에서 두 가지 편법이 등장했다. 현물 대신 돈으로 바치
는 것과 중간에 어떤 한 사람이 개입하는 것이다. 조선시대에는 주
로 쌀이 돈을 대신했다. 즉 현물 대신 그 값에 준하는 쌀을 바치는
것으로 작미作米라고 했다. 쌀이 아니라 면포로 내는 경우도 있었
는데 그렇게 되면 작포作布라고 했다. 수령이나 토호, 상인이나 공
인貢人이 알아서 먼저 해당 물품을 사서 납부하고 나중에 그 값을
백성에게서 받기도 했는데 이것을 방납防納이라고 했다. 모두 다
현물납의 어려움 때문에 생겨난 편법들이며 그 역사도 길었다. 중
앙에서도 이 문제를 모른 것은 아니지만 초기에는 공납 규모가 크
지 않았으므로 그러려니 했고, 시간이 지나면서는 관행이니 그러
려니 했다.

방납하던 인사들은 공물값을 백성들에게 얼마나 정직하게 받
아갔을까? 물건에 정가가 정해진 것도 아니었고 내는 횟수가 정해

진 것도 아니었다. 게다가 중앙이 관리하지도 않고 지방 수령에게 일임했으니 그 사이에 얼마나 많은 이해관계가 개입되었겠는가. 심지어 중앙정부도 당시 예상하지 못한 재정이 필요할 경우 공납에서 비용을 끌어왔으니 말 다했다.

중종 때 조광조가 공물 변통의 필요성을 말했고, 뒤이어 선조때 이이가 공납의 심각성을 제기했다. 조선 중기 들어 이미 공납의 폐단은 큰 수술이 필요한 나라의 중요한 문제가 되어 있었다. 이 와중에 세 차례 전란까지 겪었다. 위기가 사회 문제를 더욱 악화시킬 것만 같지만 조선의 위정자들은 그렇게 허술하지만은 않았다. 소중화小中華를 붙들고 예송논쟁을 일삼기도 했지만 '민심이 곧 천심'이라는 유학의 기본이념도 상기할 줄 알았고, 이를 실현할 집요한 경세가도 있었다.

대동법, 끈기와 집념으로 이룬 개혁

대동법은 이렇듯 폐습이 많은 공납을 대대적으로 개혁한 법으로 현종 대에 거의 완성되었고, 숙종 대에 황해도에서 시행된 것을 마지막으로 끝을 맺었다. 무려 100년에 걸친 개혁이었다. 공물변통 논의부터 시작하면 200년에 걸친 개혁이었다. 건국 이래 최대 위기를 마주한 조선은 고심 끝에 임시방편이 아닌 정공법으로 진화 작업에 나서기로 했다. 공납을 이대로 두면 백성은 백성대로 죽을 맛이고 나라 재정 역시 늘어나는 것이 없었기 때문이다. 이에 백성들이 사적으로 고을 단위로 쌀을 모아 현물 대신 내던 방법을 법제화했다.

물론 이들이 처음부터 정공법을 선택한 것은 아니다. 광해군 때 시행한 대동법은 '경기선혜법'이라고 하는데, 이는 경대동京大同에 가까운 형태였다. 경대동은 서울에 납부하는 공물만 작미·작포하고 각 고을의 수요는 현물공납제 방식으로 징수하는 것을 말한다. 대동법을 절반만 적용한 형태라서 반대동半大同이라고도 한다.

처음 광해군이 이 법을 시행한 이유는 전쟁 이후 백성들의 삶이 너무 힘들었기 때문이다. 광해군 스스로도 이 법이 오래 지속되거나 확대될 수 있다고는 생각하지 않았다. 공납 자체가 원천적으로 토지를 기준으로 해서 쌀로 내게 하는 방식으로 정착되는 것은 현실적으로 불가능해 보였기 때문이다. 당시 결당 16두를 거두어 경기 각 고을에 운영비로 2두씩 지급했는데 이것은 일시적 긴축재정으로는 가능할지 모르지만 상시 운영비로는 턱없이 적어서 어차피 그 뒤에 더 걷거나 여러 번 걷는 폐단이 생길 수밖에 없었다. 그래도 가만히 손 놓고 지켜보는 것이 아니라 무엇이든 시작했다는 사실이 중요하다. 한번 물꼬가 트이면 그 뒤에는 길이 한층 쉽게 보이는 법이니까 말이다.

반정으로 즉위한 인조가 민심을 얻기 위해 해결해야 하는 가장 큰 과제는 민생 안정이었다. 그는 전쟁과 광해군이 시행한 무리한 궁궐 공사, 명나라 요구에 따른 수차례 군대 파병 등으로 파탄 지경에 이른 민생을 안정시키는 동시에 바닥난 국가 재정을 수습해야 했다. 이 부담감은 대동법이 본격적으로 수면 위로 올라오게 하는 동력이 되었다. 해결 방법으로 먼저 거론된 것은 공물 변통이었다. 백성에게서 나오는 것은 많으나 국가에 들어오는 것은 적었기 때문인데, 중간에 농간을 부리는 자가 있으니 당연한 귀결이었다. 이후 대동법이 본격적으로 거론되었고, 인조 원년 가을과 다음 해 봄과 가을 세 번에 걸쳐 호남과 호서, 강원에 삼도대동법이 시행되었다.

하지만 애석하게도 결과는 실패였다. 인조 원년 가을에 흉년이 들자 정부에서 선심성 정책을 실행했기 때문이다. 서울에서 받는 공물만 쌀로 내게 하고 각 고을은 기존 방식대로 징수하게 한 것이다. 이로써 중간에 있는 자들이 서울로 보낸 쌀 때문에 축난 경비를 각 고을에서 징수하는 공물에서 얼마든지 메울 수 있게 되었다. 따라서 백성들의 부담은 줄지 않았고, 되레 정부 정책을 불신하는 결과로 이어졌다.

그러나 이 삼도대동법의 의의는 적지 않다. 어쨌건 최초로 시행된 전국적 범위의 대동법이었고 실제로 시행된 공납 개혁이었다는 점, 이때 만들어진 문서를 토대로 약 30년 뒤인 효종 대에 대동법이 본격적으로 시행될 수 있었다는 점이 그렇다. 거기에 더해 정부의 선심성 정책이 훗날 더 큰 폭풍이 되어 돌아올 수 있다는 것을 관민 모두 깨닫는 계기가 되기도 했다.

대동법은 효종 대에 본격적으로 진행되었다. 무너진 외양간을 고치고 나라가 받은 수모를 씻고 싶었던 효종의 마음과 여러 요인이 만나 만들어낸 결과였다. 국가 경제 재건과 민생 안정의 필요성을 온몸으로 느끼며 젊은 날을 보낸 경세가 김육金堉과의 만남, 인조 대에 성장한 실무 정책 인력풀과 세제 개혁을 적극적으로 요구하는 지방 유생들의 상소 그리고 의도하지는 않았지만 결과적으로 대동법 반대자들을 정계에서 물러나게 한 청나라의 내정간섭(묘하게도 청나라에 반감이 강한 인사들 가운데 대동법 반대론자가 많았다) 등이 더해져 요원하게만 보이던 대동법이 현실화되는 멋진 결과가 만들어졌다.

특히 김육의 고군분투는 눈부셨다. 그는 아직 문과 급제를 하지 못한 성균관 유생 시절, 광해군이 영창대군을 옹립하려는 역모를 꾀했다는 이유로 반대파를 제거한 계축옥사癸丑獄事를 일으키자 자발적으로 조정을 떠나 은거했다. 아무 연고도 없는 낯선 잠곡潛谷이라는 고장에 은거해 숯을 만들어 팔며 생계를 이어갔다. 이때 그는 불합리한 국가 경제의 문제와 신산한 백성의 삶을 뼈저리게 체험했다. 그리고 훗날 다시 관료가 되는 기회가 왔을 때 문제의식과 현실적인 정치 감각 그리고 명성을 모두 쏟아 부어 대동법을 현실화하고 지켜나갔다. 그가 생애 마지막으로 한 일은 호남대동법을 위해 이를 제대로 시행할 만한 인물을 전라도 관찰사로 앉히는 것이었다. 죽는 순간까지도 김육의 관심은 오로지 호남대동법이 중단되지는 않을까 하는 걱정이었다고 한다. 대동법은 그의 전부였다.

　대동법은 효종 2년 호서에, 효종 9년 호남에 시행되었다. 저항이 적지 않았고 문제도 많이 일어났지만 대동법이 계속 시행되고 지역도 확장될 수 있었던 까닭은 이밖에 대안이 없었기 때문이다. 대동법을 거부할 수는 있었지만 바로 그 순간 공납의 각종 폐단이 보란 듯이 다시 일어났다. 일단 대동법이 제대로 실시된 지역에서는 백성들이 곧장 혜택을 입었다. 호서에서 대동법이 성공하자 호남 유생들은 호남에도 시행해달라고 상소를 올리며 적극적으로 의견을 개진했다. 대동법 반대론자들은 압력을 받았고, 대동법 찬성론자들은 탄력을 받았다.

　이처럼 효종 대에 대동법이 안정되는 모습을 보면 어떤 정책도 결국 사람이 시행하는 것이라는 사실을 절절히 깨닫게 된다. 정책의 현실성이 아니라 사람의 마음이 시행을 결정한다. 김육과 그가 선택한 관료들의 진정성, 현실적 필요에 흔들리지 않았던 효종의 심지, 자신들의 필요를 관에 지속적으로 요구할 줄 알았던 유생들의 적극적인 시도가 결국 대동법이라는 개혁을 조선에 안착시켰다. 현종 대에 이르러 대동법은 완전히 정착되었다.

　그런데 흥미로운 사실은 인조에서 효종 대에 이르기까지 대동법에 온몸을 던진 인물들은 모두 효종 때 세상을 떠났다는 점이다. 언뜻 이로써 동력을 잃을 수도 있었지만 이미 원칙으로 자리 잡은 경험과 문서가 개혁이 완성될 수 있게 했다. 심지어 경신대기근 때는 호서 유생들이 오히려 공물가를 2두 더 올리라고 요구해서 12두로 조정되었다. 그들은 대동법이 없었다면 이 지역 백성들은 생존 자체가 불가능했을 것이라고 말했다. 이처럼 세금이 누구를 위해 얼마나 합리적으로 운영되는지 투명하게 공개되면 백성들은 세금이 증가하는 걸 덮어놓고 거부하지 않는다. 이는 오늘날의 대한민국에 시사하는 바가 크다.

대동법은 백성에게만 좋은 제도가 아니었다. 나라 재정도 건강하게 재정비하는 효과를 발휘했다. 백성의 세금 부담을 줄이면서 나라 재정은 건강하게 만들고 싶다면 백성과 나라 사이에서 발생하는 부정을 없애는 것도 중요하지만 그보다 먼저 근본적으로 재정 자체가 지닌 모순과 불합리부터 해결해야 한다.

공납 운영의 원칙은 예산을 짜고 그것을 토대로 징수하며 그 규모 안에서 지출하는 '양입위출量入爲出'이었다. 그러나 '입入'에 방점을 찍느냐 '출出'에 방점을 찍느냐에 따라 운영의 양상이 완전히 달라진다. 이전까지 백성이 공납으로 고통을 겪은 까닭은 지출에 따라 징수가 변동했기 때문이다. 그래서 대동법은 징수에 무게를 두었다. 한번 규정된 양을 징수하면 다시 더 걷지 않는다는 원칙을 세워 '양입위출'에 법적 강제성을 부여했다.

징수를 고정하려면 지출을 철저히 관리할 필요가 있었으므로 국가 예산이 먼저 정비되어야 했다. 이전에도 예산이라는 것이 있었으나 지출이 유동적일 수 있었던 까닭은 비공식적으로 자행되던 징수 관행이 있었기 때문이다. 조선 조정은 먼저 이 잘못된 관행을 혁파한 뒤 예산을 엄밀하게 정하려고 지방 재정을 중앙에 포함시켰다. 아울러 왕실 경비, 군비도 표준화·정식화하고 공물 운송비 규정도 마련했다. 대동법 덕분에 조선의 국가 재정이 합리적·제도적으로 안정성을 갖추게 된 것이다.

이처럼 대동법은 안정되기까지 많은 것을 건드려야 하는 파격적인 개혁이었다. 이 때문에 저항도 컸다. 문제가 있는 제도라는 것을 알아도 대대적으로 수술하기보다는 변화의 파장을 최소화할 수 있는 방향으로 시도하고 싶어 했다. 대동법을 반대한 이들이 주로 지지한 방안은 '공안 개정'이었다. 공물을 공정하게 조정해서 공납 장부를 다시 짜는 것이다. 여기에는 공물가를 인하하는 것 외에 특별한 사항이 없었다. 공안 개정을 주장하는 사람들은 공납 문제가 중간에서 장난치는 인간의 욕심에 있다고 보았다.

그러나 양심은 제도와 함께 가야 효과가 있다. 모두가 되도록 절약하려는 마음으로 비용을 절감하고 정확한 공물값을 조사해서 공물값만 제대로 받을 수 있게 하는 것이 인간의 마음이라면 이미 현실에서 방납 문제가 일어나지 않을 테고, 문제가 발생한다 해도 백성이 견딜 수 있는 정도였을 것이다. 실제로 문제가 생겼다는 것은 그 제도가 더는 현실적으로 기능하지 않는다는 의미다. 그러니 제도를 그냥 두고 양심에만 호소한다면 현실은 조금도 개선되지 않는다.

대동법은 제도의 문제점을 있는 그대로 직시하고 해결 방안을 법제화해 농간의 여지를 줄이는 방법으로 문제에 접근했다. 그것도 엄청난 시행착오를 겪으면서 말이다. 그리고 수많은 시행착

오에도 쉽게 포기하지 않고 끊임없이 개선 방안을 모색했다. 비록 굼벵이처럼 느려 200년이라는 시간이 걸렸지만 끝내 개혁은 성공했다. 그 결과 백성의 세금이 80퍼센트 가까이 줄어들었다. 80퍼센트는 그야말로 어마어마한 수치다. 그리고 이처럼 나라의 근간이 되는 백성의 삶이 안정되었기에 전란과 자연재해까지 당해 쑥대밭이 되다시피 했으나 조선이 계속 유지될 수 있었다.

기본소득,
우리의 인간다운 내일을 위하여

개혁의 성공 여부가 중요한 이유는 그것이 다른 부문의 개혁에도 불을 댕기기 때문이다. 전쟁 이후 공납 못지않게 백성을 괴롭게 한 것이 군역이었다. 군역을 질 수 없는 경우에는 군포를 징수했는데 이것이 세금으로 자리 잡으면서 문제점이 많이 발생했다. 군포 징수가 얼마나 혹독했던지 죽은 사람이나 갓난아이에게도 징수했으며, 군포를 내지 못해 도망간 사람이 있으면 그 이웃에게 도망간 자의 군포까지 부과했다.

이에 대해서는 숙종 대에 양역이정청良役釐整廳을 설치하고 〈양역변통절목良役變通節目〉을 마련하는 등 폐단을 정비하려는 노력이 본격적으로 시작되었고, 영조 때 양인 장정이 1년에 군포 1필씩 내는 것으로 개정되었다. 물론 대동법처럼 관련 분야의 정비까지 이어지지 못한 채 흐지부지되었다는 아쉬움이 남지만 말이다.

백성들은 일정한 소득[항산恒産]이 없으면 한결같고 떳떳한 마음[항심恒心]이 없습니다. 만일 이 떳떳한 마음이 없다면 거리낌 없이 제멋대로 행동하고 간사하고 사치스러운 짓을 마구 자행할 것입니다. 이렇게 죄에 빠진 뒤 그들이 잘못된 행동을 했다 해서 형벌을 주면 이것은 백성을 그물질하는 것입니다. 바른 위정자가 지위에 있으면서 백성을 그물질하는 짓을 어찌할 수 있겠습니까?

《맹자》〈양혜왕〉 상편에 나오는 구절로, 그 유명한 항산과 항심의 인과관계가 등장하는 대목이다. 혼란스러운 때일수록 나라의 근본이 무엇인지 돌아보고 이를 건강하고 튼튼하게 해줄 방법을 모색해야 한다는 의미다. 당장의 급한 불만 끄는 데 연연하면 불도 끄지 못하고 되레 화상만 입고 끝나기 십상이다. 양난 이후 위기 속에서도 진행된 조선의 개혁은 건국이념인 '민본民本'을 놓치지 않았기에 가능했다.

한국은 현재 국내총생산은 세계 12위, 1인당 국민소득은 3만 달러 수준으로 대외적으로 볼 때 상당히 부유한 나라에 속한다. 그러나 내부적으로는 해소될 기미가 보이지 않는 실업난, 갈수록 심해지는 임금 격차와 양극화, 이에 비해 턱 없이 높은 부동산 가격, 상승하기만 하는 물가 등으로 평범한 국민은 대외적으로 광고되는 부유함이 마치 딴 나라 이야기인 것만 같은 일상을 견뎌내고 있다. 그런데 여기에 과학기술의 발전으로 일자리가 없어지는 위기까지 더해지고 있는 상황이다.

그렇다면 우리는 어디로 가야 할까? 탈출구가 있기는 할까? 자고로 지금 문제의 해법은 지나온 역사 안에 이미 있는 법이다. 대동법에서 찾은 지혜는 우리에게 무엇보다 먼저 '기본'을 상기하라고 요구한다. 현실을 인정하되 미봉책이 아니라 이후의 장기적 방향성을 고민하고 그리로 갈 수 있도록 온 힘을 쏟아야 한다는 것이다.

과학은 인간이 지구에 나타난 이래 인간의 생존을 위해 반드시 필요한 핵심 도구였다. 벌거벗은 채 나약하게 태어나는 인간이 우리에게 그리 우호적이지 않은 자연에서 살아가면서 자신을 지키고 삶을 유지할 수 있었던 것은 인간만의 지혜로 과학을 발전시킨 덕분이다. 과학은 인류의 생존이 지속되는 한 계속 발전할 것이다. 다만 건강하고 바른 방향을 고민해야 할 뿐이다.

항상 우리와 함께해온 과학이 문득 위기로 다가온다면 그것은 과학 자체의 문제가 아닐 확률이 높다. 지금 상황은 19세기 초 일어난 러다이트 운동 때와 같다. 기계가 문제가 아니라 인간의 욕망이 문제인 것이다. 기계가 보편의 인간 편의를 위해 사용되지 못하고 소수의 이익을 위해 봉사할 때 문제가 발생한다.

과학은 머릿속에만 있어서는 발전할 수 없다. 이론은 반드시 실험을 거쳐야 하고, 실험에는 막대한 비용이 들게 마련이다. 더군다나 실험은 한번에 성공하지 않으며, 성공하더라도 거기서 끝이 아니라 다음 단계가 기다린다. 입이 떡 벌어질 만큼 비용이 끝도 없이 들어가는 분야다. 그렇다면 우리가 살피고 두려워해야 하는 것은 알파고와 소피아의 학습능력이나 성능이 아니라 이것들을 개발하는 데 드는 어마어마한 비용을 대는 주체와 그들이 이 까마득한 비용을 감수하는 궁극의 목적이다. 과학기술이 문제가 아니라 돈의 향방이 문제인 것이다.

현재 정부의 최대 현안은 일자리 문제를 해결하는 것이다. 사람들은 좋은 일자리를 찾기 위해 전전긍긍한다. 이런 모습을 보면 인간에게 노동은 삶의 목표이자 즐거움인 것 같다. 그러나 '월요병'이라는 말이 보편적으로 통용되고 많은 사람이 월세를 받아 사는 건물주를 동경하고 신이라고 부르는 것을 보면, 노동이란 일시적으로 즐거움일 수 있을지 몰라도 궁극은 역시 고되고 힘든 것임이 분명하다.

산업사회로 변모하기 전 인류는 노동에 목을 매지 않았다. 자급자족의 삶이 보편적인 생활 패턴이던 시대에는 시간에 쫓겨 할당량을 채워야 하는 노동의 틀에 갇히지 않았다. 적당히 일한 다음 쉬고 놀았다. 그리고 그렇게 쉬고 노는 시간의 여백 속에서 문화를 만들어왔다.

그러나 기계의 발달로 잉여생산을 하면서 자본을 축적하는 즐거움을 알게 된 인간은 기계를 더 많이 만들어내고 공장도 더 지었다. 그렇게 산업사회가 도래했고 이 사회에서 인간은 '놀이하는 인간'이 아니라 '노동하는 인간'이 되었다. '시간과 노동이 곧 돈(임금)'이라며 모든 가치가 돈으로 환산되는 가치관이 노동자들에게 주입되었다. 나아가 소비를 증대해 이윤을 확장하려고 노동시간을 줄이는 반면 임금을 늘리는 '노동-임금-소비' 사이클이 만들어졌다. 또 과학의 발달로 제품의 성능과 내구성이 좋아지자 소비를 활성화하려고 '유행'이라는 개념이 다시 주입되었다. 일에서 벗어나기를 원하면서도 동시에 끝없이 일을 갈망하고, 소비를 줄이고 싶어 하지만 자급자족을 잊고 광고의 홍수 속에서 허덕이는 현대 인간은 이렇게 탄생했다. 그리고 이는 교육으로 끊임없이 재생산된다.

특히 한국의 획일적인 교육은 명도와 채도가 다양한 아이들을 기가 막히게 동일한 회색빛 인간으로 빚어낸다는 오명을 짊어지고 있다. 수능시험과 대학 진학, 취업을 초등학생 때부터 걱정하는 분위기에서는 세상을 향한 어떤 상상력도 발휘하기 어렵다. 사회가 주입해준 생각 그대로 살아보지도 않은 인생을 끊임없이 걱정하며 성장하다가 사회에 나와 보면 세상은 역시 배운 것과 똑같을 것이다. 그렇게 보도록 내내 배워왔고 그것을 의심하는 것조차 허용되지 않았으니 그렇게 보일 수밖에 없다.

그러나 우리 안에 스스로 조금만 상상력을 위한 여유 공간을 만들어낼 수 있다면 같은 세상을 보면서도 각자 다른 가능성을 찾을 수 있다. 과학은 원래 인간의 부족함을 메우기 위해 생겨나 발전했다. 기계는 인간보다 훨씬 정확하게, 훨씬 긴 시간 피로하지 않게 일할 수 있다. 이처럼 기계가 인간을 노동에서 해방시키기 위해 만들어졌는데 굳이 인간인 내가 노동에 매일 필요는 없다.

어쩌면 역설적으로 우리는 지금 다시 '놀이하는 인간'으로 돌아가 노동하느라 잊었던 또는 산업이 되어버린 문화를 다시 순수한 창조물로 빚어낼 수 있는 기회 앞에 서 있는지도 모른다. 또 어쩌면 우리 모두 하고 싶은 일을 하고 싶은 만큼만 하면서 타인을 돌아보며 인간답게 살 수 있는 기회 앞에 서 있는지도 모른다. 과학에 투자하는 주체를 제대로 파악하고, 발전 방향과 결과물이 소수 자본가와 자산가 소유가 아닌 우리 모두의 것이 되게 할 수 있다면 충분히 실현 가능한 미래다.

현재 한국에서는 기본소득 논의가 진행 중이다. 세계 각국에서도 마찬가지로 활발히 진행 중인 정치적 쟁점이며, 각종 실험이 진행되고 있다. 핀란드는 2017년 1월부터 기본소득을 실시했다. 스위스는 2016년 기본소득 국민투표를 실시했고, 비록 부결되긴 했지만 논의가 수면 위로 올라온 만큼 더욱 심도 깊은 논의가 이어질 것이다. 기계가 인간의 삶을 잠식하는 것을 더는 막을 수 없고 산업 형태가 근본적으로 변해버린 오늘날, 1950~1960년대에 전성기를 누린 '완전고용'과 '강한 노동조합'의 시대로는 이제 돌아갈 수 없다.

기본소득은 모두에게 조건 없이 일정한 소득을 주는 것이다. 성공과 가난을 개인의 문제라고 배워온 우리나라에서 노력 여부도 살피지 않고 모두에게 똑같이 일정한 돈을 준다는 것은 무척 낯설고 기괴한 개념으로 보일지도 모르겠다. '노력을 안 해도 수입이 생긴다면 누가 노력하겠는가? 누가 어렵고 힘든 일에 뛰어들겠는가?'라고 말이다.

그러나 단언컨대 우리는 서로 믿어야 한다. 삶의 마지노선만 지켜진다면 사람들은 의외로 어렵고 쉬운 것을 따지지 않고 하고 싶은 일을 선택한다. 즉 항산이 있으면 항심을 가질 여유가 생기는 것이다. '나는 기회가 주어지면 열심히 하겠지만 너는 놀걸? 낭비할걸?'이라고 생각해서는 기본소득 논의를 진행할 수 없다. 오히려 사회의 불평등이 인재를 놓치게 하지는 않을까 노심초사해야 한다. 아무도 혼자만의 힘으로 성공할 수 없고, 성공에는 반드시 수많은 사회적 관계와 자산이 투입된다. 그런데 그렇게 성공해서 부자가 된 집 아이는 뭐든 시도할 수 있고 실패해도 되는 반면 왜 가난한 집 아이는 한 번도 실패해서는 안 되는지 그 모순의 원인을 물어야 한다.

기본소득은 돈이 지배하던 세상보다 훨씬 다채롭게 개개인이 능력을 발휘하도록 해줄 것이다. 내 통장에 꾸준히 들어올 돈이 있다면 사람들에게는 좀더 모험을 해볼 용기가 생기기 때문이다. 성형외과로 몰리던 의대생들의 발길을 뇌신경외과나 흉부외과에 붙들어줄 수도 있고, 젊은이들이 농촌과 지방에 삶의 터를 잡게 할 수도 있다.

사람들은 지금까지 봐왔던 것과 다른 시각으로 세상을 바라보면 거부감을 느끼게 마련이다. 당연한 일이다. 사람들은 대개 시선을 바꾸기를 힘들어한다. 그러나 이전 방법을 고수하면 똑같은 결과만 가져올 뿐이다. 대동법은 현실을 그대로 두고 시선을 바꾸는 데서 시작되었다. 그 누구도 가능하다고 생각하지 않았고 기대하지도 않았지만 일단 시행하니 장점이 보였다. 이는 비록 굼벵이 걸음으로라도 끝까지 도달할 수 있게 한 힘이 되었다.

대동법에 비하면 기본소득은 논의가 이제 막 시작되었을 뿐이다. 이미 이를 시행하는 나라도 있고 실험하는 나라도 있으니 우리도 마음만 먹는다면 여러 한계점에 대해 충분히 숙고할 수 있다. 시행하고 문제가 있으면 고치면 된다. 그러라고 관료제가 있는 것 아니겠는가? 시행하면 곧 장점을 경험할 테고, 그러면 자연스레 폐기가 아닌 수정 방안을 모색할 것이다.

예전에는 왕과 신하들이 나라의 미래를 설계했다. 그러나 지금 대한민국의 미래 설계는 국민의 몫이다. 강조하듯이 우리가 나라의 주권자이기 때문이다. 이제 우리가 내는 세금을 어떻게 사용할지 고민하고 각자 의견을 활발하게 낼 때가 되었다고 생각한다. 민주국가에서 정부의 부패와 무능력은 그런 정부를 선출한 국민 탓이다. 나라의 모든 제도는 국민이 만들어가는 것이다. 인간다운 삶을 위해 우리 경제의 방향을 모색하고 최선의 답을 찾아나가며 책임지고 완수해야 한다. 10년이 걸리든, 100년이 걸리든, 200년이 걸리든 포기하지 않고 기꺼이 수정해가면서 끝까지!

6장

정 치 개 혁

깨끗한 정치를 향한 한 걸음

정치는 과연
그들만의 리그인가?

정치가 깨끗할 수 있을까? 깨끗한 정치와 정치인은 누구나 머릿속으로 원하지만 왠지 현실에서는 있을 수 없을 것 같은 꿈같은 말이다. 그동안 '털어서 먼지 안 나오는 사람은 없다'는 것이 정치권의 상식이었다. 그러나 지금 한국은 중요한 기로에 서 있다. 청정 1급수처럼 깨끗할 수야 없겠지만 어느 정도 상식적인 수준의 깨끗함을 기대할 수 있는 사람들이 정치를 하는 세상을 만들지, '그놈이 그놈'이라고 자포자기하던 과거로 돌아갈지 선택할 수 있고 선택해야 하는 기로. 우리는 스스로 이 기로에 섰다.

사실 우리는 이렇게 될지 미처 몰랐다. '이명박근혜' 정부를 지나면서 날이 갈수록 진보하기는커녕 퇴행하는 민주주의에 한숨이나 쉬는 게 우리가 할 수 있는 전부인 줄 알던 시간을 걷고 있었다. 그러나 해도해도 너무한 박근혜 정권의 비리와 무능은 결국 역치를 넘어섰다. 삼삼오오 모여 "이게 나라냐?"고 자조하던 국민들은 2016년 10월 29일, 무작정 촛불을 들고 광화문광장으로 쏟아져 나왔다. 그리고 촛불을 든 우리는 자신들도 모르는 사이에 새로운 나라를 만들어가고 있었다.

주말 촛불집회는 서울과 지방에서 계속됐고, 집회마다 참가 인원이 기하급수적으로 늘었다. 정말 놀라운 열기였다. 처음 서울 3만 명에서 시작해 서울 20만 명·지방 10만 명으로, 다음엔 서울 100만 명·지방 10만 명으로, 무서운 속도로 사람들이 거리로 나왔다. 이렇게 한 주도 빠지지 않고 이어진 촛불집회는 겨울을 다 지나고 이듬해 봄이 올 때까지 계속되었고, 6개월간 총 23번에 걸쳐 1,700만 명이 참여하는 기염을 토했다. 그리고 이 집회에서 평범한 우리는 시위 역사상 처음으로 우리가 원하는 끝을 보았다.

2017년 3월 10일, 헌법재판소의 탄핵 인용으로 박근혜 대통령은 파면되었고 며칠 후 구속되었다. 꽃 같은 고등학생들의 생명을 앗아갔으나 아무도 책임지지 않고 방치해둔 채 정치 공방만 벌이던 세월호 침몰 사고는 참사 3년 만인 2017년 3월 23일 마침내 선체가 인양되기 시작해 4월 9일 부두 위로 올라옴으로써 새로운 국면을 맞이했다. 그리고 5월 9일 치러진 '장미 대선'으로 문재인 정부가 출범했다. 이 모든 일을 이뤄낸 대한민국 국민은 같은 달 15일 독일 프리드리히 에버트재단이 수여하는 '에버트 인권상' 수

상자가 되었다. 집회에 참여했던 수백만 국민이 다 상을 받을 수는 없으니 세월호 참사 생존자인 단원고 출신 장애진 씨가 대표로 그해 12월 5일 독일 베를린에서 에버트 인권상과 공로상을 받았다. 몇 개월 동안 그야말로 정신없이 요동쳤다.

촛불집회 전까지만 해도 '정치판은 흙탕물'이라는 것이 보편적 인식이었다. 사람들이 흔히 자기주장이 강한 사람에게 "말도 잘하는데 정치나 해라"라고 하는 것은 농담이거나 비난에 가까운 장난이었고, 그런 말을 들은 사람들은 으레 손사래를 쳤다. 실없는 유머의 소재로 삼을 정도로 정치가 흙탕물이 된 것은 혼란했던 현대사와 일천한 민주주의 경험 때문일 것이다. 그동안 국민은 나라의 주인이 아니라 수동적인 백성에 가까웠다. 일제강점기에 부역한 사람들을 제대로 처벌하지 않아 식민 잔재가 제대로 청산되지 않았고, 오히려 그들이 다시 대한민국의 헤게모니를 쥐는 모순된 상황이 벌어졌다. 그사이에 독재만 세 차례 있었다.

우리는 이를 바로잡을 국민투표 기회마저도 종종 빼앗겼다. 정의는 도저히 기대할 수 없었고, 정치는 완전히 '그들만의 리그'로 전락했다. 라인을 만들어 '한 번 형님은 영원한 형님'으로 모시면서 서로 자금을 대주고 힘을 빌려주었다. 그리고 힘을 갖게 되면 물불 안 가리고 자신을 위해 애쓴 공을 생각해 자리 하나 내주어 관계도 세력도 더욱 확고히 하는 것이 정치권의 생리였다. 물론 학교에서는 정계와 재계가 서로 이익을 위해 밀접한 관계를 맺는 정경유착은 절대 있어서는 안 된다고 가르치지만 사람들은 현실적으로 돈 없이 정치를 할 수 있다고 생각하지 않는다. 텔레비전 드라마나 영화를 보면 이 둘의 관계가 아주 노골적으로 묘사되는데, 정치인들 옆에는 언제나 기업인이 있다. 정치인이 대기업 총수와 결혼을 매개로 인척관계를 맺는 설정도 상당수 등장한다. 슬프지만 이는 어디까지나 현실을 치밀하게 반영한 것이다.

뇌물과 로비를 근절하려고 발의된 '김영란법'이 시행되면서 일어난 여러 논란은 역설적이게도 우리 사회가 부패에 얼마나 깊이 물들어 있는지를 보여줬다. 약칭 '청탁금지법'으로 불리는 이 법의 시행에 심하게 반발한 사람들이 내건 사유는 '경제 위축'이었다. 이 법에 따르면 100만 원을 초과하는 금품이나 향응을 받은 경우 형사처벌을 하고, 100만 원 이하일 때는 직무 관련성이 있는 경우 과태료를 부과한다. 그리고 사교나 의례적 목적이더라도 식사는 3만 원, 선물과 경조사비는 5만 원, 선물의 경우 농축수산물은 10만 원, 경조사의 경우 화환·조화 등은 10만 원까지만 쓸 수 있고, 이를 어기면 가액의 2배 이상 5배 이하 과태료를 부과하게 되어 있다.

이에 한국경제연구원에서는 김영란법을 실시할 경우 음식업은 8조 5,000억 원, 골프업은 1조 1,000억 원, 유통업(선물)은 1조 9,700억 원의 손실을 입어 연간 총 11조 6,000억 원의 손실이 발생할 것이라고 했다. 달리 말하면 이 수치는 '주고받기'로 형성되어 있는 시장이 무려 11조 6,000억 원에 달한다는 뜻이 된다. '주고받기'가 얼마나 일상화되어 있으면 주고받지 말고 정당하게 할 일을 하자는데 이렇게 힘이 들까? 더 두려운 것은 뇌물의 일상화가 이렇게 심각하면 그 뇌물의 대가로 발생하는 부정의 규모는 도대체 어느 정도이겠냐는 점이다. 그러므로 정치가 깨끗해지기를 원한다면 결코 정치를 '그들만의 리그'로 남겨둬서는 안 된다. 정재계가 더는 서로 믿고 의지할 수 없게 해야 하며, 그들의 공고한 결집 상태에 균열을 내고 그 틈에 국민의 힘이 스며들게 해야 한다.

이러한 '그들만의 리그'는 왕조국가 조선도 마찬가지였다. 조선 역사에도 주변인의 힘으로 권좌를 차지했고, 그 후에도 그들 힘으로 보위를 안전하게 지킬 수 있다고 믿은 왕이 있다. 그는 자신을 도운 이들을 공신으로 책봉하고 섭섭지 않게 대우하는 것으로 자기 힘을 키웠다.

운명공동체, 공신의 탄생

세조는 계유정난으로 정권을 잡고 조카 단종을 몰아낸 뒤 왕위에 올랐다. 이는 세조에게 야망과 결단력이 있어서이기도 했지만 그 혼자만의 힘으로는 절대 불가능한 일이었다. 모든 일이 그렇듯 그에게는 '함께' 모의하고 실행해준 사람들이 있었다. 제1의 모사꾼인 한명회부터 신숙주申叔舟, 홍윤성洪允成 등 유력 정계 인사와 행동대원인 군사들이 있었다.

왕위를 노린다는 것은 '전부를 갖든지 아니면 죽든지All or Nothing'의 게임이다. 왕이 주인인 나라, 즉 왕국에서 왕위를 넘보는 것은 최악의 범죄이기 때문이다. '역모逆謀'라 불리는 이 범죄가 실패하면 나뿐만 아니라 집안을 비롯해 나를 둘러싼 모든 것이 끝장난다. 그러므로 고민 끝에 거사에 참여한 사람들은 운명공동체가 된다. 그들은 하나가 되어 조마조마하며 거사를 준비하고, 끝내 일을 벌여 권력을 쟁취한다.

자, 그럼 다음에는 어떤 일이 벌어질까? '나'와 함께 생사의 갈림길을 넘은 사람들이 보인다. 'All or Nothing' 게임에서 다행히 'Nothing'이 아니라 'All'이라는 패를 쥐었으니 손에 넣은 것을 동지들에게 골고루 나눠주어야 은혜를 아는 사람이지 않겠는가. '공신功臣'이 탄생하는 순간이다.

공신은 모든 것을 걸고 자신을 왕으로 만들어준 사람들이다. 세조가 보기에 이들이 자신들의 지원과 희생에 그만한 보답이 돌아오길 바라는 것도, 새로운 정권에서 요직 한 자리 차지하길 기대하는 것도 과한 욕심은 아니다. 아무것도 바라지 않으면서 그 위험한 일에 돈이든 힘이든 지략이든 아끼지 않고 지원한다는 것은 사실 불가능하지 않을까? 다만 거사가 성공하는 순간, 그들의 처지가 바뀐다는 데 약간 문제가 있을 뿐이다. 왕의 자리에 도전한 자는 거사가 성공하는 순간 임금이 된다. 그러나 자신을 옹립해준 사람들은 도전할 때도 성공한 이후에도 여전히 신하다.

왕을 꿈꾸는 것과 실제로 왕이 되는 것은 완전히 다르다. 왕은 그 자체로 공☆인 존재이기 때문이다. 그 이전에 아무리 "일만 성사되면 섭섭지 않게 해줌세! 내 자네를 위해 뭘 아끼겠나!"라고 말했더라도 일단 왕이 된 이상 자기 가신뿐만 아니라 나라와 백성을 책임져야 하는 지극히 공적인 존재로 위치를 바꿔야 한다. 왕으로서 공신들에게 보이는 성의 표시는 자칫 '특권'이 되어 새롭게 그려나가려던 세상의 걸림돌이 될 수 있다. 역모로 권력을 잡았으니 이전 정권과 구별되는 청사진을 제시해야 정당성이 확보될 텐데 공신만 챙기다 보면 이전과 바뀐 것 없이 '그놈이 그놈'인 상황이 펼쳐진다. 이렇게 되면 미래는 끝난다.

그러나 왕이 공신들과 선을 긋기는 정말 쉬운 일이 아니다. 즉위한 직후 왕은 힘이 별로 없기 때문이다. 더군다나 왕은 한 명이고 공신은 여러 명이니 실질적으로 공신들이 왕보다 더 큰 힘을 가지고 있다. 만약 이들이 서운함을 느껴 등을 돌려버린다면? 애써 얻은 왕위가 곧바로 위태로워질 수 있다.

왕은 자신을 위해 죽을 각오를 하고 싸워준 공신들을 쳐내고 새로운 질서를 만들지, 이들의 지속적인 충성을 받으며 소수 권력 집단의 수장에 머물지 결정해야 한다. 전자를 택하면 공신들의 반발로 자칫하면 이제 막 생긴 권력을 한순간에 잃을 수 있다. 반면 후자를 택할 경우 친위세력이 더욱 막강해져 자신의 권력이 안전하고도 빠르게 견고해질 수 있다. 왕은 무엇을 선택해야 할지 머리가 지끈지끈 아플 수밖에 없다. 강력한 왕권을 꿈꾸었던 세조는 후자를 선택했다. 공신들의 지원을 받은 그는 왕위에 오른 뒤에도 강한 힘을 휘둘렀다. 공신들도 세조의 보호막이 걷히면 자신들의 권력놀음이 끝장나는 걸 잘 알았기에 그에게 충성을 바쳤다.

　세조는 공신들에게 매우 의리 있는 인물이었다. 각종 특혜가 공신들에게 돌아갔다. 많은 노비와 땅을 내려주는 것은 당연한 일이었고, 비리를 저질러도 용서했다. 정3품 당하관堂下官 이상인 자가 자기가 받을 자급資級*을 자손이나 친척이 대신 받을 수 있게 하는 대가제代加制를 본격적으로 활용한 것도 바로 세조 대부터다. 정3품 당하관 이상 신하는 자급을 받을 수 없었는데, 이를 아들·사위·아우·조카·손자 등이 대신 받을 수 있게 한 것이다. 공신에게는 사법적 혜택도 있었다. 공신은 물론 일가친척까지 역모나 살인죄 외에는 죄를 지어도 처벌을 면할 특권이 있었는데, 세조는 공신 자식의 첩에게도 이 특권을 적용해줬다. 그나마 살인 같은 중죄를 저지르면 법적 처벌을 받는 것이 원칙이었지만 이마저도 잘 지켜지지 않았다. 그래서 이때는 공신 집 노비까지도 큰소리치며 패악을 부렸다.

　공신 홍윤성의 노비 사건은 유명하다. 세조가 온양온천으로 거둥했을 때 충청도 홍산에 사는 윤덕녕尹德寧이란 여인이 행궁 밖에서 큰 소리로 울며 남편의 억울한 죽음을 호소한 일이 있다. 그 내용인즉, 홍윤성네 계집종의 지아비가 홍윤성의 위세를 빌려 사람을 고용해서 자기 남편을 한겨울에 발가벗긴 채 집단 구타해서

* 관원들의 임기가 찼거나 근무 성적이 좋은 경우 품계를 올려주던 일 또는 그 올린 품계.

죽였는데, 고을 현감이 홍윤성의 위세에 지레 겁먹고 범인에게는 죄를 묻지도 않고 고용한 사람들만 옥에 가두었으며 그마저도 홍윤성네 종들이 몰려와서 폭력으로 빼내 갔다는 것이다. 이를 계속 문제 삼자 결국 다시 잡아 가두었지만 이번에는 관찰사가 나서서 이들을 비호하고 오히려 자기 오라비와 남편의 사촌 형이 홍윤성을 해치려고 모의했다며 옥에 가두었다고 했다.

이 애타는 호소로 마음이 움직인 세조의 지시로 조사가 진행되었는데, 이로써 밝혀진 홍윤성의 횡포는 듣기에도 민망할 정도였다. 홍윤성이 정승이 되자 그 고을 유향소에서 관노비 두 명을 선물로 바쳤다. 당시 유향소 일을 맡아보던 윤덕녕의 남편 나계문羅季文이 홍윤성 집에 이 두 노비를 전달하는 일을 담당했는데, 홍윤성은 선물로 보내온 노비를 보고 '실하지 않다'며 마음에 들어하지 않더니 나계문을 끌어다 곤장을 친 뒤 놓아주었다. 또 홍윤성이 부친상을 당했을 때는 군인 200여 명을 보내 이 부부가 정성 들여 가꾼 소나무들을 죄다 베어버렸다. 얼마 뒤에는 다시 또 군인 100여 명을 보내 이번에는 잡목까지 몽땅 베어갔다. 이뿐만 아니라 양인良人을 숱하게 집 안에 숨겨 군액軍額을 덜고, 군명부에는 '사망'으로 표기해서 온 고을을 자기 손아귀에 넣고 쥐락펴락했다. 그러다가 심지어 그 집 종의 남편이 사람을 때려죽이는 일까지 저지른 것이다.

윤덕녕의 아버지는 종3품의 성균관사성成均館司成을 지낸 사람으로 사족士族, 즉 문벌이 있는 집안 사람이었다. 이 사건은 신분제 사회인 조선에서 노비가 양반을 범한 사건으로, 절대 가볍게 다룰 수 없는 사건이었다. 세조는 이 사건을 직접 처리했다. 범인은 능지처사하고 집단 구타에 가담한 자들을 사형에 처했다. 충청도 관찰사와 아전들도 처벌을 면치 못했다. 윤덕녕은 위세를 두려워하지 않고 지아비 원수를 갚았다며 절의를 높이 인정받아 큰 상을 받았으며, 일가친척도 구제되었다.

하지만 세조는 이 문제의 핵심인 홍윤성에게는 끝내 아무런 처벌도 내리지 않았다. 홍윤성을 처벌해야 한다는 신하들의 요구에도 세조는 "내가 홍윤성을 사랑하여 무죄한 데에 두려고 함이 아니라, 법에 의거하여 논한다면 홍윤성은 죄가 없다"라며 홍윤성을 방어했다. 그저 홍윤성을 불러다가 타이르기만 했다. 이 사건을 마무리지으며 《세조실록》은 홍윤성에 대해 이렇게 기록했다.

홍윤성은 홍산鴻山 사람으로, 젊은 시절 가난하고 미천하여 홍산향교에서 글을 읽었는데 힘들어도 게으름을 부리지 않았다. 성격이 거칠고 투지가 넘쳤으며, 힘이 세서 활을 잘 쏘았고 일반인들보다 훨씬 대범했다. 그가 과거에 급제했을 때 당시 대군이었던 세조는 그의 인물됨이 특출하다는 것을 알아보았다. 계유정난 때 세조를 도와 정난공신靖難功臣이 되었고, 이후 세조의 즉위를 도와 좌익공신佐翼功臣이 되었으니, 세조는 점점 더 그를 특별히 아꼈다. 그는 이 애정에 힘입어 몇 년 안에 최고 지위와 권세를 누리며 부와 귀를 이루었다. 부귀해진 뒤에는 아주 난폭한 성품을 제대로 드러내 의로움은 완전히 눈 밖의 것으로 여기고 오로지 자기 권세로 사람을 능멸하기만 했으며 자기 부귀를 자랑하는 데 여념이 없었다. 가난했던 젊은 시절을 보상이라도 받듯 아주 넓은 땅을 소유했고 애첩을 많이 두었다. 지위가 높은 어르신을 봐도 멸시하듯 대해서 그 기세등등함이 서울과 지방에 짜했다. 그의 위세가 극치에 치달아 그 집 가신이 사람을 죽이는 데까지 이르렀다. 세조는 이전에 그에게 이렇게 말한 적이 있다. "경의 잘못은 나는 옳고 남은 그르다 하며 기세를 부려 남을 업신여기는 데에 있소. 경은 주의하도록 하오." 그런데 이 말에 홍윤성은 그저 관을 벗어 사례하고 말뿐이었다.

윤덕녕 사건이 알려지자 각지의 백성들이 행궁으로 몰려들어 억울함을 호소했고, 세조도 처음에는 모두 즉시 판결해주라고 명했다. 그러나 백성들이 쉴 새 없이 몰려들어 감당할 수 없을 정도가 되자 호소를 금했다. 그리고 만약 밤에 우는 소리가 들리면 그 자를 법으로 다스리겠다고 엄포를 놓았다. 하지만 사람들은 여전히 몰려들었다. 실록에는 원통하고 억울함이 없는 자라도 조금만 불평이 있으면 죄다 몰려왔다고 기록했다.

이 실록의 기록으로 계급이 높은 사람도 공신, 심지어 공신 가문의 노비에게까지 횡포를 당하는 형편이었으니 일반 백성들이 얼마나 혹독한 고초를 당했을지, 얼마나 벙어리 냉가슴을 앓았을지 짐작해볼 수 있지 않을까?

공신 정인지의 재산 축재도 홍윤성에 못지않았다. 이 정인지는 세종 때 집현전 학사를 지내며 《훈민정음》'해례' 서문을 쓴 우리가 아는 그 정인지가 맞다. 그는 계유정난 이후 1등 공신으로 지목되어 세조의 조정에서 정승을 지내면서 젊은 날의 총명한 인재와는 조금 거리가 있는 모습을 보였다. 그는 83세까지 장수하며 성종 대까지 벼슬을 했는데, 성종은 그를 예우하고자 '삼로三老'로 삼으려 했다. 이는 나이가 많고 덕이 있는 원로를 아버지나 형처럼 대하여 예우함으로써 효제孝悌의 모범을 보인 주나라의 삼로오경三老五更제도를 본받은 것이다. 여기에 반대 여론이 들끓었다. 사헌부와 사간원 신하들은 정인지가 이자놀이를 하고, 저자 사람들과 연을 맺어 장사에 관여해 재산을 축적했으며, 인근 사람의 집을 빼앗아 자기 것으로 삼은 사실을 온 나라가 다 안다며 그런 사람을 나라 어른으로 삼아서는 안 된다고 강력히 주장했다. 이에 고민에 빠진 성종이 대신들에게 의견을 물었는데 이에 대한 한명회와 동지사 서거정徐居正의 대답이 걸작이다.

> 그저 정인지가 백성들의 요구에 응해 돈이나 곡식을 꾸어주고 그것들을 돌려받을 때 장리長利(원금의 50퍼센트에 해당하는 이자)나 좀 받았다는 말을 들었을 뿐이고, 재산을 불린다는 말은 듣지 못하였습니다. 만일 있는 것을 꾸어주고 이자 좀 받는 것을 재산 불리는 것이라고 하면, 지금의 벼슬아치 중 누군들 재산을 불리는 자가 아니라고 할 수 있겠습니까? 또 그의 이웃집은 각각 자기들이 원해서 스스로 서로 매매하였는데, 해서는 안 될 게 무에 있겠습니까?

공자의 제자 자공子貢은 재산을 불리기는 하였으나 성性과 천도天道에 대한 말을 듣기까지 하였습니다. 그런데 사마천이 《사기》의 〈식화전殖貨傳〉에 재산 증식을 한 사람들 중 한 명으로 자공을 넣었으므로, 후세 사람들이 사마천이 잘못했다고 하였습니다. 정인지가 재산을 불렸다고 해도 또한 삼로로 삼기에 방해가 될 것이 없는데, 더구나 그의 재주는 다른 시대에도 따를 만한 사람이 없습니다. 그러니 이제 정인지를 삼로로 삼아서는 안 되는 이유가 무엇이 있겠습니까?

대신들의 의식 수준이 그야말로 도덕적 아노미다. 이들이 많은 재산을 부당하게 차지하고도 얼마나 당당했을지 짐작이 되고도 남는 구절이다. 다행스럽게도 정인지는 결국 삼로가 되지 못했다. 그러나 그의 아들 정숭조鄭崇祖는 아버지 그늘에 힘입어 재상까지 지냈으며, 재물을 늘리는 것도 아버지보다 더했다고 한다. 이처럼 공신의 위세는 대대손손 이어졌다.

공신이 어디 한두 명이랴. 그런데 이 많은 공신이 땅과 노비를 소유하고, 이들 권세에 힘입어 이 땅 경작인들은 세금도 잘 내지 않고 부역도 지지 않았다. 상업도 사정은 별반 다르지 않았다. 이들은 자기들끼리 혼인하는 것으로 더더욱 끈끈한 연을 맺어 자신들만의 카르텔을 좀더 견고하게 만들었다. 한명회는 딸 둘 가운데 한 명은 예종의 부인으로, 다른 한 명은 성종의 부인으로 모두 왕실에 시집보냈다. 지방 수령들도 이들에게 잘 보이는 것을 무엇보다 중요하게 여겼다. 지방에서 긁어모을 수 있는 대로 긁어모아 서울의 공신 집안에 줄을 대는 일을 일삼지 않은 이가 없었다.

세조는 즉위한 이후 나라를 바로 세우고 민생을 살피는 데 힘을 기울였다. 분대分臺라 하여 사헌부와 사간원 관원들을 어사로 파견해 지방 관원들을 감찰하고, 세종 때까지도 거부된 '부민고소 금지법'을 폐지해 일반 백성들이 수령을 고발하여 억울함을 풀 수 있게 했다. 또 법을 엄격히 적용해 절도죄를 저지르거나 소나 말을 도둑질한 경우 주범자에게는 모두 사형을 적용했다. 농사짓는 소를 보호하고자 소를 도살할 경우 군법을 적용해 주범이나 가담자나 모두 교수형에 처할 정도였다. 또 조선 건국 때부터 만들어져온 여러 법령을 모두 포괄해서 일관되게 정비하고, 보편적이고 추상적인 형태의 법조문을 갖춘《경국대전》을 만들어 나라의 기틀을 확립한 왕이 바로 세조였다는 것은 잘 알려진 사실이다.

그러나 이로써 백성들의 삶이 나아졌을까? 불행하게도 이 모두가 크게 실효를 보지 못했다. 법 위에 있는 공신들이 많았으니 당연한 결과다. 왕은 한 명이고 공신은 여러 명이다. 왕은 왕궁 밖으로 잘 나오지 못하지만 공신은 왕보다 백성들 가까이에 있었다. 공신들이 왕의 법보다 막강하다면 왕의 법망을 피해 공신에게 줄을 대는 습성을 막을 수 없다.

세조는 소도둑을 사형까지 시킨 반면 금주령은 없앴다. 즐길 여력이 있는 사람들이 마음껏 즐길 수 있는 분위기가 만들어진 것이다. 그래서 도성에서는 술과 음식과 음악으로 풍성한 잔치가 자주 열려 해가 저물어서야 끝났고, 큰 가문들끼리 경쟁적으로 화려한 연회를 열었다고 한다. 소고기 소비량이 급증했는데 소도둑이나 도살만 가혹하게 처벌했으니 근절될 리 만무했다. 심지어 세조의 잔치에서 술에 취한 공신들이 세조에게 막말을 던지는 일이 심심찮게 있었으나 세조는 문제 삼지 않았다. 그의 배포가 컸기 때문이라고 하지만 공신을 향한 너그러움을 볼 때 꼭 배포가 커서였을까 하는 의문이 드는 건 어쩔 수 없다.

공과 사의 기로,
우리가 정치에 나서야 하는 이유

기존의 판을 엎고 새로운 판을 짜려고 할 때는 반드시 조력자, 공신이 필요하다. 그러나 기존의 판을 성공적으로 엎고 난 뒤 짜인 새 판에서는 공과 사가 충돌하게 된다. 필연적인 결과다. 우리는 정치인들에게서 멸사봉공, 즉 개인적 이익을 버리고 공공의 이익을 위해 일하겠다는 각오를 종종 듣는다. 그리고 정말 그렇게 하기를 간절히 바란다. 아니, 어쩌면 마음속에 이미 멸사봉공을 그들이 갖추어야 할 당연한 덕목으로 인식하고 있다. 그래서 정치인들이 돈을 주고받았고, 측근들이 어떤 혜택을 입었고, 누구 뒤를 봐줬다는 등 비리가 터지면 "대체 이 나라에 제대로 된 정치인은 없느냐!"는 탄식을 쏟아낸다.

물론 이런 탄식은 마땅하다. 그들이 '나라'라는 큰 그림을 봤어야 옳다. 하지만 만약 내가 누군가를 도와 그 사람이 성공했는데, 그가 성공하자 곧 사적인 관계를 청산하고 공적으로 일하겠다고 말하며 나를 배제한다면 어떤 기분이 들까? "이런 배은망덕한 놈! 배신자!"라는 말이 대뜸 입에서 튀어나오지 않을까? '머리 검은 짐승은 거두는 게 아니라더니…' 하는 후회와 함께 말이다. 평범한 일반인도 그러한데 정치인들이라고 다를 리 없다. 어떤 위치에 이르면 자신을 도와준 사람들을 돌아보아야 한다. 돈 없이 정치를 할 수 없다는 것을 잘 알고, 끌어주는 이 없이 정치하기 어렵다는 것도 잘 아니까 말이다. 가능성이 보이는 정치인들에게 돈 있는 사람이 돈을 대는 것은 까닭 모를 행동이 아니다. 이렇게 너 나 할 것 없이 '그렇고 그런' 사정을 알 듯 모를 듯 아는데 비리가 터질 때 분노하는 것은 사실 앞뒤가 맞지 않는다.

게다가 예전에는 왕 한 사람이 평생 그 자리에 있으면서 나라를 돌보니 공신이 생길 기회가 흔치 않았지만 오늘날 대한민국에서는 5년에 한 번씩 공신이 생긴다. 5년 단임 대통령제이니 5년마다 한 번씩 대통령을 만드는 데 큰 역할을 한 사람들의 논공행상이 벌어진다. 국회의원도 4년에 한 번꼴로 공신이 생겨난다. 저 옛날보다 훨씬 복잡다단하고 다종다양한 형태로 공신 집단이 생겨나고 있다.

그러면 이 공신정치를 어떻게 다루어야 할까? 왕정에서 민주정으로 바뀌며 가장 크게 변한 것은 백성이 정치의 객체에서 주체로 바뀌었다는 점이다. 실로 어마어마한 변화다. 이제 국민들은 비리를 저지르는 정치인들의 작태를 보며 무능력하고 무기력한 피지배자 처지에서 속을 썩이지 않아도 된다. 바로 '내' 손에 권력을 쥐었으니 내 손으로 그들을 멸사봉공하게 만들면 된다. 민주주의의 기본은 시민의 정치 참여가 아닌가?

여기서 다시 한번 '정치'라는 말의 뜻을 생각해보지 않을 수 없다. 우리는 대개 '정치'라는 말을 여의도에서 펼쳐지는 일 정도로 여긴다. 먹고살 일이나 걱정하는 평범한 내가 신경 쓰기에는 먼 나라의 일, 금배지를 단 그 계통 사람들이 물고 물리고 속고 속이면서 뺏고 뺏기는 일이라고 이해한다. 그래서 우리 사회에서 '정치적'이라는 수식어는 아주 모욕적인 의미로 사용된다. 정치라는 말이 너무 좁은 의미로 우리에게 나쁘게 각인돼버린 것이다.

하지만 정치는 원래 그런 의미가 아니다. 공동체를 이루며 살아갈 수밖에 없는 인간이 서로 이해가 충돌할 때 개인의 자유와 공동체의 질서 사이에서 가장 균형 잡힌 선택을 해내는 것이 정치의 본래 의미다. 즉 정치는 사람 사이의 '대화'다. 민주주의가 꽃피었던 아테네에서 매일 시민들 사이에서 가장 보편적이고 활발하게 펼쳐졌던 것이 대화와 토론 아니던가. 내 생각을 말하고, 네 생각을 듣고, 차이를 파악하고, 각자 생각의 문제점을 짚어보고, 타협점을 찾고 하는 일련의 대화 과정이 바로 이들의 일상이었다.

이런 대화 없이 서로 이익이 날것 그대로 충돌할 때 싸움이 일어난다. 그리고 이럴 때는 대개 힘센 놈이 이긴다. 그러나 이런 힘의 정치학에는 인간만이 가질 수 있는 능력인 '공감'이 결여되어 있고, 공동의 지혜가 스밀 여지가 없으므로 다수 이익을 고려하기에 매우 비효율적이다. 정치는 의견을 조율하는 과정이다. 그러므로 정치는 매일의 일상에 있다.

의견이 대등하게 조율되기 위한 필수 조건은 특권이 없어야 한다는 것이다. 민주정의 정치는 평등에서 출발한다. 상대를 존중하지 않으면 대화는 불가능하다. 우리는 정치로 인간의 평등과 존엄을 배운다. 그러므로 정치는 특별한 사람이 정치판에 뛰어들어 배워야 하는 것이 아니라 우리 모두가 어렸을 때부터 일상에서 익혀야 하는 민주사회 구성원의 필수 학습과정이다. 그러다 보면 자연스레 사회 참여가 몸에 밸 수 있다. 사회 속에서 내 목소리를 내는 것이 민주시민의 권리이자 의무라는 것을 교과서가 아니라 삶에서 익히는 것이다. 이미 기원전 460년대에 아테네의 정치가 페리클레스는 이렇게 말했다.

우리는 사적인 일뿐 아니라 폴리스 일에도 관심을 가집니다. (…) 우리는 정치에 무관심한 사람을 자기 일에 몰두하는 사람이라 하지 않고 우리와 아무 관계없는 쓸모없는 사람이라 합니다. (…) 가장 나쁜 것은 적절한 토론을 거쳐 결론을 내기 전에 성급하게 행동하는 것입니다. 그리고 이 점이 다른 나라 사람들과 우리의 또 다른 점입니다. 우리는 모험을 회피하지 않지만 모험에 대해 미리 심사숙고하고 그 위험을 충분히 알고 나서 행합니다.

민주주의에서 정치에 무관심한 사람은 사회에 쓸모없는 사람이라는 말을 달리 표현한 것이다. 물론 그렇다고 모두 직업적 정치인이 되어야 한다는 말은 아니다. 정치인이 되지 않아도 얼마든지 정치에 참여할 수 있다.

제일 먼저 필요한 것은 일상적 관심이다. 마음이 가야 몸이 가고 돈이 간다. 정치는 내 일상과 절대 무관하지 않다. 저들의 결정이 내 집값, 병원비, 등록금, 노후, 자녀의 학비를 결정하므로 정치에서 한시도 눈을 돌려서는 안 된다. 하지만 지금까지 그러지 않았는데 그게 말처럼 쉬운 일은 아니다. 그러면 어떻게 해야 할까? 정치에 관심을 두려면 뉴스를 가십으로 대하는 자세를 버리고 좀 더 깊이 있고 진지하게 받아들여야 한다. 뉴스를 가십으로 대하는 것은 그것을 내 일상과 크게 관계없는 일로 받아들이기 때문이다. 인터넷으로 뉴스를 검색하든, 신문이나 주간지를 읽든 어떤 형태로 정보를 얻을지는 개인의 자유다. 다만 거기서 그치지 않고 얻은 정보를 지식으로 만들어야 한다. 지식이 된다는 것은 정보를 분석하고 이해하고 처리해 내 의견을 정리함으로써 의견을 피력할 수 있는 상태를 말한다.

이런저런 분야에 조금씩 관심을 두고 공부해가다가 깊이를 갖출 수 있게 되면 관련 사회단체에 가입하거나 후원을 하는 것도 좋은 방법이다. 단체 구성원과 함께하다 보면 나 혼자서는 할 수 없었던 일을 시도해볼 수도 있고 목소리를 내기도 쉬워진다. 정당에 가입하는 것도 좋다. 대의민주주의를 표방하는 한국에서 정당은 내 목소리를 좀더 직접적으로 전달하는 효과적인 수단이 될 수 있다. 이 나라의 주권자는 정치인이 아닌 국민이므로 우리가 정당에 가입하는 것은 전혀 어색할 게 없다. 정당의 정책과 견해에 자기 의견을 밝히고 때로는 지지를, 때로는 쓴소리를 아끼지 말아야한다. 그래야 정당이 건강해지고, 정당이 바로서야 대의민주주의도 건강해질 수 있다.

정치 참여에는 비용이 든다. 뭘 해도 돈이 드는 자본주의 사회에서 어찌 정치에 돈이 들지 않겠는가? 그것도 아주 많이 든다. 대기업의 후원과 일반인들의 후원은 그 규모가 비교가 안 되는 게 현실이다. 그러나 기업이 정치인에게 돈을 주기 전에 시민들이 공정한 후원금을 지원한다면 최소한 정의롭고자 하는 정치인이 돈 때문에 심지를 꺾는 일은 막을 수 있지 않을까?

정리하면 평범한 사람들이 공신이 되어야 소수의, 소수에 의한, 소수를 위한 공신정치가 끝날 수 있다는 말이다. 사실 민주주의는 백성들에게 꽤 귀찮은 정치체제다. 내가 정치의 객체일 때는 잘못된 정치를 원망하고 한탄만 하면 그만이지만 주체가 되는 순간 정치의 잘못은 바로 내 탓이 되기 때문이다. 민주주의 체제에서는 정치인뿐만 아니라 국민 한 사람 한 사람이 모두 멸사봉공해야할 의무가 있다.

정치인들은 표를 주는 사람을 향해 움직인다. 그들이 소수를 위해 움직인다면 내 표는 힘을 잃게 되고, 이는 국가로부터 보장받아야 하는 삶의 권리를 잃어버리는 것이다. 대의민주주의가 건강하게 뿌리내리려면 정치가 우리 일상에 스며들어야 한다. 우리가 정치의 적극적인 파수꾼이 되어야 하는 이유다.

세조의 한계,
우리의 가능성

세조의 공신정치는 어떻게 막을 내렸을까? 결국 공신들은 세조의 바람대로 끝내 왕을 떠받들어줬을까? 결론적으로 그렇지 못했다. 공신들은 세조 이후를 생각했다. 자신들을 지켜주는 세조가 사라진 후를 대비해 힘을 더 키우는 방향으로 선회했다. 한명회는 세조가 사망한 뒤 관료층 전체의 이해를 반영하는 방향으로 세조의 개혁법령을 수정했다. 역사의 물줄기는 또다시 세조 바람에 아랑곳하지 않고 멋대로 흘러갔다. 아버지보다 강한 왕권을 틀어쥐려 했던 예종이 재위 2년 만에 돌연 사망하고 어린 성종이 왕위에 오르자 대비 정희왕후가 7년간 수렴청정하면서 신하들의 힘이 커졌다. 왕권을 강화하려고 키운 집단이 왕권을 길들인 것이다.

우리는 종종 '권력을 쥔다'는 표현을 쓴다. 권력은 만들어지는 게 아니라 그 자체로 이미 자생하는 생물이어서 누구든 일시적으로 그것을 쥘 수 있을 뿐 영원히 가질 수는 없는 속성을 지녔음을 나타내는 표현이다. 어떤 대단한 독재자를 보면 '그 사람=권력' 같지만 조금이라도 변수가 생기면 권력은 언제 그랬냐는 듯 순식간에 다른 곳으로 떠나간다. 사람은 몰락하지만 권력은 몰락하지 않는다. 사람들은 특정한 사람에게 충성하는 것처럼 보이지만 실은 그의 권력에 충성했던 것이므로 권력이 이동하면 그들도 떠난다. 권력은 늘 네 손에 영원히 머물겠다는 유혹으로, 그러나 조금의 의리도 없는 허망함으로 움직인다.

세종이 의정부서사제에도 불구하고 강한 왕권을 쥘 수 있었던 것은 태종이 공신들을 모두 제거했기 때문이다. 그는 집현전에서 신하들을 새로 키워냈다. 이미 형성되어 있는 세력이 없는 상태에서 자기만의 싱크탱크를 키워갈 수 있었던 것이다. 반면 세조는 왕권을 강화하기 위해 즉위한 이후 육조직계제를 시행했으나 공신의 도움으로 왕이 되었다는 한계가 있었다. 그래서 세조가 죽은 뒤에도 공신은 남았고, 그들의 힘은 다른 곳으로 이동했다. 심지어 의정부와 승정원을 합한 원상院相이라는 제도를 만들어 더욱 막대한 힘을 쥐는 데까지 이르렀다. 성종은 이런 분위기에서 자기 신하를 새로이 키워낼 수 없었다. 이는 신하들에 대항하는 왕의 세勢를 지닐 수 없었다는 뜻이다.

기득권은 무섭다. 힘의 맛을 본 사람은 절대 그 힘을 내려놓으려 하지 않는다. 왕이 최고인 왕정에서조차 어찌할 수 없었다. 아니, 어쩌면 왕정이었기에 더 어려웠을지도 모른다. 왕 혼자서 신하 무리를 상대해야 했기 때문이다. 반면 민주주의에서는 누구나 국가의 주인이고, 누구나 자기 목소리를 낼 권리와 의무가 있다. 그래서 기득권을 흔들 가능성이 왕정보다 많다. 그럼에도 왕정국가의 신민처럼 '내가 뭘 할 수 있겠어?'라며 주저앉는다면 이 나라는 여전히 공신들의 나라에 머물고 말 것이다.

누가 뭐래도 민주주의 국가 국민의 최고 덕목은 '참여'다. 이는 결코 입바른 말이 아니다. 우리는 2년 전 촛불집회로 '참여'의 시원하고 달콤한 맛을 경험했고, 민주주의의 새 역사를 만들어냈다. 그러나 아직 많은 문제가 쌓여 있다. 옛 정치 방식을 종결해야만 이 나라 정치는 비로소 한 단계 업그레이드될 것이다. 여전히 누군가는 국민들이 예전과 같은 무관심으로 돌아가길 바란다. 일상과 정치를 분리한 채 살던 삶 말이다.

우리는 우리 행동이 어떤 결과를 가져올지 몰랐고, 그 결과가 우리 정신에 어떤 기대와 희망을 심어줄지 몰랐다. 그러나 행동은 우리에게 새로운 미래를 가져다주었다. 함께 파도를 넘은 우리는 이제 깨끗한 정치를 만들어내는 힘이 소수의 권력자나 재력가에게 있는 것이 아니라 바로 우리 손에, 우리 행동에 달려 있다는 것을 어렴풋이 깨달았다. 이 깨달음을 잊지 않고 정치와 일상을 진지하게 잇대는 것이 이 나라 주인인 '나'의 의무이며, 이를 저버리지 않을 때 정치인들은 진정으로 국민을 무서워할 것이다. 그리고 그것이 바로 진정한 적폐청산이다. 그때 비로소 이 나라는 몇 사람을 위한 나라가 아니라 나와 우리의 나라가 될 것이다.

7장

정 당 정 치

민주주의, 낯설고도 익숙한 그 이름

직접민주주의와
대의민주주의

대한민국이 건국한 이래 사람들이 가장 관심을 둔 것은 '경제발전'과 '민주주의'였다. 경제발전은 당시 한국이 세계 최빈국이었으니 생존을 위해 당연히 몰두해야 할 분야였지만 민주주의에 보였던 열정은 확실히 색다른 면이 있다. 한국전쟁 후 7년 만에 반정부 민주주의 운동인 4·19혁명이 일어났다. 나라를 재건하는 것도 버거운 시기에 민주적 절차에 따른 정권교체를 요구하는 대규모 시위가 벌어진 것이다.

1948년 대한민국 헌법은 제1조에 "대한민국은 민주공화국이다"라고 밝히며 이 나라가 민주주의 체제로 운영되는 나라임을 분명히 했지만 권력을 잡은 지도자들은 권위주의 체제로 나라를 운영하고 싶어 했고 두 번의 장기집권에 군사쿠데타가 두 번 일어났다. 그러나 아직 어렵고 혼란한 나라 형편을 핑계 대며 민주주의의 겉옷을 입고 권위주의 체제로 나라를 운영하려던 지도자들의 웅변에 절대 수긍하지 않은 국민이 있었다. 어떤 폭력에도 굴하지 않은 민주화운동은 이런 지도자들의 욕망을 막아섰다. 권력에 대한 욕망과 저항 사이에서 헌법은 무려 아홉 차례나 개정되는 몸살을 겪었다.

대한민국의 민주주의는 이 땅에 사는 사람들이 스스로 요구한 것이 아니라 서구에서 이식되어 시작되었다. 게다가 당시 공교육은 이 개념을 정확히 가르쳐주지도 않았다. 권위주의 체제를 정착시키고 싶어 하는 지도자가 다스리는 나라에서 민주주의의 가치를 스스로 생각하게 하는 교육이 이뤄질 리 만무했다. 그러나 이 나라가 민주공화국이며 모든 권력은 국민으로부터 나온다는 원칙이 천명된 이래 이 나라 사람들은 온몸으로 부딪치며 권위주의 체제에 저항해 민주주의를 지켜냈다.

흥미로운 것은 저항하는 사람들은 동시에 '민주주의' 개념을 학습한다는 것이다. 알고 있기 때문에 싸우는 것이 아니라 알아가면서 싸우는 셈이다. 왜 우리는 이 낯선 개념을 마치 아주 익숙한 것인 양 소중히 붙들고 끝없이 투쟁하며 지켜왔을까? 의식이 알지 못한다면 그 답은 어쩌면 무의식, 그러니까 문화적 원형이나 전통에 있을지도 모른다.

학교에서 우리는 민주주의에는 크게 '직접민주주의'와 '대의

민주주의' 두 가지 형태가 있다고 배웠다. 단순하게 요약하면 직접민주주의는 그리스 아테네에 원형을 둔 것으로 모든 시민이 참여해 자기 의사를 표현하는 것인데 나라 규모가 커지면 시행할 수 없는 제도이다 보니 그 대신 선거로 대표를 뽑아 국민의 의사를 전달하는 대의민주주의로 변모하게 되었다고 할 수 있다.

이렇게 보면 둘은 연결선상에 있을 것 같지만 사실 직접민주주의와 대의민주주의는 묘하게도 아주 큰 차이가 있다. 자치적 회의체 형태인 직접민주주의는 하나의 사안에 대해 의견 일치를 이루어내야 하는데, 의회제와 함께 나타난 대의민주주의는 각기 다른 이해관계와 의견이 최대한 드러나는 것을 장려한다. 그렇게 여러 사람이 제기한 요구를 피치자에게 동의받은 지도자가 해소해가는 과정에서 정치가 이루어진다.

모든 사람이 각자 자기 의견을 중구난방으로 외치면 그 의견은 정리되지 못한 채 소음이 되어 허공으로 사라진다. 그래서 대의민주주의에서는 사람들의 이익을 대변하고자 정당과 이익집단이 자연스레 등장한다. 정당과 이익집단의 차이는 공직자로서 권력을 장악하는지에 있다. 정당은 직접 권력을 차지해 정책 방향을 자신이 결정하는 것을 목표로 하고, 이익집단은 각종 전술로 정부 정책이 자신들 집단이 원하는 쪽으로 결정되도록 만드는 것을 목표로 한다.

이런 대의민주주의의 특성을 살펴보면 조선시대 붕당朋黨이 현대의 정당과 상당히 비슷하다는 생각을 하게 된다. 붕당은 각 당

특유의 이념과 다른 당과 차별되는 정책이 있으며, 짜임새 있게 구성되어 운영되었고, 정치적 권력을 얻으려 싸우고 국가의 정책 결정에 깊이 간여했다. 17세기 조선 정치의 주체가 된 붕당은 세도정치 이전까지 조선 후기의 대표적 정치 형태로 자리매김했다. 이는 임진왜란과 병자호란이라는 양란을 거치며 사림이 본격적으로 정치의 주무대를 차지하면서 비롯된 현상이었다. 이들의 학문적 바탕인 주자학은 붕당정치를 긍정적으로 바라보았다.

이전까지 붕당은 정치세력으로 결집해서 정계에 분쟁을 일으킨다는 이유로 철저히 배척되었으나 송나라의 신유학자들은 내용이 문제일 뿐 붕당 자체는 문제가 아니라는 새로운 견해를 선보였다. 주자학은 정작 본고장인 중국보다 조선에서 그 꽃을 아주 활짝 피워낸 셈이다. 이런 전통 때문인지 민주주의는 낯설어하면서도 대의민주주의의 중요한 요소인 정당정치에는 친숙함을 느끼는 묘한 현상이 생긴다.

예송논쟁과
공론정치로 보는 붕당

현대 정당과 조선 붕당의 가장 큰 차이점은 무엇일까? 정당은 권력을 획득하는 것이 목적이지만 조선 붕당은 학파에 뿌리를 두었다는 점이다. 물론 붕당은 내부에서 견해 차이로 분화하거나 거점 지역이 달라지면서 분화하기도 했지만 기본적으로는 학파에서 출발해 정파가 된 형태라고 할 수 있다.

사림의 관계 진출은 중종이 반정으로 왕위에 오르면서 시작되었다. 정통성에 문제가 있는 왕에게는 이를 보완해줄 신하가 필요했다. 학문적으로 깊이가 탁월하고 도덕적으로도 존경받을 만하며 아직 세상의 때가 묻지 않은 이들이 자신에게 충성심을 가지고 힘을 실어주기를 바랐고, 그 역할을 담당한 이들이 바로 사림이다.

그러나 사림은 자리 잡기 전까지 몇 차례 수난을 겪어야 했다. 이미 힘을 지닌 세력이 순순히 권력을 나누어줄 리 없었으니 말이다. 그들은 사화士禍라는 거대한 시련을 겪었으나 조선 건국의 기본 정신을 체화한 사람들이라는 인정을 받았다. 게다가 학자로서 명성을 가지고 지역을 기반으로 해서 지속적으로 제자들을 키워왔기 때문에 인력풀도 기존 관료들과는 비교되지 않았다. 아무리 몇 차례 사화를 겪었어도 과거시험을 거쳐 관료를 배출하는 조선에서 이들로 세대가 교체되는 것은 당연한 순서였다. 그렇게 점차 성장해가다가 선조 대에 이르러 본격적으로 자신들의 시대를 열었다.

조선의 붕당정치는 크게 세 시기로 나누어볼 수 있다. 현종 대의 예송논쟁, 숙종 대의 환국換局, 영·정조 대의 탕평蕩平이 그것이다. 그러나 그 모습이 처음 나타난 것은 선조 때였다. 처음 나타난 붕당은 동인과 서인이며, 이들이 분화하는 빌미가 된 것은 관직 인사권이었다. 그러나 이는 곧 지역적·학문적 대립으로 이어져 동인은 경상권에 근거를 둔 영남학파 계열이, 서인은 경기·충청권에 근거를 둔 기호학파 계열이 주를 이루었다. 선조 후반에 이르러 다시 동인은 서인과 견해차를 보이면서 온건파인 남인과 강경파인 북인으로 나뉘었고, 북인은 다시 대북과 소북으로 나뉘었는데, 대북이 광해군 즉위를 도우며 실권을 쥐었다. 그러나 대북은 갈수록 거의 일당제에 가까운 정치 형태를 보였고 결국 인조반정으로 광해군과 함께 몰락했다. 그 후 북인은 남인과 서인에 흡수되었다. 인조 대 권력은 반정을 주도한 서인의 손에 들어갔다. 그러나 선조부터 인조까지는 커다란 전쟁으로 점철된 위기의 시기였기 때문에 붕당의 색이 진하게 드러나기는 어려웠다. 의견이 달라도 일단 발등에 떨어진 불은 끄고 봐야 했기 때문에 당파 간 협력이 이루어졌다.

붕당은 효종 때 들어서야 본격적으로 시작되어 현종 때 활짝 꽃을 피웠다. 붕당은 학파의 학문적 특성에 따른 이념 대립 양상이 주를 이루었다. 산림山林이 중용되면서 나타난 현상이었다. 청나라와 우호관계를 유지하려 한 소현세자가 의문의 죽음을 맞았고, 그의 셋째 아들이 살아 있는데도 왕위가 소현세자의 아우 봉림대군, 즉 효종에게 돌아갔다. 그가 가야 할 길은 하나뿐이었다. 청나라에서 받은 치욕을 씻어내는 것, 이른바 '척화'가 대세였다. 김집, 송시열宋時烈을 주축으로 이이 학통을 이은 산림은 척화파 관료와 결합해서 산당山黨을 형성했다. 한편 전후 복구로 힘든 시절이었으므로 척화보다는 전후 복구와 민생 안정에 주안점을 둔 일단의 무리가 있었다. 대개 실무형 관료 출신인 이들은 김육을 중심으로 한당漢黨을 결성했다.

효종 대는 북벌론의 시대로 알려졌지만 현실은 그렇지 못했다. 한당은 민생 안정과 제도 개선에 최선을 다했지만 다시 나라를 송두리째 흔들 위험이 있는 북벌에는 시종일관 반대했다. 한당이 척화와 북벌에 머리와 입으로는 동의했지만 행동으로는 옮기지 않았기 때문이다. 오랑캐라 생각했던 청나라에 그렇게 모욕을 당했으니 선비라면 누구라도 척화가 정의였고 북벌은 반드시 이루어야 하는 일이었다. 하지만 그건 어디까지나 명분일 뿐 실질적 북벌은 효종 혼자만의 외로운 꿈이었고 그마저도 오래가지 못했다. 효종이 즉위 10년 만에 의문사에 가까운 죽음을 맞았기 때문이다.

현종이 즉위하면서 비로소 붕당은 우리가 일반적으로 떠올리는 모습을 갖춘다. 전형적인 이론 투쟁의 장, 그 유명한 '예송논쟁'이 시작된 것이다. 예송논쟁은 예법을 두고 벌이는 논쟁을 말한다. 이는 서인 송시열과 남인 윤휴尹鑴·허목許穆이 경전 해석에 차이를 보이면서 불씨가 댕겨져 주로 서인과 남인의 대결 양상으로 진행되었다.

원래 남인은 이황李滉의 학통에 뿌리를 두었는데 17세기 중반을 지나면서 지역에 따라 분화하며 그 색채도 달라졌다. '영남 남인'은 퇴계 학문을 고수했으나 '기호 남인'은 그밖의 이론도 포괄하는 태도를 보였다. 윤휴와 허목은 기호 남인들로, 이들은 주자학에 뿌리를 둔 퇴계 학문과 함께 원시 유학에도 관심을 두었다. 반면 서인인 송시열은 율곡 이이의 학통을 계승하면서 동시에 완벽한 주희 추종자였다. 따라서 두 집단은 같은 유학자라도 경전을 이해하고 해석해서 현실에 적용하는 방향이 다를 수밖에 없었다.

기해예송己亥禮訟이라고도 불리는 1차 예송은 효종 승하 후 인조의 계비 장렬왕후(자의대비)가 효종을 위해 어떤 상복을 입어야 하느냐를 논의하는 과정에서 촉발되었다. 이때는 사실 정치성보다는 학설 논쟁의 색채가 강했다. 효종의 출생 순위를 따져 차남 상으로 보고 1년복을 입어야 할지, 왕위를 계승했으니 장자로 보고 3년복을 입어야 할지에 대해 학자들 사이에 견해가 오갔다. 서인은 효종의 상을 둘째 아들의 상으로 보아 1년복을 해야 한다고 주장했고, 남인은 왕가의 특수성을 인정해 3년복을 해야 한다고 주장했다. 이 논쟁은 서인의 승리로 끝났다.

그러나 예송의 불씨는 꺼지지 않았다. 현종 15년(1674) 자의대비는 여전히 살아 있는데 효종비인 인선왕후가 먼저 사망하는 사태가 벌어진 것이다. 그러자 상복 논의가 다시 점화되었다. 2차 예송인 갑인예송甲寅禮訟이 시작된 것이다. 얼핏 보면 이 또한 이론적 논쟁 같지만 이는 정치적 싸움이었다. 현종으로서는 1차 논쟁 때 신하들이 왕가의 정통성을 훼손한 것이나 마찬가지였으므로 이때 왕가의 힘을 보여주려고 했다. 인선왕후를 장자 며느리로 인정해 자의대비가 그에 해당하는 1년복을 입게 한 것이다. 왕가의 특수성을 인정한 남인이 정계를 장악하게 되는 것은 당연한 순서였다.

요즘 사람들에게는 상복을 몇 년 입을지 결정하는 것이 이렇게까지 심각한 일인지 이상하게 보일 것이다. 나라와 백성에 전혀 도움도 되지 않는, 입만 산 선비들이 그저 논쟁을 위한 논쟁을 벌이는 것으로 보일지도 모른다. 물론 지나치게 이론적이고 소모적인 면이 있는 것도 사실이었으나 예송논쟁은 전란으로 혼란해진 나라의 질서를 상당히 조선다운 방식으로 바로잡아가는 방식이었다. 유학에 기반을 둔 나라에서 학자이자 정치가인 이들이 나라의 뿌리가 되는 '예禮'를 정리하는 과정에서 통치권을 결정짓는 것은 유교사회의 고유한 정치적 투쟁 양식이다. 즉 예법은 정치적 질서를 세우는 일이다.

유학은 힘에 따라 질서가 흐트러지는 것을 막으려고 종법제宗法制를 질서의 기준으로 세웠다. 종법제는 오늘날 가부장질서를 탄생시킨 고루하고 꽉 막힌 제도라는 비난을 사고 있지만 사실 억압하려고 만들어진 제도는 아니다. 종법제는 주나라 때 성립된 종족의 계승규정으로 아버지의 모든 것과 혈통을 오직 적장자만 계승할 수 있게 한 규칙이다. 한 가계의 1대를 조祖라 하고 2대를 종宗이라 하는데, 상속이 시작되는 2대부터를 누구로 할지 정하는 규칙이므로 종법제라고 부른다.

이 제도에서는 2대부터 반드시 적장자로 이어져야 한다. 적장자에서 적장자로 이어지는 계승을 '적통계승', 그렇게 이어진 혈통을 '정통正統'이라고 한다. 주나라 주공周公이 이 제도를 다듬어 확립했는데, 공자는 주공이 어린 나이에 즉위한 성왕成王을 보필해

섭정하면서도 왕위를 절대 탐내지 않고 정통을 지켜 나라를 반석 위에 세운 사례를 들어 종법제에 윤리적 의미를 담았다. 즉 힘과 폭력에 따른 권력 탈취를 막아서 나라를 좀더 평화롭고 안정적인 질서의 기반 위에 세우는 방향으로 이 제도를 활용한 것이다. 유학이 확립한 새로운 종법제에 따라 힘으로 찬탈한 권력이 정당성을 갖는 길이 원천적으로 차단되었다.

특히 송나라로 접어들어 세습 귀족이 아닌 과거시험으로 관계에 진출한 사대부가 정치를 주도하면서는 이 원칙이 더욱 강하게 적용되었다. 주자학에서는 특히 예를 중요시했고, 엄격한 형식성을 강조했다. 여기에는 왕이든 누구든 어떤 예외도 있을 수 없었다. 오히려 왕 스스로 질서의 화신이 되어 만백성에게 본이 되어야 했다. 이는 왕에게 위협이 되는 원칙이었고, 신하들에게는 왕권을 통제할 수 있는 더없이 좋은 무기였다.

1차 예송이 별 탈 없이 잘 마무리되었다고 생각할 즈음 윤선도尹善道가 상소를 올렸는데, 이로써 정치투쟁이 수면 위로 올라오게 되었다. 그는 송시열이 왕위 계승과 왕가의 맏아들 계보라는 종통을 적통과 분리했으니, 효종의 정통성을 인정하지 않은 것이라고 지적했다. 윤선도의 말이 맞는다면 서인은 거의 역적인 셈이었다. 당연히 서인은 격분했고, 이들의 파상공세에 윤선도는 함경도 삼수로 유배를 가야 했다. 그러나 사실 윤선도의 지적은 틀리지 않았다. 1차 예송논쟁에서 주자학을 신봉하는 서인이 이기자 그 수장인 송시열이 왕을 능가하는 힘을 가지게 되었으니 말이다. 군주의 힘이 약하고 신하가 실권을 쥐고 있다는 '군약신강君弱臣強'의 소문이 중국에까지 퍼졌을 정도였다.

　　조선의 붕당정치를 보면 언뜻 현대의 의원내각제와 비슷하다는 인상을 받는다. 붕당 내의 체계적인 서열이나 붕당의 인력풀을 바탕으로 조정 신료들이 채워지는 것이 그러하다. 물론 관료가 되려면 과거시험이라는 공식 절차를 거치지만 어차피 과거시험 문제도 고위 관직에 있는 붕당의 어른들이 내니 아무리 객관적으로 선발한다 해도 결국 그 붕당의 젊은 인재가 뽑힐 확률이 높다. 그리고 그렇게 성립된 붕당이 조정과 긴밀한 협력관계로 국정을 처리해가는 모습 등을 보면 확실히 의원내각제와 유사하다. 그러나 왕의 정치적 힘으로 보면 두 체제 사이에 커다란 차이가 있다. 오늘날 입헌군주제의 왕은 의례적 역할만 하는 형식적 존재이지만 조선의 왕은 엄연히 정치의 주체이자 핵심이었다. 절대 배제되어서도 안 되고 배제될 수도 없는 실제 권력이었다.

　　그런데 서인의 신권은 이러한 왕의 권력을 무력화·형식화하는 결과를 가져왔다. 왕권을 능가하는 신권이란 견제와 균형의 틀이 깨졌다는 것을 의미한다. 왕과 신하의 양대 축이 아니라 신권이라는 한 축이 나라를 장악했다는 뜻이 되는 것이다. 재미있는 모순이다. 신권이 왕권 아래 있을 때 나라는 여러 축으로 운영된다. 조선은 이미 왕이 신하와 국정을 운영하는 형태로 기초가 세워졌기 때문이다. 그러나 신권이 왕 위에 서게 되면 나라에는 왕 위에 선 붕당 외에 다른 권력은 없어진다. 왕도 누른 붕당을 어느 누가 이길 수 있겠는가? 남인이 왕가의 특수성을 인정하며 왕권을 보편예법에서 분리해야 옳다고 주장한 이유도 이 때문이다.

단순하게 남인이 왕의 편을 든 것처럼 보일 수도 있지만 내막은 그리 간단하지 않다. 오늘날은 선거가 권력을 조정하는 기능을 담당하지만 조선시대에 그것은 오로지 왕의 영역이었다. 즉 조선의 왕은 '귀를 연 사람'이어야 했으므로 이를 거스르고 독재를 한다면 연산군처럼 폭군으로 낙인찍히고 권력을 잃게 된다. 이처럼 조선은 왕정 형태를 띠었지만 사실 내부 형태는 일종의 연립정부라 해도 좋을 정도였다.

이를테면 왕은 다양한 인재를 조정에 들여 그들과 논의하고 묻고 듣고 또 물으며 정책을 결정·시행하고 최종 책임을 지는 존재였다. 그런 이유로 왕권이 건강할 때 여러 붕당이 다양한 의견을 내며 공존할 수 있었다. 이 때문에 훗날 붕당 위에 왕권을 세운 탕평정치 시대에 왕이 독주하지 않고 더 다양한 붕당이 조정에 연립할 수 있었다. 오늘날은 나라의 근본이념이 성리학이 아니니 예송논쟁이 커다란 의미가 없는 것처럼 보이지만 당시에는 왕권과 신권 한쪽이 독주하지 못하게 권력을 견제하고 균형을 잡는 일이 모두 예송논쟁으로 이루어졌다.

예송논쟁에서 눈여겨보아야 할 또 하나 중요한 사안은 공론정치다. 공론公論은 공공의 의론이면서 공정한 의론이라고 할 수 있다. 유교국가의 왕은 성인이어야 하는데, 이것은 의義를 말하는 신하들의 쓴소리를 귀 기울여 들으며 자신을 고쳐나감으로써 가능해진다. 그래서 늘 언로를 열어두고 간관들의 날카로운 간쟁을 싫은 기색 없이 받아들이는 것이 왕의 의무였다. 사실 왕으로서는 그다지 즐거운 일이 아니다. 그것이 싫었던 연산군은 간쟁을 막아버렸고, 무엇이든 연산군과는 반대로 해야 하는 중종이 다시 언로를 열었다. 사림이 진출하면서 그 폭이 이전보다 훨씬 넓어졌는데, 간관뿐만 아니라 사림 전체가 공론의 담지자가 된 것이다.

원래 유학은 실용적인 학문이다. 현실 정치를 염두에 두고 이론을 현실에 적용해서 세상을 더 나은 곳으로 만들고자 학문을 하는 것이다. 학문은 나의 부족함을 돌아보고 지식적으로나 인격적으로 스스로를 성장시키는 수신修身으로 시작하지만 그와 동시에 세상을 다스리는 '평천하平天下'가 목표로 설정되어 있다. 그래서 유생들은 늘 현실 정치에 촉각을 곤두세우고 의견을 개진하는 것을 자신들의 의무로 삼았다. 이들은 세상을 위해 일하는 사람이 되고자 공부했다.

사림 시대로 들어서서 공론정치가 꽃을 피우자 아직 관직에 진출하지 않은 유생들이 상소를 올리며 적극적으로 정치에 참여했다. 이들은 중종 때 기묘사화로 화를 입은 사림의 신원을 회복하라고 요구했으며, 명종 때는 문정왕후의 보호 아래 불교를 중흥한 승려 보우를 처벌하라고 요구하는 등 집단적이고 조직적으로 문제를 제기하는 양상을 보였다. 중앙에서는 조선의 국립대학이라고 할 수 있는 성균관에서 일마다 때마다 상소로 끊임없이 목소리를 냈고, 지방에서는 서원이 이 역할을 했다. 서원은 학당이면서 동시에 지역 공론의 장이었다. 지역 유생들은 서원을 바탕으로 탄탄한 조직력과 네트워크를 갖춰 붕당에 인적·물적 기반을 제공했고, 공동의 의견을 정리해 중앙에 전달함으로써 자신들의 목소리를 냈다.

이러한 지역 공론은 예송논쟁을 계기로 더욱 활성화되었다. 현종 7년(1666), 유세철柳世哲 등 영남 유생 1,000여 명이 연명으로 상소를 올려 상복제도에 관한 송시열의 주장을 반박하고, 허목과 윤휴·윤선도의 설을 옹호했다. 이어 이틀 뒤에는 성균관 유생들이 상소를 올려 남인 유생의 주장을 반박했고, 3주 뒤에는 기호 유생들이 영남 유생들의 의견을 비판하는 상소를 올렸다. 교통수단도 통신수단도 지금으로서는 상상할 수 없이 낙후된 조선에서 경상도 지역에서만 무려 1,000명이 연명으로 상소를 작성했다는 것은 대단한 일이다. 한양의 소식이 알려지자 의견을 모아 상소를 작성하고 이 정도 인원의 연명을 받았다는 것은 서원의 향촌 네트워크가 상당히 잘 짜여 있었다는 것을 의미한다. 이처럼 예송논쟁으로 공론정치가 활발해지면서 나라 정치는 중앙 정계의 담장을 넘어서게 되었다.

이후 지방 유생들의 정치 참여는 더욱 규모가 커져 정조 15년(1792)에 사도세자를 신원해달라는 청을 올릴 때는 무려 1만 57명이 만인소萬人疏를 작성했다. 이로부터 70년 뒤인 순조 23년(1823)에는 경기, 충청, 호남, 영남, 황해, 강원의 유생들이 동참해 서얼庶孼 철폐를 요구하는 만인소를 올렸다.

이런 모습은 대한민국에서 사람들이 정치에 참여하는 방식과 매우 비슷하다는 인상을 받는다. 우리도 뜻을 함께하는 사람들이 뭉쳐 특정 이슈에 대해 성명서를 발표하고, 어떤 정책에 반대하거나 의견을 관철하기 위해 많은 사람의 서명을 받는 활동을 많이 하지 않는가. 이처럼 학생과 지식인들이 사회를 위한 지식을 깊이 자각하고 이를 행동으로 옮김으로써 조선은 이미 민주적 정치 요소를 스스로 발전시켜오고 있었다.

환국과 탕평 그리고
붕당의 마침표

사림은 조선 초기 왕과 재상이 합치하는 수준이 아니라 둘 사이의 권력을 더욱 분화하고 이론으로 정당성을 제시하는 세련된 정치를 선보였다. 그러나 주자학이 지지하는 붕당정치는 그 자체로 끝없는 분쟁을 일으키는 배제의 논리를 담아서 문제를 일으키지 않으려면 상당한 주의가 필요했다. 스스로 주의하고 협의의 필요성을 자각하지 못하면 자칫 나라에 혼란을 불러올 수 있고, 왕권을 건드리는 치명적인 결과를 낳을 수 있었다.

앞서 언급했듯이 예송논쟁에서 송시열로 대표되는 서인이 승리했다는 것은 왕권이 실추되었음을 의미했다. 승리한 서인들이 후에 남인의 설을 진지하게 검토해봤으면 좋았을 것이다. 왜 함께 주자학을 공부했고 주자학에 정통하면서도 원시 유학의 설을 끌고 와서 군주의 주권을 종법제도에서 분리하려 했는지 말이다.

'수신제가치국평천하修身齊家治國平天下'라는 개념에서 가家와 국國은 분리되지 않는다. 집안, 지역, 국가는 일직선상에서 확장되어간다. 유가는 왕을 그 자체로 공적인 존재로 만들기 위해 이 개념을 도입했지만 시간이 흘러 교조화되면서 역설적으로 사의 울타리 안에서 공이 옴짝달싹하지 못하는 상태가 되었다. 애초에 수신제가를 위해 치국평천하가 필요한 것이 아니라 치국평천하를 위해 수신제가가 요구되었다면 조선은 이를 다시 분리할 때를 맞이하고 있었다. 그러나 송시열은 완벽하게 주희에게 매몰되어 있었던 탓에 이 필요를 눈치채지 못했다. 어쩌면 붕당정치가 담고 있는 배제의 논리 때문이었을지도 모른다.

유학은 기본적으로 사람을 군자와 소인으로 나눈다. 군자는 지식과 인격이 모두 훌륭한 사람을 말하고 반대로 소인은 좀스러운 사리사욕에 사로잡혀 있는 사람을 말한다. 이 둘은 섞일 수도 화해할 수도 없는 대립각에 놓여 있다. 송나라에서 유학을 공부하고 과거시험이라는 공정한 경쟁을 거쳐 지위를 획득한 사대부 계층이 나라를 다스리면서 이들의 사상과 관점의 차이 때문에 내부에서 분화와 충돌이 일어났다. 이른바 붕당이 생겨난 것이다. 송나라 사대부들은 이런 붕당을 적극적으로 받아들이는 태도를 보였다.

구양수歐陽脩는 〈붕당론〉이라는 글에서 "군자만 붕朋이 있고 소인은 붕이 없으니, 소인은 이익과 녹봉, 재물을 탐하기 때문에 이익이 통할 때 잠시 당을 만드는 것뿐이라 그 붕당은 거짓"이라고 했다. 그러므로 군주가 할 일은 소인의 거짓 붕, 즉 위붕僞朋을 물리치고 군자의 참된 붕, 즉 진붕眞朋을 잘 가려 쓰는 것이라고 했다. 주희는 이보다도 훨씬 더 적극적으로 붕당정치의 필요성을 주장했는데, 그가 〈유승상에게 보낸 편지〉에는 다음과 같은 내용이 있다.

> 옛날의 붕당을 미워하여 없애고자 하는 자가 왕왕 나라를 망치는 데까지 이르렀으니, 이는 그 현부賢否와 충사忠邪를 살피지 않고 당을 없애는 데만 힘썼기 때문입니다. (…) 소인들과 함께 임금 앞에서 정사를 논할 경우 조금이라도 그들과 화해하고 절충하려는 태도를 보인다면 이미 일을 그르친 것이나 다를 바 없으니, 어찌 소인들을 경계하시는 것부터 먼저 하지 않고 경솔하게 아울러 조정에서 함께 일하게 할 생각을 해서 그들이 군자를 해칠 기틀을 마련해주려 합니까. (…) 군자가 당을 만드는 것을 싫어하지 않을 뿐만 아니라 스스로 당이 되는 것을 꺼리지 말아야 하며, 스스로 당이 되는 것을 꺼리지 않을 뿐만 아니라 군주까지도 이끌어 당이 되게 해야 하니, 이렇게 하면 천하의 일이 거의 다스려질 것입니다.

물론 당시 송나라의 정치지형과 군신관계를 이해하면서 읽어야겠지만 군자의 붕당은 임금까지도 끌어들여야 한다는 주장은 대범함의 극치라 해도 지나친 말이 아니다. 적극적으로 당대의 정치를 쇄신하고자 하는 목적이었다 해도 조화와 협의가 없는 정치, 배제의 논리로 작동하는 정치의 싹을 품은 붕당론은 결과적으로 건강하게 기능하기 어려웠다.

군자 외에는 소인이고 소인은 추방되어야 하는 것이 원칙인데, 그렇다면 군자와 소인은 누가 정하는가? 100퍼센트 군자이기만 한 사람도 없고 스스로 소인이라 하는 사람도 없으며, 소인으로 지목당하고도 가만히 있을 사람도 없다. 그리고 더욱 문제는 아무리 개혁을 거듭한다 해도 소인이 존재하지 않는 세상은 만들어질수 없다는 것이다. 더구나 상대 당을 소인으로 규정해버리면 그 당의 주장을 들여다보지 않게 된다. 이렇게 되면 더는 정책과 이론의 대결이 아니라 군자 대 소인의 대결이 되고 시야가 좁아진다.

조선의 붕당정치는 여기에서 발목을 잡혔다. 붕당끼리 자비없는 다툼을 계속하면서 연립 기능을 상실하자 권력의 다른 한 축인 왕권이 이 틈을 파고들었다. 예송논쟁에서 서인이 승리한 것처럼 보였지만 현종은 당인이 될 수 없었다. 또 그 뒤를 이어 왕위에오른 숙종은 당인이 될 생각도 없었다. 정통성에 조금도 문제가 없고, 심신이 전혀 허약하지 않은 당당한 왕위 계승자인 숙종은 당쟁을 이용해 왕권을 강화해나갔다.

그로써 붕당정치는 숙종 대에 들어서면서 변화하는 모습을 보였다. 붕당들은 이제 수준 높은 이론 투쟁을 벌이지 않았다. 기어이 상대 당의 씨를 말리는 제로섬게임 양상을 보인 것이다. 이러한 변화는 현실에 대한 답을 찾아가기보다 주창자들에 대한 숭배 쪽으로 경도된 때문이기도 했고, 권력을 왕 쪽으로 다시 가져오고자 붕당의 틈새를 파고든 숙종에게 이용당하는 와중에 그들 스스로 권력의 맛에 취했기 때문이기도 했다.

숙종은 14세에 왕이 되었으나 수렴청정도 없이 바로 친정을 하면서 신하들과 전쟁을 벌여 승리할 만큼 당찬 소년 왕이었다. 그가 붕당을 길들이기 위해 선택한 방식은 환국換局이었다. 자신이 선택한 한 개 당이 정국을 온전히 차지해서 끌고 가게 하다가 그 당의 힘이 비대해지면 정치적 사건을 만들어 그 당을 싹 몰아내고 다른 당으로 조정을 채웠다. 숙종은 붕당의 생명이 왕의 손에 달려 있다는 것을 분명하게 보여주며 왕권을 확립했다.

숙종은 자신의 치세 동안 네 번 환국을 단행했다. 집권하자마자 갑인예송에서 예를 잘못 적용한 책임을 물어 송시열을 유배 보내고 서인을 정계에서 쫓아냈다. 이것이 갑인환국甲寅換局이다. 이후 재위 6년(1680)에는 경신환국庚申換局을 일으켜 북벌을 거론하고 새로운 군사기구인 도체찰사부를 만드는 등 병권에 관심을 보이며 힘을 키운 남인들을 쳐내고 서인을 등용했다. 재위 15년(1689)에는 기사환국己巳換局으로, 5년 후에는 갑술환국甲戌換局을 일으켜 권력의 추를 서인에서 남인으로, 남인에서 다시 서인으로 이동시켰다.

왕권을 강화한 숙종은 탕평을 천명했다. 붕당정치는 서로 의견이 다른 당이 조정에 공존하면서 치열하게 토론할 때 의미가 있지만 예송논쟁 이후 숙종 대 당쟁은 그런 모습을 제대로 보여주지 못했다. 탕평이 무엇인가? 붕당 간의 소모적 다툼을 끝내고 왕이 국정의 중심이 되어 각 당을 조정에 연립시키는 방식으로 정국을 운영하는 것이다. 숙종의 정치기술인 환국은 이후 경종과 영조가 사용했고, 탕평은 영조와 정조 대로 이어졌다.

환국은 왕이 정국을 장악하려 할 때 유용하고, 탕평은 강력한 왕권을 전제한다. 붕당정치가 가장 화려하게 꽃피운 뒤 공교롭게도 계속 강력한 왕권으로 오랜 기간 집권한 왕들이 연속해서 왕위에 올랐다. 숙종, 영조, 정조가 그들이다. 붕당은 전성기의 고상했던 모습을 잃었고, 왕은 신하들에게 휘둘리지 않을 만큼 강력한 힘을 갖추었으니 충분히 탕평을 이룰 만한 분위기였다.

그러나 환국은 왕이 힘을 갖기에는 좋지만 붕당을 병들게 한다는 문제점이 있다. 국가적 대계를 위한 큰 그림을 그리기보다는 당장의 생존과 집권 때문에 당쟁을 위한 당쟁을 하는 양상을 보이기 십상이기 때문이다. 환국을 주도하는 이가 붕당의 방향과 가치를 묻지 않고 그들이 나라에 대해 그리는 그림에도 집중하지 않으며 단순히 한쪽의 힘을 이용해 다른 편의 힘을 제어하는 용도로 붕당을 활용한 탓에 붕당들도 소모적인 다툼에만 익숙해졌다.

이처럼 장기적인 비전 없이 정치적 이해관계나 판단에 따라 이랬다저랬다 하는 것은 나라의 미래에 도움이 되지 않는다. 오늘날의 대의민주주의에서도 흔히 빠지는 함정이다. 자기 당의 가치를 갈고닦지 않을 뿐만 아니라 상대 당과 공존은 거들떠보지 않으며 집권에만 열을 올리는 정당은 아무리 선거로 집권당이 되어도 나라를 건강하게 운영할 수 없다.

결국 숙종은 당쟁이 격화되는 것을 막지 못했다. 영조에게 당쟁은 지긋지긋한 존재였다. 그 자신도 당쟁으로 왕이 되었지만 각 당이 추대하는 왕이 제각각이고 그로써 역모마저도 일어나는 현실이 참담했기 때문이다. 신하가 왕을 결정하는 택군擇君이 너무 아무렇지 않게 이루어졌다. 영조로서는 이를 정리할 필요도 있었고, 왕의 위엄을 세울 필요도 있었다. 그러나 이미 감정과 욕망의 끝까지 다다른 붕당은 탕평을 환영하지 않았다. 영조의 정통성에 흠이 있다는 것은 탕평에 결정적인 단점이었다.

그러나 그 이전에 붕당도 예전처럼 예리하게 자신들의 학문적 존립 기반을 닦지 않았다. 사회의 분화와 변모로 붕당에 여러 요소가 끼어들기는 했지만 원론적으로 말해 붕당의 힘은 공부에서 나온다. 정조는 여기에 일격을 가해 탕평을 이루었다. 정조는 자신을 군사君師로 자임했는데, 이는 군주이면서 동시에 스승이기도 하다는 것이다.

어린 시절부터 암살 위험에 자주 놓여 잠을 이루지 못하고 공부에 매달린 정조의 학식은 그 어떤 학자 못지않았다. 그리고 이 학문적 기반은 그를 붕당 위에 선 임금이 되게 해주었다. 영조 대 탕평은 인재를 중심으로 등용하되 각 당의 인물을 되도록 고루 등용해서 균형을 맞추는 식이었다. 그러나 정조는 좀더 본격적인 탕평을 시행했다. 이는 의리탕평이라고도 불리는데, 각 당 간의 균형보다 옳고 그름을 명확하게 밝혀 시비를 가리는 데 중점을 둔 것으로 정조의 자신감이 엿보이는 부분이다.

정조는 붕당을 싫어하지 않았다. 그는 정책을 결정하고 국정을 운영하기 위한 여론을 조성하는 데 붕당이 얼마나 중요한 역할을 하는지 정확히 이해했고, 이들을 충분히 활용했다. 2009년 세상에 모습을 드러낸 정조의 비밀편지들을 보면 그가 얼마나 노회한 정치가였는지 알 수 있다. 그는 모든 당을 자기 손안에 두고 촉각을 곤두세워 이들의 동향을 살피며 자기가 원하는 정국 구도를 만들어갔다.

정조가 보인 탕평정치의 한계가 있다면 그것은 주도하는 군주의 수준에 너무 많이 좌우되는 탕평이었다는 점이다. 그래서 붕당의 폐단이 수습되기 전에 정조가 갑작스레 죽음을 맞이하자 그의 손안에서 가까스로 균형을 잡고 있던 붕당정치는 이후 세도정치로 순식간에 막을 내리게 되었다.

탕평 시기는 어쩌면 붕당이 스스로 문제를 쇄신할 수 있는 마지막 기회였을지도 모른다. 숙종 대에 어떻게 붕당이 망가졌는지 반성적으로 돌아보았다면 영조·정조 치세 77년이라는 긴 시간을 그렇게 보내버리고 사상도 가치도 없이 그저 자기 집안 이익만 좇는 세도가에게 이 나라의 권병權柄을 넘기지 않았을지도 모른다. 이처럼 수습되지 못한 정치문화는 필연적으로 파국을 초래하게 되어 있다.

정조를 보며
국민의 탕평을 생각하다

　조선은 상당히 세련된 정치문화를 가지고 있었다. 붕당정치는 현대의 정당정치와 견주어도 손색이 없다. 이념, 인재, 조직력, 네트워크 등 어느 하나 뒤지지 않는다. 당시 교통이나 통신이 지금과는 비교할 수 없이 뒤떨어졌다는 점을 고려한다면 이들의 네트워크와 현실 참여도는 지금보다 훨씬 탄탄했다고도 할 수 있다. 학문이 이들의 배경이므로 스스로 인재를 양성해 국가의 재목으로 성장시키는 능력이 있었다는 점도 상당히 매력적이다. 우리가 민주주의 자체에는 낯설어도 정치 요소 자체에는 익숙할 수 있었던 이유다.

　당을 형성한 뒤 그렇게 형성된 당끼리 싸우며 파국으로 치달은 사례를 우리는 조선 역사에서 이미 경험했다. 안타까운 것은 언제나 역사는 '최신효과'로 작용한다는 것이다. 지금과 가장 가까운 것에 익숙해서 그것을 원형으로 착각하는 것인데, 부정적 요소를 주류로 착각해 싸잡아 평가하게 된다. 그러나 이는 사실 당파의 가장 낡고 고루한 모습이다. 이런 오류에 빠지지 않으려면 역사를 차근히 공부해야 한다.

　예송논쟁은 결코 쓸데없는 상복 싸움이 아니었다. 권력을 그 근원부터 제어하는 이론 투쟁이었다. 단순한 정쟁이 아니라 조선의 설립 기반을 어떻게 재정비해서 운영해갈지를 학문적으로 엄밀히 따져 정리하는 작업이었다. 그리고 여기에 유생을 포함한 조선의 모든 지식인이 뛰어들었다. 이들이 산 넘고 물 건너는 먼 길을 마다하지 않은 이유는 나라의 공적인 문제에 의견을 내기 위해서였다.

이런 모습을 볼 때마다 항상 민주화운동의 최전방에 서 있던 대학생들이 떠오른다. 권위주의 정부가 민주화운동을 하는 대학생을 탄압하는 것을 보고 기성세대는 그들에게 가만히 있으라고, 그러다가 인생을 망친다고 만류하곤 했다. 실제로 잡혀가 모진 고문을 당하고 교도소에 갇히고 앞길이 가로막힌 경우도 많았다. 그러나 학생들은 이에 굴하지 않았고, 불의한 이슈가 터지면 고등학생들까지 촛불을 들고 거리로 나왔다. 배운다는 것 자체에 공적인 책임감을 느끼는 것 역시 수신이 평천하에 닿아 있던 옛 지식인의 전통이 오늘에 닿아 있기 때문이 아닐까 한다. 언로가 막히면 나라가 건강할 수 없다는 전통이 이미 오래전에 있었고, 배우는 것은 곧 공적인 목적을 지닌다는 전통 역시 이미 오래전에 있었다. 민주주의를 건강하게 지키기 위해 반드시 필요한 '참여'가 우리의 전통이었던 것이다.

붕당이 원래의 아름다운 모습을 잃고 권력 쟁취에 매몰되어 진흙탕 싸움을 할 때 숙종은 왕권을 강화하려고 환국이라는 방법을 동원해 싸움을 더 조장하기도 했다. 이는 현대에도 종종 일어나는 일이다. 다만 지금은 권력을 중재하는 행위가 일반 사람들의 손으로 넘어왔을 뿐이다. 국민은 대의민주주의의 꽃이라는 선거로 정당을 단죄한다. 현실 정치가 마음에 들지 않을 때 선거로 다른 당에 권력을 넘겨준다. 이런 형태의 선거가 반복되다 보니 정당들은 선거를 즈음해서 이슈를 만든다. 당의 특성과 정책 등으로 표를 얻으려 하지 않고 이슈를 만들어 집권하려는 것이다. 그러면 당연히 나라는 병들어간다. 환국정치가 보였던 불합리함은 조선에서만으로 끝나지 않았다. 국민이 왕이 된 시대에도 여전히 종종 일어나는 정치현상이다.

그렇다면 우리는 국민의 탕평정치를 생각해볼 수 있다. 그리고 당연히 그 선택은 정조의 탕평이 되어야 한다. 여러 계층의 다양한 의견을 담은 다양한 정당이 건강하게 성장할 수 있는 토대를 마련해주고 이들이 정책에 의견을 낼 수 있게 해야 한다. 현재 우리나라가 택한 소선거구제는 승자만 인정한다. 표를 아무리 많이 받았어도 그보다 조금이라도 더 표를 받아 승리한 당만 국회에서 의석을 갖는다. 이렇게 되면 소수당은 설 자리가 없어진다. 국회 입성도 못하는 당에 지속적으로 표를 던질 투표자는 없기 때문이다. 그들을 위해 던진 내 표가 사표가 되면 내 의견이 나라의 정책 결정 과정에 반영되지 않는다는 의미다.

거대 정당이 소수 의견에 목숨을 걸 확률은 제로에 가깝다. 다른 거대 이슈도 많은데 굳이 대표성 없는 의견에 힘을 쏟을 필요가 없으니 말이다. 그러나 나라는 이러한 배제와 효율의 논리가 아닌 포용의 논리로 운영되어야 건강한 법이다. 이 사회는 다양한 사람이 저마다 다양한 의견을 가지고 살아가는 곳이다. 그러므로 나라에는 다양한 이해관계를 반영한 여러 정당이 국회에서 상호 신뢰와 조화를 바탕으로 협의하면서 문제를 해결해나가는 연립이 필요하다.

하지만 국민의 수준이 성숙하지 못하면 다양한 정당은 혼란만 가중하는 결과를 가져올 수 있다. 절대 상대방 의견을 귀 기울여 듣지 않고, 잘못되면 남 탓만 하는 모습을 보이는 것이다. 정조가 탕평을 제대로 할 수 있었던 것은 그 스스로 공부를 엄청나게 많이 했기 때문이다. 그는 정책을 검토하고 나라의 방향을 결정할 만한 식견이 있었고, 그 식견을 신하들에게도 인정받았다. 민주주의의 성숙도는 곧 국민의 수준과 직결된다는 말이 있다. 정당을 건강하게 하고 힘의 균형을 이루게 하는 열쇠를 쥐고 있는 사람은 국민이다. 정조의 덕목이 오늘의 우리 모두에게 요구되는 것이다.

정조는 임금일지라도 한 개인이었으므로 그의 죽음과 함께 탕평도 끝났다. 이와 더불어 그 기간에 자기 쇄신을 하지 못한 붕당도 끝났으며, 소수 세도가만 남았다. 그러나 누누이 말하듯이 대한민국은 조선과 다르다. 국민은 한 사람이 아니며, 이 나라가 지속되는 한 국민은 없어질 수 없다. 그러므로 국민이 포기하지 않는다면 정당을 건강하게 되살리는 것은 물론이고 소수의 권력자와 자산가가 권력을 농단하는 일도 멈출 수 있다. 정조는 정치가들이 또는 대통령이 존경해야 하는 인물이라기보다 국민 한 사람 한 사람이 닮아야 하는 인물이다.

이처럼 '민주주의'라는 이름으로 존재하지는 않았지만 우리는 전통적으로 오래전부터 민주주의를 건강하게 만들기 위해 필수적인 요소를 갖추고 있었다. 그러므로 민주주의가 낯섦에도 이를 위해 기꺼이 싸울 수 있었다. 그리고 오늘도 여전히 우리는 민주주의를 차근차근 배워가고 있다. 이 과정에서 우리의 전통이라는 양념을 조금 치고 싶다. 이미 있었던 과거의 경험을 잘 살펴 오늘 이 사회의 폐단을 극복해내는 데 적실하고 유용하게 잘 활용할 수 있기를 기대해본다.

8장

개 인 과 국 가

'나'를 넘어 '우리'를 꿈꾼다는 것

꿈이
있습니까?

"꿈이 있습니까?"

"당신의 꿈은 무엇입니까?"

꿈이라니…. 10대 이후 아무리 늦잡아도 20대 중반을 넘어선 뒤에는 이런 질문을 받으면 낯설기 그지없다. '과연 대한민국에 꿈이라는 달달한 것이 아직 남아 있긴 한 건가?'라는 자조적인 의문이 들지도 모르겠다. 하지만 '꿈'에 구체적인 내용을 담는다면 꿈이 생각보다 가깝게 느껴질 수도 있다. 예를 들어 내 집 마련의 꿈, 취업의 꿈, 승진의 꿈, 재취업의 꿈, 자녀 성공의 꿈 등 수많은 꿈은 평생 우리 뒤를 따라다닌다. 이처럼 한국 사회에서 꿈은 대체로 '나 자신'의 삶에만 한정되어 있다.

우리 꿈이 이렇게 개인적인 데만 국한되는 것은 어쩌면 우리 현대사에서 그 이유를 찾을 수 있을지도 모르겠다. 이른바 대한민국 역사의 첫 출발이 '가난'이었기 때문이다. 일제 식민지배와 해방 후 곧이어 벌어진 한국전쟁으로 식량도 물건도 도무지 남아나는 것이 없던 한국에서 가장 어려운 일은 '먹고사는 일'이었다. 당장 생존하는 것도 벅찬데 '타인'에 대한 배려나 '사회'에 대한 고민은 아무래도 사치스러운 정신 낭비였을 것이다.

그러나 이후 한국은 생각보다 빠르게 성장했다. 한국전쟁이 있은 지 불과 60여 년 만에 1인당 국민소득은 3만 달러를 넘어섰고, 경제 규모는 세계 11위의 위상을 자랑하며, 평균 수명은 81세를 바라보게 되었다. 그렇다면 이제 좀 여유가 생겼을까? 해마다 최고치를 경신하는 청년 실업률, 한없이 낮아지는 정년퇴직 연령, 엄청난 빈부격차는 이를 실감할 수 없게 만든다. 과거에 비하면 비교할 수 없을 정도로 풍요로워졌는데도 여전히 현실은 팍팍하고 고단하니 당황스럽게도 우리는 길을 잃었다고 느낀다. 어디로 가야 할까? 우리도 모르는 사이 방향성의 중요성을 온몸으로 깨닫고 있다.

'먹고사니즘'은 종종 우리를 속인다. '당장 나 먹고살기도 바쁜데 무슨 사회를 걱정하고, 나라를 걱정하냐'고, '그런 세월 좋은 고민을 할 여유가 있으면 돈 벌고 집 장만할 생각이나 하라'고, '너 살 궁리나 하라'고 말이다. 그러나 먹고살기가 힘들면 힘들수록, 이 불안정과 혼란이 어디서 왔는지, 그리고 어떻게 해야 건강하게 기초를 쌓으면서 위기를 극복할지 고민해야 그에 대한 답도 찾을 수 있다. 그래서 방향성에 대한 고민은 중요하다. 이런 고민 없이 그저 눈앞의 위기만 넘긴다면 우리를 기다리는 것은 또 다른 혼란일 뿐이다. 언 발에 오줌을 누는 방식으로는 혹독한 추위를 이길 수 없듯이 방향을 찾지 않았는데 옳은 길을 발견할 수는 없다.

그래서 꿈이란 실은 별을 바라보는 것과 같다. 당장 먹을 것을 찾는 게 아니라 저 멀리 바라보며 방향을 찾는 일이기 때문이다. 그러므로 혼란한 사회, 어지러운 시대를 살면서 방향을 고민하는 사람은 자기 삶뿐만 아니라 세상을 구원하는 데까지 이르곤 한다. 남들이 눈앞의 것만 좇을 때 고개를 들어 방향을 가늠하는 것만으로도 당대에 꼭 필요한 무언가를 발견할 개연성이 커진다. 극도의 혼란 뒤에 뜻밖의 누군가가 있어 새 시대가 열리는 것은 이러한 이유 때문이다.

정도전,
그의 어긋난 시작

길이 보이지 않는 시대에 별을 바라보며 다음 시대의 문을 연 인물들이 역사에 많지만, 그중에서도 대표적인 한 사람을 선택하라면 나는 주저 없이 고려를 정리하고 조선을 연 정도전鄭道傳을 꼽는다. 난세의 영웅들은 대개 나라가 부정부패로 얼룩져 더는 회복할 수 없는 극심한 혼란으로 치달을 때 그냥 보고 있을 수 없어 일단 들고일어나는 식으로 역사의 무대에 등장한다. 그러나 정도전은 현재의 불의와 구체제의 부패보다 그다음에 펼쳐질 세상에 무게중심을 두었다. 이 점이 특별하다. 그 덕분에 조선은 일단 건국부터 하고 방향을 설정한 나라가 아니라 방향이 먼저 설정되고 그에 따라 세워진 독특한 나라가 될 수 있었다. 유례를 찾기 어려운 매우 색다른 출발이다.

무엇이 정도전에게 이런 발상을 하게 만들었을까? 그의 시작은 평범했다. 21세(1362, 공민왕 11)에 진사시進士試*에 합격하고 이듬해에 바로 관직을 받으면서 한동안 무난하게 공직생활을 이어갔다. 물론 중간에 승려 신돈辛旽이 왕의 총애를 받으며 국정을 거머쥔 데 대한 거부감과 부모 상喪에 따른 시묘살이 때문에 벼슬자리에서 물러난 일도 있었다. 그러나 얼마 되지 않아 신돈은 처형되었고, 공민왕이 성균관을 개혁하고 이름 있는 유학자들을 불러들여 유교 진흥책을 펼치면서 정도전은 국가의 제사의식을 관장하는 태상박사太常博士로 특진되어 정계로 복귀했다. 공민왕 20년(1371), 그의 나이 30세 때의 일이다.

정도전은 열정과 힘이 충만할 뿐만 아니라 학문과 안목도 어느 정도 깊이가 생긴 나이에 날개를 달고 자기 자신을 세상에 가장

---

* 고려시대 국자감시國子監試의 별칭으로 성균시成均試·남성시南省試라고도 했다. 조선시대에는 생원시生員試나 사마시司馬試라고도 했다. 생원시는 유교 경전에 대한 지식을 시험하고, 진사시는 시詩와 부賦의 창작 능력을 시험했으며 그 합격자를 각각 생원·진사라고 했다.

멋지게 펼쳐 보일 기회를 만났다. 그의 기분은 과연 어땠을까? 세상을 다 가진 듯 희망에 차 자신만만하지 않았을까? 그러나 이 설렘과 흥분은 그리 오래가지 못했다. 그로부터 3년 후 공민왕이 시해된 것이다.

개혁 군주인 공민왕은 즉위 직후 원나라가 혼란에 빠진 틈을 타 나라를 바로잡는 데 총력을 기울였다. 몽골의 풍습, 연호, 관제를 폐지하고 고려의 자주성을 회복하는 데에 힘을 쏟았다. 또 무신정권의 잔재를 철폐했으며 전민변정도감田民辨整都監을 설치해 권세가들이 빼앗은 토지를 원래 주인에게 돌려주는 등 국가의 기강을 바로잡고자 많은 노력을 기울였다. 그러나 그 결과 그에게 돌아온 건 반대 세력에 의한 죽음이었다. 그의 뒤를 이은 우왕은 친원親元세력이 왕위에 올린 인물로, 고려는 개혁을 뒤로하고 다시 과거로 돌아가야 했다.

사실 정도전이 관직에 진출한 당시 고려는 대내외적으로 혼란스럽기 그지없었다. 대외적으로 중원 쪽은 그간 고려에 큰 입김을 행사하던 원나라가 세력이 약해지고 한족漢族의 반란이 매우 거세지고 있었다. 요동의 여진족은 고려보다 힘이 약하기는 했지만 여러 부족으로 나뉘어 단속하는 데 어려움이 있었다. 남쪽 바다 건너 일본은 가마쿠라막부가 쇠퇴하면서 각지의 봉건영주격인 다이묘大名들이 할거하는 무정부 상태였다. 중앙이 통제권을 잃자 도둑떼인 왜구가 창궐했다. 이들은 고려 해안을 넘어 육지까지 넘나들며 약탈을 자행했는데, 본국에서 계속되는 전쟁을 겪은 자들이다 보니 무장 상태나 무기 숙련도가 그저 도둑이라고 할 수준이 전혀 아니었다. 이렇게 고려는 망해가는 원나라와 떠오르는 신흥 명나라 그리고 여진족과 일본의 틈바구니에서 혼란을 겪었다.

국내 정치도 혼란스럽기는 매한가지였다. 고려는 1225년부터 몽골과 아홉 차례 전쟁을 벌인 끝에 100년간 지속되었던 무신정권이 막을 내리고 원나라의 부마국이 되어 내정간섭을 받게 되었다. 무신정변도 애초에 무신들이 사회를 전반적으로 개혁하려는 안목과 포부를 바탕으로 일으킨 것이 아니었으므로 그 시기의 국정 운영은 공公을 사유화하는 과정이었다. 대몽 항쟁기는 온통 전쟁으로 점철되었으니 나라 살림이 남아나는 것이 없었다. 그 이후는 원나라 입맛에 따라 최고권력자인 왕이 수도 없이 바뀌었으니, 정치에서 '민생'은 찾아볼 수 없는 이름이 되었다. 민생이 사라진 혼란 끝에 남는 건 권력자의 사유재산 확대뿐이었다.

그중에서도 토지는 가장 확실한 사유재산이었다. 권세가들의 토지 겸병兼倂은 끝을 모르고 이어져 국토 전체가 사유지가 되어갔다. 이들은 사전私田을 자기 집안 소유로 삼았으며, 전쟁의 혼란을 틈타 가난한 농민의 토지를 빼앗아 점유하고 제도를 악용해 토지를 늘려갔다. 개인의 토지 규모가 얼마나 거대했는지 산과 강을 경계로 삼을 지경이었고, 심지어 한 집이 농사짓는 땅에 주인만 7~8명이 되는 경우도 있었다. 이처럼 개인이 나라의 부를 독점하니 나라는 나라대로 세금을 걷을 대상이 없어 국고는 바닥나고, 농민은 농민대로 아무리 고생해 농사지어도 가져가는 사람은 따로 있으니 입에 풀칠하기조차 힘들었다.

　어떻게든 고려를 고쳐보려고 한 공민왕은 물론 30대의 혈기 방장한 정도전과 그의 친구들은 최선을 다한다면 이 모든 난맥상을 타개할 수 있을 거라고 생각했을지 모른다. 우리야 역사적으로 고려가 망했다는 사실을 알고 있지만 당대에 살던 사람들은 나라의 끝을 상상할 수 없었을 테니 말이다. 그 이전에 시련이 없었던 것도 아니고, 대내외적으로 수많은 어려움을 겪은 고려가 아직 숨을 이어오고 있으니 지금도 시련의 한 고비쯤 넘고 있다고 생각하지 않았을까? 그러므로 개혁이 어느 정도 성공한다면 국운이 계속 이어지리라 믿었을 것이다. 그러나 부정부패는 이미 돌이킬 수 없을 만큼 심각해져 있었다. 개혁의 화살은 튕겨 나와 되레 공민왕과 신돈 그리고 이제 막 세상에 나온 젊은 유학자들에게 향했다. 공민왕은 살해되었고, 실낱같던 희망은 모두 물거품이 되었다.

　정도전의 운명 역시 벼랑 끝으로 몰렸다. 그가 34세 되던 해인 1375년, 명나라의 공격으로 중국 본토에서 쫓겨나 몽골고원에서 재기를 노리던 원나라, 즉 북원北元의 사신들이 지원군을 요청하려고 고려에 왔는데, 친원파 대신들이 정도전에게 이들을 접대하는 일을 맡겼다. 그러나 정도전은 '지는 해'인 원나라를 위해 '뜨는 해'인 명나라에 밉보이는 것은 어리석은 짓이라고 판단해 접대를 거부했다. 그 결과 전라도 나주로 유배되는 처벌을 받았다. 당시 그는 알았을까? 이 유배를 시작으로 정계 진출은 고사하고 끝모르는 유랑생활이 자신을 기다리고 있다는 사실을.

정도전,
백성의 '얼굴'을 보다

정도전은 3년간 귀양살이를 했지만 그것으로 끝이 아니었다. 이후 6년간 유랑생활이 이어졌으니 총 9년 세월이었다. 처음 귀양 길에 올랐을 때 정도전과 가까이 지내던 염흥방廉興邦이 "어떻게든 잘 얘기해볼 테니 길을 좀 천천히 떠나라"라고 했다. 그러나 그는 그럴 수는 없다며 결연한 자세로 귀양길에 올랐다. 이때만 해도 그렇게 오랜 시간 중앙에서 밀려나 있으리라고는 예상하지 못했을 것이다. 혼란스러운 세상에 인재는 필요하지 않았다. 그렇게 그는 세상에서 잊혔다.

정도전이 남긴 문집《삼봉집三峯集》제4권에는 이 당시 그가 아내에게 보낸 서찰과 아내의 답장이〈가난家難〉이라는 제목의 글로 남아 있다. 여기에는 당시에 물질적으로도 심리적으로도 힘겹고 쓸쓸했던 정도전의 모습이 잘 드러나 있다.

아내　　당신은 평소에 부지런히 글만 읽으며 아침밥을 하는지 저녁 밥을 하는지 신경 쓰지 않았습니다. 하여 집안은 세간 하나 없고 쌀독은 텅텅 비었는데, 아이들은 방에 들어차 춥고 배고프다며 울어댔습니다. 저는 살림을 맡아 그때그때 어떻게든 꾸려나가면서도 당신이 열심히 공부하시니 훗날 입신양명해서 저와 아이들이 존경하고 의지하며 가문에도 영광을 가져오리라 기대했습니다. 그러나 끝내는 국법을 어겨 이름이 더럽혀지고 공적이 깎이게 되며 몸은 남쪽 변방으로 귀양가서 남쪽 풍토병이나 걸리고 형제들은 나가떨어져 가문이 여지없이 망가졌습니다. 세상 사람의 웃음거리가 된 것이 이 지경에 이르렀으니, 명철하고 뛰어난 인물도 진실로 이러한 것입니까?

정도전　　그대의 말이 참으로 옳소. 내 친구들은 형제보다 정이 깊었는데 내가 무너지는 것을 보자 뜬구름같이 흩어집디다. 그들이 나를 걱정해주지 않는 것은 우리 관계라는 것이 본래 힘의 향방에 따라 맺어졌을 뿐 은혜에 따라 맺어지지 않았기 때문이라오. 부부관계는 한번 맺어지면 평생 가는 법이니 그대가 나를 책망하는 것은 사랑해서이지 미워해서가 아닐 것이오. 게다가 아내가 남편을 섬기는 것은 신하가 임금을 섬기는 것과 같으니, 이 이치는 허황된 것이 아니라 모두 하늘에서 정한 것이라오. 그러니 그대가 집 걱정을 하고 내가 나라 걱정을 하는 것은 너무도 당연한 것이니, 각각 그 직분을 다할 뿐이외다. 성취해서 영광을 얻거나 실패해서 모욕을 받는 것은 하늘이 알아서 할 일이지 사람에게 달려 있는 것이 아니니, 무엇을 근심하겠소?

아내의 글에는 힘겨운 집안 형편이 담겨 있고, 정도전의 답장에는 믿었던 친구들이 외면하고 세상의 미움을 받는 것에 대한 서운함, 그러나 상황을 당장 바꿀 수도, 자기 상황을 돌이킬 수도 없는 막막함, 나라와 집안에 대한 걱정이 담겨 있다. 친구들의 배신으로 상처받은 마음이 치유받지 못하고 세상에 대한 분노로 이를 갈았다면 정도전은 물불 가리지 않고 정계에 복귀하려고 했을 것이다. 그러나 친구들로 생긴 이 마음의 공허를 뜻하지 않게 귀양지 주민들이 치유해주었다.

《삼봉집》가운데 〈소재동 사람들[消災洞記]〉'이라는 글에 보면 그곳 주민들이 정도전을 얼마나 따스하게 대해줬는지가 잘 드러나 있다. 그들은 친해질수록 정도전에게 더욱 공손하게 대하고, 늘 함께 술을 마시며 놀아주고, 음식이라도 생기면 꼭 챙겨주고, 학문 이야기도 진지하게 나누어준다. 경치를 구경하며 함께 시를 읊조리기도 하고, 일이 있을 때면 기꺼이 도와주기도 한다. 정도전이 '초사草舍'라는 작은 집을 지을 때도 팔을 걷어부치고 도와서 며칠 만에 완성하게 해주었다. 귀양 온 사람을 그야말로 살뜰히 돌봐준 것이다. 정도전은 이 글에서 가까이 지냈던 이들에게는 일일이 이름까지 거론하며 고마운 마음을 표현했다. 글의 마지막은 다음과 같다.

내가 포부만 크고 찬찬하지 못한데다가 고지식하여 세상에서 버림을 받아 멀리 귀양을 와 있다. 그런데 이 동네 사람들이 나를 이처럼 후하게 대하니, 내 궁핍한 처지가 불쌍해서 거두어주었는가? 아니면 그들이 서울과는 멀리 떨어진 지방에서 나고 자라 세상의 쑥덕공론에 어두워서 내가 죄인이라는 것을 몰라 그러는가? 아무튼 모두 그지없이 따뜻하게 대해주었다. 나는 부끄럽기도 하고 감동되기도 해서 일의 본말을 적어 내 마음을 드러내 전한다.

이렇게 정도전은 9년 동안 민民, 백성이라 불리는 존재들의 '얼굴'을 보았다. 그저 집합체 일반명사로 사용되던 그 단어가 한 사람 한 사람 고유명사의 삶이 모여 만들어진 단어라는 사실을 알게 된 것이다. 그리고 이 얼굴들은 정도전으로 하여금 세상이 어떻게 바뀌어야 하며, 어떻게 해야 이들이 살아갈 수 있을지를 고민하게 만들어주었다. 중앙 정계에 있었더라면 전혀 알 수도 없었고 고민할 수도 없었던 꿈이었다.

정도전이 유배 가기 전까지 맡은 관직은 정치보다는 학문과 밀접한 분야였다. 공민왕 20년(1371), 정도전은 성균관박사가 되었고 곧이어 태상박사로 특진되었다가 예의정랑禮儀正郎이 되면서 성균관박사와 태상박사를 겸했다.

성균관은 공민왕이 특별히 뜻을 두고 개혁한 곳인 만큼 교수진도 화려했다. 당대의 이름난 유학자 이색李穡이 대사성을 맡았고, 학문으로 이름을 날리던 신진 선비 정몽주鄭夢周, 이숭인李崇仁, 박의중朴宜中, 박상충朴尙衷, 김구용金九容 등이 교관을 맡았다. 성균관은 풍성한 학문의 장이었고, 정도전은 이들과 함께 성리학을 배우고 가르치고 토론하면서 유학 경전에 대한 학문적 깊이를 쌓았다.

정도전의 가문은 당대 명문거족에 비하면 내세울 게 없는 집안이었다. 그의 아버지 대에야 비로소 중앙에 진출한 지방 소지주였을 뿐이다. 게다가 그의 외가 쪽에 노비의 피가 섞여 있어서 벼슬생활 내내 그의 발목을 잡았다. 하지만 아무리 그렇더라도 그는 농민도, 지방민도 아닌 나라의 엘리트였다. 그러니 귀양지에서 9년을 보내지 않았다면 막다른 곳에 다다른 백성의 절박한 현실을 알지 못했을 것이다.

이론에 파묻혀 현실과 유리될 수밖에 없었던 그에게 출세의 문이 닫히자 비로소 현실의 문이 열렸다. 거기서 그는 그간 배운 책들을 끌어안고 세상 속으로 적극적으로 뛰어드는 법을 배웠다.

신진사대부들이 꿈꾸었던 세계,
사대부와 성리학

그렇다면 정도전을 비롯한 이들은 어떤 방식으로 세상을 바꾸고 싶어 했을까. 그들이 모델로 삼은 것은 성리학의 나라, 즉 중국 송나라였다. 그들이 그렇게 본받으려고 노력했던 송나라의 도덕과 가치는 무엇이었을까?

송나라는 당나라 말기와 이후 이어진 오대십국五代十國의 혼란을 문치주의로 극복했다. 당나라는 불교가 크게 흥성했고, 지방 세력이 강한 군사력을 바탕으로 중앙정부에 버금가는 힘을 키웠으며, 결국 그로써 일어난 전란으로 고통을 겪었다는 점에서 고려와 닮았다.

당나라 정부는 안녹산의 난* 이후 지방 절도사에 대한 통제권을 완전히 잃었다. 그래서 주요 지역 절도사들은 중앙에 세금을 내지 않고 관리를 직접 임용하는 등 독립된 나라의 군주처럼 행동했다. 이후 중국은 무장 세력들의 난립으로 당나라가 망한 뒤 오대십국의 다툼을 조광윤趙匡胤이 무력으로 통일하고 송 왕조를 세우기까지 100년 가까이 혼란을 겪었다.

조광윤은 이때의 교훈을 바탕으로 권력을 중앙에 집중하고 문신들에게 힘을 실어주었다. 문관이 군사를 통솔하게 했으며, 정기적으로 근무지를 옮겨 한곳의 권력을 오래 쥐고 있지 못하게 했다. 그리고 과거제도를 정비해 이런 시스템을 더욱 공고히 했다. 세습으로 이어진 문벌귀족이 권력을 갖는 게 아니라 공정한 시험에서 뽑힌 사士, 즉 선비들이 나라를 다스리게 한 것이다.

이러한 분위기에 발맞추어 선비들의 의식도 변했다. 지금까지는 왕은 통치의 주체이고 신하들은 단지 그런 왕을 도왔다면, 이때부터는 신하가 왕과 함께 다스림의 주체라는 군신동치君臣同治 개념이 확장되었다. "세상이 걱정하기에 전에 먼저 걱정하고, 세상이 즐거워하고 난 뒤에 즐거워한다"라는 범중엄范仲淹의 말은 이 시대 사대부의 정신을 가장 특징적으로 잘 보여준다. 송나라는 명실상부한 사대부의 나라였다.

과거제도가 정비되고 문신들이 통치 주체로 부상했다는 것은 다시 유학의 시대가 열렸다는 것을 의미한다. 한나라 이후 위진

---

* 755년 당나라의 절도사 안녹산과 부하 사사명과 그 자녀들이 일으킨 대규모 반란. 안녹산과 사사명의 첫 글자를 따서 안사의 난이라고도 한다. 이는 무려 9년 동안이나 이어져 당나라의 경제 침체와 인구 감소에 큰 영향을 미쳤다.

남북조시대에는 도가사상을 중심으로 한 현학玄學이, 당나라 때는 불교가 사상의 중심축을 형성하면서 유학은 상대적으로 위축되었다. 특히 불교철학은 매우 사변적이며, 자연과 인간과 삶과 세상을 바라보는 깊이가 탁월했기 때문에 당대 지식인들은 거의 모두 불학佛學으로 흡수되는 양상을 보였다.

그러나 도교와 불교 모두 사회철학이나 정치철학이 아니라는 데 문제가 있었다. 현실 문제를 다루어야 할 지식인들이 현실을 실재가 아닌 것으로 인식해서는 곤란하다. 현실은 분명히 실재하고, 그 현실에는 그곳에서 일할 인재들이 필요했다. 그렇다면 불교와 도교에 빼앗긴 인재를 다시 유학으로 돌아오게 하려면 어떻게 해야 할까. 유학 또한 이들 못지않은 철학적 깊이와 비판 능력이 있어야 했다. 이런 문제의식에서 탄생한 것이 바로 신新유학이라 불리는 성리학이었다.

성리학은 이전의 유학과 달리 '우주의 근원, 자연과 사회의 발생과 운동'이라는 형이상학적 개념을 다룬다. 태극太極을 통해 우주론을 말하고, 인성人性이론을 재등장시켜 원리이자 도덕인 이理와 형체이고 기질인 기氣가 서로 영향을 주고받는 방법으로 존재론과 윤리론을 이야기한다. 주돈이周敦頤, 소옹邵雍, 장재張載, 정호程顥·정이程頤 형제를 거치며 이론을 다진 성리학은 주희에 이르러 집대성되어 주자학朱子學이라고 불리게 된다.

현대인에게는 얼핏 매우 복잡하고 어렵게 느껴지지만 송나라 시대 사대부들에게는 그렇게 복잡한 것이 아니었다. 그들이 바라본 것은 현실 정치였고, 이 학문을 바탕으로 현실세계의 질서와 윤리를 정립하고자 했다. 이들이 이상적으로 그리는 세상은 차별적이면서도 박애적인 세상이었다. 천하 만물은 하나의 원리인 '이理'에서 발생하며, 그 초월적 원리가 만물에 깃들면서 '성性', 즉 종種의 본성이 된다. 그리고 그 성은 개체에서 그 개체의 기氣로 발현된다. 하나의 이치가 흩어져 만 개 형태로 발현되고, 이 만 개의 것은 또 궁극의 한 가지 이치로 환원된다.

바로 여기에서 도덕윤리의 정당성과 존비尊卑의 정당성이 발생한다. 만물에 동일한 이치가 깃들어 있으니 모두 동의할 수 있는 하나의 윤리를 갖게 되지만, 이것은 만 개 형태로 각자 다르게 발현되므로 신분질서가 있어도 그 속에서도 조화를 이루게 된다는 설명이다.

이 관점은 당시 봉건사회와 중소지주의 존재를 인정한다. 물론 엄격한 인륜과 등급을 내재화해서 사회를 안정시키는 과정에서 자칫 사회적 긴장을 가져올 수 있다. 바로 이 지점에서 사람이 사람에게 또는 세상의 생명들에게 차마 모질게 대하지 못하는 마음이 필요해진다. 인仁으로 그 긴장을 자연스레 완화하는 것이다. 이처럼 송나라를 살펴보면 고려 말 신진사대부가 어떤 나라를 꿈꿨고, 우리가 알고 있는 조선이 어떻게 틀이 잡혔는지 이해할 수 있다.

과감한 시도,
새로운 시작

앞서 당나라 정세가 고려 말과 닮았다고 했는데, 송나라는 조선과 닮았다. 송나라 사대부가 끝내 이루지 못한 것을 조선 사대부가 이루어냈다고 해도 좋다. 고려보다 엄격하고 공정한 과거제도를 갖추었고 그로써 권문세족이 정리되고 과거를 거쳐 관료가 된 사대부가 힘을 얻게 됐다. 사대부들은 왕도 함부로 하지 못하는 군신동치의 힘을 지녔으며, 완벽한 문치주의를 이뤘다. 송나라가 그랬듯이 불교가 배척되었으며 신분질서가 엄격한 가운데도 백성들이 학대당해서는 안 된다는 의식과 아무리 배우지 못한 일반인이라도 삼강오륜三綱五倫을 지켜야 한다는 의식이 향촌사회에서부터 자리 잡는 나라가 되었다.

여기까지는 정도전과 친구들의 의견이 크게 다르지 않았다. 그러나 토지에 대해서만은 생각이 좀 달랐다. 개혁을 부르짖든 그렇지 않든 고려에서 배우고 관리가 된 이들은 하나같이 지주였다. 넓은 토지가 그들이 지닌 힘의 근간이었다.

공부를 하며 세상을 보는 눈이 넓어지고 깊어지다 보면 사회문제가 눈에 들어온다. 아직 세상의 단단한 벽과 모진 바람에 호되게 부딪치지 않은 혈기 방장한 나이에는 그 문제를 곧장 지적하고 시정을 요구할 용기까지 있다. 그러나 곧 자신이 그 시스템의 수혜자였다는 사실과 맞닥뜨려야 하는 지점에 서게 된다. 전체적으로 보면 시스템이 사회를 망가뜨리지만 개인적으로는 자신이 성장할 수 있게 한 배경이었음을 깨닫는 것이다.

게다가 문제의 핵심에 접근할수록 그 뿌리가 너무 깊고 넓어서 어디서부터 어디까지 손을 대야 할지 감도 잡히지 않는 지경에 이르면 개혁이 되레 사회를 더 큰 혼란으로 몰아넣는 것은 아닐까 주저하며 멈추어 선다. 그리고 이런 고민은 개혁 자체에 대한 회의로 이어지기도 한다.

고려 말 '사전私田'이 그런 존재였다. 잘못된 토지 시스템은 엘리트를 성장시킨 힘이었고, 토지개혁이 절실하게 필요한 사람들은 이를 요구할 힘이 없는 백성들이었다. 당시 지식인들도 토지 소유 시스템에 문제가 있다는 데는 의견을 같이했지만 과감한 개혁에는 반감을 품었다. 토지는 정치적 문제일 뿐만 아니라 그들 자신에게 실제적인 삶의 문제였기 때문이다.

정도전은 아주 급진적인 토지 정책을 내세웠다. 전국의 토지를 국가가 몰수해서 인구수에 따라 나누어주는 계민수전計民授田 방식을 주장했다. 모든 백성이 자작농이 되는 세상을 바랐기 때문이다. 당시의 불합리한 지주제 아래서는 농민들이 1년 동안 애써 농사지은 곡식의 절반을 지주가 가져갔으므로 정작 일한 농민에게는 남는 것이 없었다. 정도전은 모든 백성을 자작농으로 만들어 수확의 10퍼센트만 세금으로 국가가 거두어들이면 백성은 백성대로 풍족하고 나라는 나라대로 국고를 튼튼히 할 수 있다고 보았다.

그러나 이 제도는 몰수, 즉 가진 자의 것을 뺏는 방식으로 시작해야 하므로 바라보는 사람에 따라 온도차가 있을 수밖에 없었다. 일한 사람이 그 결과로 생긴 소득을 소유해야 한다는 말에는 누구나 고개를 끄덕일 수 있다. 그러나 정작 '내 것'을 내놓아야 하는 상황이 된다면 어떨까. 대다수는 입을 다물고 외면한다. 정도전의 성균관 동료들도 그 대다수에서 벗어나지 못했다.

어린 시절부터 정도전과 매우 가깝게 지내며 서로 인정하고 존경했던 정몽주마저도 전제개혁에는 찬성하지 않았다. 그러나 이들의 반대가 정도전에게 그리 놀라운 일은 아니었을 것이다. 자신의 주장이 얼마나 파격적인지, 나라의 오래된 폐단이 얼마나 견고한지 모를 리 없었기 때문이다. 그들의 반대는 그에게 사실 별 상관이 없었다. 이미 그의 마음속에서 고려는 끝난 나라였기 때문이다.

공양왕 2년(1390), 정도전을 비롯한 신진사대부는 왕을 내세워 기존의 모든 토지 문서, 즉 공사전적公私田籍을 개경 한복판에 쌓아놓은 다음 불에 태우는 토지개혁을 시작했다. 그 양이 얼마나 많았는지 《고려사》〈식화지食貨志〉에 보면, 그때 문서를 태우는 불길이 여러 날 동안 꺼지지 않았다고 한다. 이듬해에는 새로운 토지제도인 과전법科田法을 발표했다. 이는 토지국유화를 원칙으로 권문세족의 토지를 몰수해서 국가가 세를 거두는 공전公田을 확대하고 사전私田을 축소하는 것을 골자로 한다. 나라 경제의 근간인 토지를 새롭게 개혁한다는 것은 완전히 새로운 질서로 옮아가겠다는 뜻을 내포한다.

그러나 새로운 제도가 반포되었어도 권력을 쥐고 있는 자들이 쥔 것을 내려놓지 않으려 한다면 개혁은 성공하지 못할 것이 뻔했다. 고려가 지속된다는 것은 토지개혁의 실패를 의미했다. 그러므로 토지개혁을 제대로 성공시키려면 오래된 나라 고려의 문을 닫아야 했다.

정도전이 우왕 9년(1383) 함경도 함흥으로 가서 당시 동북면도지휘사東北面都指揮使로 있던 이성계를 만났을 때 그는 이미 더는 고려 백성이 아니었다. 그는 새로운 가치로 새 세상을 열어 백성의 삶을 새 그릇에 담는 꿈을 꾸었다. 그는 늙은 고려가 자신이 꿈꾸는 세상을 담아낼 수 없는 낡은 그릇이라고 판단했다.

1392년 7월, 결국 새 그릇이 마련되었다. 공양왕이 이성계에게 옥새를 내준 것이다. 대개 하나의 왕조가 망하고 새 나라가 들어설 때는 왕조 말기의 부정부패와 혼란으로 분노한 백성들의 울분이 무장투쟁 형태로 터져 나오면서 크고 작은 전투와 학살이 일어나게 마련이다. 그러나 조선은 그런 과정 없이, 피비린내 없이 왕조를 교체해냈다. 철저하게 설계된 개국開國이었던 덕분이다.

조선이라는 나라가 건국된 과정과 형태를 보면 새삼 정도전이라는 인물에 대해 놀라움을 금치 못하게 된다. 그는 잘못된 시스템의 문제를 개인의 몫으로 돌리지 않았다. 그렇다고 무작정 들고일어나지도 않았다. 9년간 유랑생활을 하면서 발과 눈으로 알게 된 나라의 폐단을 그동안 공부한 지식을 총동원해서 분석하고 해결책을 모색했다. 조용히 모색한 그의 해결책은 무시무시했다. 금단의 선이 없었고 문제의 끝까지 갔을 때 나타난 길을 두려워하지 않았다. 근 500년을 이어온 나라라도 끝을 봐야 새 길이 열린다면 끝을 보겠다고 생각할 만큼 담력이 셌다.

오히려 이 과정에서 망설인 이는 이성계였다. 정도전은 그를 설득해 주저 없이 달렸다. 그가 함흥으로 이성계를 찾아간 때로부터 9년 만에 조선이 세워졌고, 그 후 이방원에게 살해되기까지 6년 동안 조선이라는 나라의 기초가 거의 닦였다. 재산도 없고 미래도 안 보이던 한 방랑객이 역성혁명易姓革命을 일으켜 새 나라를 건국하고, 새로운 체제를 입혀 안정시키는 데까지 걸린 시간은 불과 15년이었다.

이것이 가능했던 데는 정도전이 지극히 공公적인 시선을 갖춘 인물이라는 점도 한몫했다. 이성계를 앞세워 새 나라를 세웠지만 그에게 절대적인 충성을 바치지도 않았고, 계파나 학맥에 연연하지도 않았다. 그저 나라 전체의 시스템을 구상해서 실현하는 데만 모든 역량을 쏟았다. 조선의 어느 구석도 그의 손길이 닿지 않은 곳이 없었다.

조선 건국 후 그가 쏟아낸 개혁 법령은 토지, 조세, 재정, 군사, 중앙관제, 관료제, 과거, 법제도, 지방제, 구휼제, 교통에서 노비, 신분제, 상례, 의례, 혼례에 이르기까지 나라 살림 전반에 걸쳐 있다. 강한 왕권을 꿈꾼 이방원에게 역적으로 몰려 죽임을 당한 이후 고종 때까지 그 오명을 벗지 못했지만 분명 조선은 정도전이 설계한 시스템에 따라 움직였다. 사실상 정도전이 조선 500년의 틀을 제공한 것이다.

그런 정도전에게 학문은 현실과 유리되지 않고 살아 있어야 했다. 성리학의 기반 위에 조선을 세웠지만 나라를 운영하기 위해서라면 성리학과 거리가 있는 학문이나 제도도 가리지 않고 받아들였다. 토지개혁도 그런 맥락이었다. 성리학 위에 세워진 나라이니 신분제도와 지주제를 옹호하는 것이 당연할 것 같은데도 그는 토지의 국유화와 균등한 분배를 주장했다.

성리학자들은 사회 질서를 확립하는 예서禮書로 주로《의례儀禮》와《주자가례朱子家禮》를 중시했지만 정도전은《주례周禮》에 주목했다.《의례》와《주자가례》는 혈통에 따른 집안 적장자 계승 관계를 매우 중요하게 다룬 책으로, 친족 질서와 강상의 윤리 등을 강조하는 내용을 담은 반면《주례》는 국가 조직 설계를 다루는 등 국가 사회주의적 면모를 보이는 내용을 담았다. 정도전에게는 성리학적 이상사회보다 새로운 나라 조선이 조직되는 방식, 백성들이 자신의 노동으로 얻은 소득으로 배곯지 않고 살 수 있는 제도 확립이 더 중요했다. 게다가 혈통은 평생 정도전을 따라다니며 괴롭힌 문제였으니 그가 혈통을 바르게 세우는 종법제도에 관심을 둘 이유가 전혀 없었다.

이외에도 그는 부국강병과 중앙집권화를 위해 송나라가 아니라 한나라와 당나라의 군현제도와 부병府兵제도를 조선에 맞게 절충해서 받아들였고, 실용 학문인 의학, 천문학, 음양학 등도 섭렵했다. 기본적으로 문치주의를 주장했지만 건강한 군사력이 갖춰

져야만 외부 침입으로 내치內治가 망가지지 않는다는 사실도 간과하지 않았다.

아름다운 꿈은
어떤 결과를 빚어내는가?

무엇이 정도전으로 하여금 '새 나라'를 설계하고 실행하게 했을까? 정도전의 꿈은 왕조국가에서는 최악의 죄인 역모였다. 단순히 개인적 야심가였다면 그는 이씨李氏왕조를 열지 않았을 것이다. 그리고 정도전에게서 그런 야심이 보였다면 이성계는 그에게 절대적인 신뢰를 보내지 않았을 것이다. 아니, 그전에 이방원이 아닌 이성계 손에 죽임을 당했을 것이다. 그렇게 오랜 시간 함께 있으면서 한순간도 들키지 않는 야심은 없기 때문이다.

누구나 꿈을 꾼다. 크고 멋진 성공에 대한 욕망이 있게 마련이다. 그러나 세상은 그리 녹록지 않다. 부딪치고 깨지며 살다 보면 꿈은 오그라들고 어느새 먹고사는 것이 꿈 아닌 꿈이 되어버린다. 하지만 정도전은 자기 삶이 지지리도 풀리지 않는 시간을 지나는 동안 분노와 절망에 빠져 개인적인 복수와 야망을 좇지 않고 '백성' 개개인의 얼굴을 들여다보며 '나'를 넘어 '우리'를 위한 꿈을 꾸는 인생을 선택했다.《삼봉집》10권 〈경제문감 하經濟文鑑 下〉 '현령縣令'편에는 백성에 대한 그의 생각을 엿볼 수 있는 부분이 있다.

옛날에 천하를 통일하고 나서 천자가 관작을 설치하고 녹봉을 지급한 것은 신하를 위한 것이 아니라 아래로 백성을 위한 것이었다. 그러므로 옛 훌륭한 임금은 동작 하나, 시설 하나, 명령 하나, 법제 하나 모두 반드시 백성에게 근본을 두었다. 그러므로 사람을 가려 뽑아 백성을 기르게 하였고, 직임을 무겁게 하여 책임을 지웠으며, 관리에게 직권을 빌려주어 백성을 편안하게 하였고, 녹봉을 후하게 하여 감사한 마음으로 백성을 잘 보살피게 하였다. 임금이 관리에게 책임을 지운 것도 오직 백성을 근본으로 하였고, 관리가 임금에게 보답하는 것도 오직 백성을 근본으로 하였으니, 곧 백성이 중히 여김을 받은 것이다.

정도전에게 중요했던 것은 '관官'이 아니라 '민民'이었다. 물론 정도전이 백성을 나라의 주체로 인식한 것은 아니다. 백성이 나라의 근간이라는 것은 알았지만 차마 그들이 주체가 되는 세상을 상상하지는 못했다. 그런 이유로 나라를 건강하게 지속시키기 위해 왕과 신하의 힘을 분리해서 서로 견제와 균형을 이루는 구도까지는 만들어냈지만 그 원리 안에 백성을 포함시키지는 못했다. 그러나 그에게 그런 정도까지 기대하는 것은 너무 과한 요구다. 민民이 정치의 주체가 된다는 것은 그 시대에는 상상도 할 수 없는 사고방식이었으니까.

한 사람의 꿈이 세상을 어디까지 변화시킬 수 있을까? 그 질문의 끝에는 항상 정도전이 떠오른다. 비록 그는 숙청되었지만 그가 틀을 잡아놓은 방향성은 500여 년간 조선을 지탱했다. 정도전이 구축해놓은 시스템 속에서 조선의 왕들은 항상 긴장해야 했다. 문서상으로는 왕이 법 위에 있었지만 실제로는 그렇지 못했기 때문이다. 신하들도 긴장하기는 마찬가지였다. 지식 측면에서나 행실 측면에서나 부족함이 없어야 했고 실력으로 자기 존재를 증명해야 했다. 왕도 신하도 입으로라도 '백성이 나라의 근본'이라고, 백성의 삶을 돌보아야만 한다고 역설해야 자신들 주장에 정당성을 가질 수 있었다.

조선이 500년이라는 유구한 역사를 지속할 수 있었던 것은 바로 이렇게 처음부터 설정해놓은 확실한 방향성 덕분이 아니었을까? 건국 후 부랴부랴 만들어낸 방향성이 아니라 이전의 나라보다 더 나은 나라, 평범한 백성이 살 만한 나라를 만들겠다는 방향성. 그 방향이 옳았기에 후대의 왕과 신하들은 항상 더 나은 방안을 내놓아야 했다. 조선을 어떤 나라로 이끌어가겠다는 청사진 없이는 왕은 신하를 이길 수 없었고 신하는 왕을 이길 수 없었다. 왕조시대에 보잘것없는 집안에서 태어난 개인도, 그 꿈을 사私가 아닌 공公으로 시야를 넓힌다면 찬란하게 펼칠 수 있다는 사실을 정도전은 자신의 삶으로 증명해 보였다.

이제, 민주주의를 천명한 대한민국을 생각해본다. 민民이 주인인 나라, 이 나라의 주인인 우리는 지금 어떤 꿈을 꾸고 있을까? 이 나라의 방향성을 어떻게 설정하고 있을까? 단적으로 말하면 우리 꿈이 이 나라가 오늘에서 내일로 이어지는 방향이 될 것이다.

그렇다면 자기 자신의 삶만 생각하는 게 우리 꿈이 되는 순간이 나라는 현재 위치도 앞으로 방향도 모른 채 그저 헤매게 될 것이 자명하다. 한 개인도 앞으로 방향을 설정해놓지 않으면 '먹고사니즘'이 해결되는 순간 필연적으로 방황이 시작된다. 개인도 그러할진대 나라는 오죽할까? 원하든 원하지 않든 민주주의 국가에서 우리는 나라에 대해 책임을 진다. 정도전은 사대부로서 나라에 대한 책임을 자임하고 이를 감당하려고 자기 삶을 걸었다. 그렇다면 오늘의 우리는?

민주국가라는 명칭 자체에 이미 국민의 책임감이 담겨 있다. 나라의 주인으로서 삶이 내 권리이자 의무다. 내 삶이 어떻게 흘러가기를 바라는가? 또 그 삶이 대한민국에서 어떻게 펼쳐지기를 바라는가? 이 나라가 방향을 잃었다고, 또는 방향 없이 흘러간다고 느낀다면 그건 바로 방향을 꿈꾸지 못한 '나'의 책임이다. 나라의 주인들이 지닌 꿈의 무게가 곧 그 나라 꿈의 무게이므로…!

9장

세 대 갈 등

구세대와 신세대의 건강한 관계는 무엇일까

대체 나이는
왜 묻는 건데?

운전하다가 도로에서 시비가 붙었든, 상점이나 공공장소에서 예기치 않은 충돌이 생겼든 거의 모든 불미스러운 상황은 항상 이 궁극의 막장 질문으로 끝난다.

"너 몇 살이야?"

시비를 가리자는데 도대체 나이는 왜 묻는 걸까? 물론 잘잘못을 따지는 상황은 대체로 감정적이 되게 마련이고 그러다 보면 무례한 말이나 행동이 튀어나오기 십상이다. 일단 그렇게 되면 양쪽 다 옳고 그름보다는 치밀어오르는 감정을 모조리 퍼부어 분을 푸는 데 치중하다 보니 언성이 높아지고 행동거지도 거칠어진다. 그렇다 해도 왜 하나같이 상대의 무례를 탓하는 그 끝에는 나이를 물고 늘어지게 되는 결말이 기다릴까?

한국 사회는 위계질서가 강한 편이다. 낯선 사람을 만나도 먼저 나이를 확인할 정도로 무엇보다 서열이 정해져야 마음이 편해지는 모양새다. 딱 봐도 어린 사람이 자기주장을 강하게 펼치면 그는 곧 '모난 돌이 정을 맞는다'는 말의 의미를 배우게 될 것이다. 한순간 예의 없는 사람 취급을 받고, 그런 자세를 고치지 않으면 '우리'라 불리는 무리의 원에서 배제되게 마련이다. 물론 한국 사람들이 이런 분위기를 좋아하거나 옳다고 느끼는 것 같지는 않다. 다만 전통이라는 이름 아래 어느 정도 순응할 수밖에 없는 가치 정도로 받아들이는 것 같다.

그럼 나이를 우선시하는 이런 전통은 도대체 어디에서 왔을까? 대개 가장 먼저 유교사상을 꼽을 것이다. 효孝를 강조하는 유교적 전통에서 비롯한 가부장제가 이런 관습을 만들었다는 주장이다. 아주 틀린 말은 아니다. 대한민국 이전에 있었던 조선이라는 왕국을 500년이나 지배한 정신은 분명 유교사상이었다. 이는 가부장적 질서를 바탕으로 하며, 이 질서는 기본 가치관으로 효를 내세웠다.

실제로 유교의 기본서인 《논어》 첫 편 〈학이學而〉편은 효에 대한 내용이 3분의 1을 차지한다. 아무리 《논어》가 편집을 거의 고려하지 않은 채 공자의 말을 묶은 책이라고는 해도 그저 손에 잡히는 대로만 공자학당의 가르침을 나열했을 리 만무하다. 그들이 생각하기에 가장 기본적이고 중요한 가치를 앞에 언급했을 거라는 것은 누구나 쉽게 할 수 있는 합리적 추론이다.

《논어》에는 효에 관한 가르침이 아주 많이 등장한다. 대표적으로 공자는 "부모님이 돌아가시고 3년 동안은 부모님이 생전에 세웠던 방침을 고치지 않고 유지해야 효도라고 할 수 있다"라고 했다. 공자의 정수를 이어받았다는 증자曾子는 병이 깊어 죽음의 문턱에 이르자 제자들을 모아놓고 자신의 상처 없는 신체를 보여주며 "이제야 비로소 부모님께서 주신 몸이 상할까 하는 걱정에서 벗어나게 되었다"라는 말을 남겼다. 효는 《맹자》에서도 계속 강조된다. 전설의 성군 순임금이 자기를 죽이려고까지 한 아버지에게 끝끝내 효를 다해 인륜의 모범이 되었다는 이야기가 책 전체에 걸쳐 여러 번 등장한다.

그렇다면 조선은 연장자들, 구세대의 천국이었을까? 효라고 하면 아무래도 다분히 수직적인 느낌이 든다. 그러나 마냥 그렇기만 한 것은 아니다. 예를 들어 아버지와 앞 세대가 살아생전 나쁘게만 살아왔는데 그 생활방침을 아들과 후손들이 3년 또는 그 이상의 긴 시간 받들기만 하고 고치지 않는 것을 효라고 한다면 신뢰할 만한 가르침일 수 없다. 그런 가르침이 핵심 가치가 되는 세상은 폐단이 순식간에 눈덩이처럼 불어나 곧 망가지고 말 것이다. 그래서일까. 《논어》에는 아래에서 위를 고쳐나가야 한다는 구절도 보인다.

부모를 섬길 때 부모가 잘못하는 것을 보게 되거든 그 잘못을 고칠 수 있도록 말씀드려야 한다. 다만 대놓고 직설적으로 말하지 말고 돌리고 돌려서 감정 상하지 않게 부드럽게 말씀드려야 한다. 그렇게 말씀드렸는데도 부모가 고치지 않을 수 있다. 그래도 또 공경스럽게 대해야 하고 엇나가면 안 된다. 물론 어렵겠지만 원망하면 안 된다.

부모의 잘못을 고쳐야 할 책임이 자식에게도 있다는 말이다. 누구보다 가까운 관계이고, 낳아 기른 관계이므로 자녀가 부모의 잘못을 지적하다 보면 부모 감정이 상할 수도 있다. 그런 이유로 공경스럽게 대해야 한다고 주의를 주긴 하지만 핵심은 부모 살아생전에 잘못을 고쳐야 사후에 효를 다할 수 있다는 데 있다. 《예기禮記》에서는 이와 유사한 내용을 좀더 강한 어조로 말한다.

부모에게 잘못이 있거든 부드러운 음성으로 그 잘못을 말씀드려야 한다. 그렇게 말씀드려도 받아들이지 않거든 잠시 멈추고 공경하고 효도해서 마음이 풀리면 다시 말씀드려야 한다. 잘못에 대한 지적을 받아들이지 않으면 마을과 사회에서 죄를 얻을 것이니 차라리 계속 말씀드려서 마음이 상하시더라도 익숙해지도록 말씀드리는 것이 낫다.

《맹자》에서 순임금을 높이 치는 이유도 그가 단지 악한 아버지에게 순종했기 때문이 아니라 그를 선한 사람으로 바꿔 자식의 정성을 고마워할 줄 아는 사람으로 변화시켰기 때문이다. 우리는 대체로 자식의 도리만 배운 탓에 부모-자식이라는 상하관계에서 역관계는 성립되지 않을 것이라 생각하지만 자세히 들여다보면 꼭 그렇지만도 않다. 상하관계라 해도 그것이 상호작용하는 역동성이 있어야 건강하다는 사실을 역사적으로 수많은 나라가 통치 이념으로 삼았던 사상이 몰랐을 리 없다.

간관, 비판의 가치를 증명하는 사람들

조선의 건국 세력도 젊은 세대의 중요성을 잘 알았다. 역성혁명의 명분을 세우기 위해 조선은 고려와 다른 모습을 보여줘야 했다. 신선한 생각과 세상에 찌들지 않은 올곧은 목소리가 살아 있어야 조선도 살 수 있다는 생각을 정도전은 제도로 구체화했다. '간관諫官'이 바로 그것이다.

폐쇄된 사회에서는 지혜가 모일 수 없다. 그는 많은 지혜가 모이려면 무엇보다 언로가 개방되어야 한다고 생각했다. 아무리 한 시대를 풍미했던 멋진 생각이라도 고인 물이 되면 썩게 마련이다. 젊은 세대의 비판적인 목소리가 보장되어야 통치 세력의 독선을 막아 나라가 오래도록 건강할 수 있다는 신념으로 정도전은 임금의 잘못을 지적하는 간관제도를 도입했고, 이는 조선에 잘 안착했다. 고려시대에도 간관이 없었던 것은 아니다. 그러나 조선의 간관은 그 기능이 훨씬 강화되어 나라를 상징한다고 말할 수 있을 정도로 대표 기관으로 자리 잡았다. 치열한 비판의 말과 글이 나라를 운영하는 중심이 되는 독특한 전통을 지닌 나라가 된 것이다.

간관 기능을 한 대표 기관으로 사간원司諫院과 사헌부司憲府가 있다. 굳이 따지면 사간원은 왕의 언행과 시정에 잘못이 있을 때 이에 대해 문제를 제기해서 바로잡는 간쟁諫爭을 맡고, 사헌부는 관료들의 잘못과 위법을 규찰해서 탄핵하는 일을 맡았다. 이렇게만 본다면 사간원은 왕권을, 사헌부는 신권을 각각 견제하는 기관이라고 할 수 있다. 실제로 왕권을 강화하고자 한 태종太宗 이방원은 사간원의 인원은 줄였으나 사헌부 규모는 그대로 두기도 했다. 그러나 관료들의 잘못을 바로잡는다고 해서 그것이 꼭 왕권 강화로 귀결되는 것은 아니다. 신하들의 잘못을 바로잡아 조정의 기강이 제대로 설 때 오히려 왕 앞에 신하들의 위신이 서고, 이는 재상을 중심으로 하는 신권의 강화로 이어진다. 게다가 사헌부는 주로 신하들의 탄핵을 맡았지만, 경우에 따라서는 왕도 탄핵할 수 있었다.

사간원과 사헌부는 거의 비슷한 기능을 맡아보았으므로 이 두 기관을 통칭해서 양사兩司라고 했고 이곳의 관원들을 대간臺諫이라고 불렀다. 성종 대에 이르러 궁중의 경서·사적을 관리하고 문헌 처리, 왕의 각종 자문에 응하는 일을 관장하는 홍문관弘文館이 사간원·사헌부에 이어 언론에 참여하도록 기능이 강화되면서 언론 삼사三司를 이루었다. 양사의 언론 기능은 특별한 사안이 있을 때만 발휘되지 않았다. 양사는 의무적으로 '매일' 임금에게 공사公事에 대해, 또는 논죄할 일이나 사람에 대해 아뢰는 계사啓辭를 올려야 했는데 이를 전계傳啓라고 한다. 말하자면 이들은 나라의 문제에 대해 의견을 개진할 권리가 있었던 것이 아니라 의무가 있었던 셈이다. 만약 그날 근무한 대관이 있는데도 이 전계를 빼먹었다면 해당 관원은 책임을 져야 했다.

계사는 대부분 기관 단독으로 올렸지만 때로 양사가 함께, 사안이 클 경우 삼사가 함께 올리기도 했다. 한 번 올렸다고 끝이 아니었다. 관철될 때까지 며칠이고 몇 달이고 계속 계사를 올렸다. 《조선왕조실록》은 왕이 죽은 뒤 과거 일들을 정리해 기록하는 것이라 계사가 올라오는 모습이 적나라하게 드러나지 않지만, 사초가 되는 《승정원일기承政院日記》나 《일성록日省錄》에서는 큰 사건이 하나 터졌다 하면 지치지도 않고 집요하게 임금에게 전해지는 양사의 계사를 자주 볼 수 있다. 양사의 전계는 그 횟수와 길이가 정말 숨이 막힐 정도다.

그렇다고 대간들의 직위 자체가 높았느냐면 그것은 아니다. 대간들은 과거에 급제한 지 얼마 되지 않은 신진 관료들이 맡았고 모두 품계가 낮은 당하관이었다. 조선은 이 젊은 관료들이 왕과 대신들을 모두 견제하게 함으로써 권력의 균형을 이루게 했다. 또 이들이 마음껏 말하게 하고자 대간 임명권은 문신의 인사를 담당하는 이조에서 분리해 정5품인 이조의 전랑銓郎에게 주었다. 자신의 인사권을 쥐고 있는 자를 어떻게 마음대로 비판할 수 있겠느냐는 고민에 따른 합리적 조치였다고 볼 수 있다.

예의와 염치, 명의名義 등을 숭상하는 유학을 정신적 기반으로 삼은 사대부의 나라에서 선배 고위 관료들은 후배들이 자신들을 탄핵할 때 어떤 본을 보여야 했을까? 지위가 아무리 높더라도 자책하며 벼슬을 내놓는 등 제대로 배운 사람다운 행동을 보여줘야 했다. 설령 속내와는 달랐을지라도 말이다.

정도전은《경제문감經濟文鑑》하편〈대관臺官〉에서 간관의 강력한 힘을 이렇게 말했다.

이들의 말이 천자에 관계되면 천자가 얼굴빛을 고치고, 이들이 거론하는 일이 의정부에 관계되면 재상이 죄를 기다리게 되니, 그 권세가 모든 관료를 조정에 진출시키고 조정에서 물러나게 하는 데에만 그치는 정도가 아니다. 비록 재상이 무거운 자리라고는 하나 어찌 간관에 견주겠는가?

물론 이 간관제도에 문제점이 없는 것은 아니었다. 대간 자리는 청요직淸要職이라 불리는 깨끗하고 중요한 직책이어서 이후 높은 자리에 오르려면 반드시 한 번은 거쳐야 하는데, 그 인사권을 전랑이 가지다 보니 이들이 권력 쟁취를 위한 교두보가 되었고, 조선 후기로 갈수록 이들을 둘러싸고 당쟁이 격화되는 양상을 보였다.

그러나 세상에 완벽한 제도가 어디 있을까? 그 어떤 제도도 불완전할 수밖에 없지만 운용의 묘를 살리는 것은 오로지 인간의 몫이다. 훗날 이 폐단을 타개하려고 전랑이 대간을 선발하는 체제를 바꾸었으나 이미 본질을 잃어버린 당쟁에 탕평 운영 능력이 없는 임금이 즉위하면서 대신들에게 힘이 과도하게 실리고 결국 세도정치가 실시되는 계기를 마련해주게 된다.

구세대와 집권한 이방원의 딜레마
그리고 극복

비판을 듣기는 쉬운 일이 아니다. 자기보다 어리고 지위도 낮은 사람이 자기 행위에 문제를 제기할 때는 더욱 그렇다. '너희가 내일의 주역'이라고 젊은 세대에게 말은 하지만 자신들이 가진 돈과 권력 그 어느 것도 순순히 넘겨줄 생각은 없다. 얼마나 고생스럽게 지금 위치에 섰는데, 아무것도 모르는 어린 녀석들에게 잘했느니 못했느니, 내려오라느니 말라느니 등의 말을 듣는 것은 아무래도 귀에 거슬린다. 철없는 신진은 자신들이 치열한 경험에서 얻은 지혜와 죽을힘을 다해 구축해놓은 권력의 판 위에 그저 감사한 마음으로 인정된 영역만큼만 발을 들이는 게 맞다. 그래야만 세상이 안전하게 흘러갈 수 있다. 어른들은 대개 이렇게 믿어 의심치 않지만 사실 그것은 착각이다. 한때는 어렸고 그렇게 치기 부렸던 자신들이, 어른들이 말리는 모험을 하면서 결국 그 위치에 올랐다.

마찬가지로 지금 어리게만 보이는 젊은 세대도 자신들의 모험을 최선을 다해 성공시키며 과거 회귀가 아닌 새로운 미래를 열어가고 있다. 과거의 모험이 새 세대의 모험을 저당잡지 않을 때 미래는 오늘보다 젊고 새로워진다.

신생국 조선이 별다른 혼란 없이 빠른 시간 안에 안정된 것은 정도전의 치밀한 설계와 추진력 덕분이기도 하지만 왕이 된 이후 이방원의 역할도 그에 못지않게 크다. 그가 다음 세대를 위해 과감하게 구세대를 정리하는 일을 해냈기 때문이다. 왕이 아닌 재상의 나라를 만들겠다는 정도전의 생각에 동조할 수 없었던 이방원은 기어이 난을 일으켜 정도전과 급진적 개혁주의자들을 제거했다. 또 아버지 이성계를 정치 일선에서 물러나게 했으며, 결국 왕위에 올라 조선을 강력한 왕권 중심 국가로 만들었다. 그는 분야별 국정 운영을 담당하는 육조六曹 관리를 의정부에 맡기지 않고 왕이 직접 보고받고 명령하는 육조직계제 방식을 채택했다.

최후의 승자가 정도전이 아닌 이방원이 된 것은 조선의 새로운 출발에 어느 정도 제동이 걸린 것이라 할 수 있다. 한 나라가 말기로 치달을 때 부정부패는 기득권마저도 견디기 어려운 수준이다. 오늘의 반칙이 내일의 원칙이 되는 세상에서는 그 누구도 불안해서 살 수가 없기 때문이다. 고려 말도 마찬가지였다. 그래서 세력이 없었던 정도전이 개혁의 기치를 높이 내걸었을 때 당시 기득권이었던 이색과 정몽주가 동참했다. 하지만 온건한 개혁파였던 그들은 그 개혁의 종착역이 역성혁명, 즉 새 나라 건국이라는 사실을 알았을 때 정도전에게서 등을 돌렸다.

온건한 개혁파와 급진적 혁명파가 부딪쳤을 때 역사는 혁명을 선택했고, 그 결과 조선이 건국되었다. 이렇게만 보면 혁명이 승리한 것 같지만 세상일은 그렇게 단순하지 않다. 나라 이름이 바뀌었다고 해서 그 나라에서 사는 사람들이 바뀌는 것은 아니기 때문이다. 혁명이 일어났다고 해서 기존의 질서 속에서 평생을 살아온 사람들이 하루아침에 체질을 바꿀 수는 없는 노릇이다.

더구나 기존의 질서가 무너지고 새 질서가 아직 자리를 잡지 못한 혼란스러운 시기에 자기 것을 지키려는 자와 빼앗으려는 자들은 또 얼마나 역동적으로 움직이겠는가. 그야말로 사람들의 욕망이 치열하게 들끓는 한복판에 서게 되는 것이다. 그리고 대개는 원래 힘을 가진 자들이 새 질서에서도 다시 힘을 얻게 되기 쉽다. 보유한 무기가 많기 때문이다. 강한 무력을 지닌 이성계와 손을 잡으면서 현실화되었던 정도전의 꿈은 강한 무력과 더불어 왕조에 대한 욕망까지 거셌던 이방원 때문에 좌절되었다. 급진적 개혁은 실패했고, 기존의 질서를 어느 정도 유지하는 온건한 개혁이 시작된 것이다.

개혁적인 정도전 무리를 숙청하고 올라선 태종 정권은 당연히 학맥이나 인맥 또는 혈연으로 연결된 뿌리 깊은 구세력일 수밖에 없었다. 이렇게 되면 지켜보는 제삼자로서는 뭐 하러 그 많은 피바람을 일으키며 혁명까지 했나 하는 생각을 하게 된다. 권력을 차지한 태종이 해결해야 하는 가장 큰 숙제였다. 이 숙제를 해결하지 않는 한 조선은 '새' 나라가 될 수 없었고, 그건 언제든 다른 세력이 들고일어날 명분이 되었다.

그래서일까? 태종은 즉위 이후 곧바로 고려와 다른 새로운 나라의 체제를 갖추어나가는 데 힘을 쏟았다. 나라를 8도로 재편하고, 재정기구를 통일하고, 독립관청과 부서를 없애고, 육조 체제로 정비해 상하구조를 체계화했다. 과거제도를 개혁하고 인사고과제도를 만들어 관료제를 새롭게 다졌으며, 사병을 혁파하고 무과제도를 정착시키는 등 군대 조직을 정비하고 질을 높였다. 그는 여전히 고려를 잊지 못하는 사람들에게 보란 듯이 혁신적인 나라를 만들어내야만 했다.

이 지점에서 태종은 비판이 얼마나 중요한지 잘 알고 있었다. 사간원을 독립시켜 의정부 입김에 영향을 덜 받게 하고 규모도 축소했지만 어디까지나 신권을 견제하는 정도였지 유교국가 건설이라는 이상에 흠집을 낼 수준은 아니었다. 그는 간관의 중요성을 깊이 인식했다.

그는 재위 1년(1401)에 사간원의 위상을 고려해 사간원이 비록 정3품 기관이지만 모든 의식을 종2품 기관인 사헌부와 똑같이 할 수 있게 했고, 재위 9년(1409)에는 계사를 전원 합의된 내용만 올릴 수 있게 했던 규례를 깨고 소수 의견으로도 올릴 수 있게 했다. 재위 14년(1414) 간관들이 술에 취해 임금에게 예를 지키지 않은 대신들을 탄핵한 사건이 일어났을 때, 화가 난 대신들이 자신들의 과실을 대간들이 함부로 말하지 않게 해달라고 청하자 태종은 "잘못해놓고서 이런 청을 한다는 것은 불가하다"며 "만일 이런 법을 만든다면 후세에 말이 있게 될 것"이라는 말로 대신들을 꾸짖었다. 물론 대신들은 물러서지 않고 사헌부를 사주해서 이 간관들을 탄핵했지만 말이다.

태종은 대간들뿐만 아니라 대신들에게도 비판 능력을 요구했다. 왕위를 물려주고 상왕으로 물러나 있던 세종 3년(1421), 좌의정 박은朴블의 병이 위중해지자 태종은 지신사 김익정金益精을 우의정을 지낸 이원李原에게 보내서 박은을 대신할 사람을 추천하게 했다. 이원이 조연趙涓이라는 인물을 천거했지만 태종은 이에 반대했는데, 그 이유는 다음과 같았다.

정승이란 임금과 함께 앉아서 일이 옳은지 그른지를 서로 따져야 하는 직책이다. 그런데 조연이란 자는 하루 종일 함께 앉아 있어도 전혀 옳다거나 그르다거나 하는 말 한마디를 하지 않는 사람이다. 정탁鄭擢이 공신이고 세상일에 경험도 많으니 박은을 대신할 만하다.

이에 지신사 김익정이 정탁은 재물을 밝히는 문제가 있어 재상에 적합하지 않다고 아뢰었다. 그러자 태종은 "정탁은 공이 높고 나이가 많으니 이 직임을 맡게 되면 어찌 삼가고 조심하지 않겠는가?"라고 반문하며 김익정의 의견을 반박했다.

정승은 청렴한 것보다 왕과 정책을 토론하는 일이 먼저라는 것이 태종의 생각이었다. 자기 뜻에 무조건 맞춰주는 것이 아니라 소신껏 의견을 피력하는 것이 진짜 충성이라고 여긴 것이다. 나랏

일을 냉철하게 분석하고 방향을 설정하는 능력을 갖추지 못한 신하는 왕에게 어떠한 도움도 될 수 없다.

그리고 구세력과 함께 쿠데타로 왕위에 오른 태종은 마지막으로 자신과 함께했던 그 구세력을 모두 숙청함으로써 자기 시대를 마무리지었다. 태종이 정권을 잡는 데 힘을 빌려준 인물들은 대개 관직에서 쫓겨나거나 죽임을 당했다. 대표적으로 이거이李居易와 그 아들 이애李藹는 태종과 겹사돈 간이었는데도 사병 혁파 명령에 불복한 죄목으로 유배되어 진주에서 생을 마감했다. 이숙번李叔蕃이 태종 즉위 후 거만해지는 모습을 보이자 일부 대신과 공신들의 탄핵을 빌미로 귀양을 보내 평생 정계에 복귀하지 못하게 만들었다. 특히 외척에게 가혹했는데, 그의 든든한 버팀목이 된 부인 원경왕후 민씨 집안에 대해서는 장인 민제閔霽가 사망하자 처남인 민무구閔無咎, 민무질閔無疾, 민무휼閔無恤, 민무회閔無悔 사형제를 모두 죽음으로 내몰았다. 세종의 장인 심온沈溫 역시 자신이 병권을 쥔 채 상왕으로 있을 때 끝내 처단해버렸다.

큰 공이 있을수록 큰 권력이 주어지게 마련이고, 큰 권력이 오래될수록 미래는 그 늙은 권력에 저당 잡히게 마련이다. 그러한 권력의 속성을 누구보다 잘 알았던 태종은 자기 시대의 공신들은 자기 죽음과 함께 끝내겠다는 목표를 세웠던 모양이다. 그가 왕위를 이양한 형태를 보면 그렇다.

그는 충녕대군忠寧大君을 세자로 삼은 지 2개월 만에 양위해 왕위에 앉혔으나 병권은 여전히 자기 손에 쥐고 있었다. 힘 있는 구세력을 견제하기 위해서였던 것 같다. 충녕대군을 세자로 오래 둘 경우, 나이 많은 노련한 신하가 세자보다 강한 힘을 바탕으로 자신들의 의도대로 권력지형을 만들 개연성이 짙었다. 이에 태종은 충녕을 세자로 임명한 뒤 곧 즉위시켜 세종이 왕으로서 실권을 쥔 상태로 그들과 부딪치게 했다. 병권은 신생국에서 무엇보다 강한 힘의 상징이다. 왕위에서는 물러났지만 힘을 가지고 사태를 살피며 왕을 휘두를 기미가 보이는 세력은 즉시 가지를 치고 정리했다. 태종은 나라의 힘이 절대 분산되지 못하게 했다. 그는 강한 구세력을 정리하며 갓 즉위한 세종에게 "내 신하를 쓰지 말고 네 신하를 뽑아서 쓰라"라고 권했다.

그렇게 새 시대를 이끌어갈 새로운 신하 집단인 집현전集賢殿이 탄생했다. 이제 더는 고려의 신하이면서 동시에 조선의 신하가 되어야 하는 충의 개념에 위배되는 갈등을 겪지 않아도 됐다. 그야말로 세대가 교체된 것이다. 세종은 그제야 본격적으로 온전한 조선 만들기에 몰두할 수 있었다. 집현전을 본격 가동해 각 분야에서 기능할 전문가들을 선발하고 육성했다. 집현전은 태종 때 설립되었으나 세종 2년(1420)에 본격적인 모습과 직제를 갖추고 기능을 수행했다.

집현전의 첫 번째 목적은 학문 연구였지만 이들 연구는 곧장 나라 각 부문의 실제적인 정책으로 이어졌으므로 정확히는 정책 연구기관에 가깝다고 할 수 있다. 세종은 최고 엘리트만이 들어갈 수 있는 이곳에 지원을 아끼지 않았다. 집현전은 색다른 기관이었다. 여기에 들어가면 출세는 보장되지만 평생 정계로 옮겨가지 못하고 연구직으로 남아야 했다. 그야말로 '축적의 시간'을 위해 만들어진 것이다. 세종 대가 각종 문물을 정비해 조선을 반석 위에 올린 황금기일 수 있었던 것은 '축적의 시간'에 대한 세종의 절대 지지와 지원이 있었던 덕분이다. 빠른 성과를 바라는 보여주기식 행정을 요구하지도 않았고, 말만 하면 하늘에서 결과가 뚝 떨어지기라도 하듯 당장 결과를 내놓으라는 무리한 요구를 하지도 않았다. 이는 무엇보다 세종 자신이 학자로서 깊이를 지니고 연구에 지원과 기다림을 아끼지 않은 데서 비롯한 결과다. 결과적으로 태종의 선택은 옳았다. 조선은 이렇게 '내일'이 있는 나라가 되었다.

왕이 되려고 한 야심가, 충녕대군

원래 세자였던 양녕대군이 폐위되면서 비로소 권좌를 꿈꾸게 된 충녕대군은 아버지 태종의 꿈을 이해하고 이룰 능력이 있는 인물이었다. 흔히 성군으로 알려진 세종은 드라마 등 대중매체에서는 대군일 때도 학문을 좋아하고 백성을 사랑하는 마음만 그득한 순수한 모습으로 그려지지만 실록을 살펴보면 그렇게만 보기에 미심쩍은 부분들이 꽤 있다. 물론 지독하게 학문을 파고든 모습이야 한결같지만 언뜻언뜻 그의 야심으로 짐작되는 대목이 보인다.

태종 16년(1415) 충녕대군이 우의정인 의령부원군宜寧府院君 남재南
在에게 술자리를 열어준 일이 있다. 여러 사람이 모인 그 자리에서
남재가 문득 이런 말을 꺼냈다.

"옛날 주상께서 잠저潛邸에 계실 때 제가 학문하시기를 권한
적이 있습니다. 그런데 주상께서는 '왕자는 참여할 데가 없으니 학
문은 하여 무엇 하겠느냐?'고 말씀하시더군요. 해서 제가 '군왕의
아들이 누가 임금이 되지 못하겠습니까?'라고 말씀드렸습니다. 그
런데 지금 대군이 이렇게나 학문을 좋아하시니 기쁩니다."

당시 양녕대군이 멀쩡하게 세자로 있는 상태에서 상당히 불
순하고 위험한 말이었는데도 이 말을 들은 충녕대군은 아버지 태
종에게 이 말을 전했다. 자칫 자신과 남은을 비롯해 그 자리에 있
던 사람들에게까지 커다란 화가 미칠 수도 있는 발언을 왜 혼자만
알지 않고 태종에게도 알렸을까? 이 말을 들은 태종은 크게 웃으
며 "그 늙은이 참 과감하네그려!"라고 했다. 미루어보건대 세자와
아버지 사이가 틀어지고 있다는 것을 눈치챈 충녕대군이 아버지
가 이런 반응을 보일 줄 어느 정도 예측하고, 스스로 확신을 얻으
려고 이런 행동을 한 것이 아닐까 싶다.

이후 충녕대군의 행동은 좀더 과감해졌다. 양녕대군에게 충
고하는 일이 잦아진 것이다. "마음을 바로잡은 뒤에 몸을 꾸미라"
라고 하는가 하면, 양녕대군이 부마가 축첩한 기생을 데려오려 하
는 것을 보고 "친척이 이래서는 안 된다"며 만류했다. 또 태조의
첫 번째 비인 신의왕후神懿王后의 기신忌晨에 바둑 두는 자 두엇을

데려다 바둑놀이를 한 것을 책잡기도 했다. 태종도 처음에는 충녕대군의 이런 행동을 불편하게 여겼으나 곧 마음을 바꾸었고, "세자가 따라갈 수 있는 수준이 아니구나!"라며 대놓고 그의 영특함을 칭찬했다. 양녕대군으로서는 매우 불안한 징후들이었다. 양녕대군은 점점 충녕대군을 꺼렸고, 그가 충고라도 하면 "너는 잠이나 자라"며 퉁명스레 대꾸했다.

양녕대군이 폐위되는 데 결정적 계기가 된 사건, 즉 은퇴한 중추원부사 곽선郭璇의 첩 '어리'와 양녕대군의 스캔들을 대하는 충녕대군의 모습 또한 흥미롭다. 이 일로 호출을 받아 태종에게 가던 양녕대군이 길에서 충녕대군을 만나자 대뜸 "어리의 일, 네가 고자질한 거지?"라고 물었지만 그는 아무런 답도 하지 않았다. 확실히 충녕대군은 야심의 불꽃을 키우고 있었다. 실록에서는 '충녕대군이 세자를 허물이 없는 높은 수준으로 이끌고자 일이 있을 때마다 간한 것이 전후에 한두 차례가 아니었다'라고 기록했는데, 사실 행간에서 읽히는 의도는 그리 순수하게만 보이지 않는다. 보위를 이을 형의 부족함을 건건이 지적하며 자신의 지혜로움과 형의 부족함을 드러낸 동생의 마음은 아무래도 석연찮다.

어찌 보면 당연한 것이, 충녕대군은 야심가 이방원과 그에 못지않은 여걸 원경왕후 민씨 소생이다. 그의 유전자에는 야심가의 DNA가 있었다. 더구나 개국 초라서 왕위 계승 체제가 굳건하게 갖추어진 것도 아니었다. 태조, 정종, 태종에 이르는 왕위 계승 양상이 계속 혼탁했으니 자신이 자질을 갖춘다면 왕위를 노려봄 직하다고 생각해 이따금 '잽'을 날려본 것은 아닐까? 그런 몇 번의 시도에도 풍파가 일어나지 않는 것을 보고 도전해볼 만한 일이라고 생각했을지도 모른다.

충녕대군은 아버지 태종이 새로운 나라에 필요하다고 생각하는 것이 무엇인지를 살폈으며, 이를 구현할 자질을 스스로 갖췄다. 말 위에서 나라를 열었고 피로 그 기둥을 세웠으니, 학문과 제도로 체제를 잡고 정리해서 나라를 반석 위에 앉히는 일이 남은 것이다. 그런 시대적 요구를 간파한 충녕대군은 책 한 권을 붙잡으면 100번, 200번씩 읽어 궁극의 이해를 도모했다. 조선이 유학의 바탕 위에 세워졌음을 알기에 그는 무엇보다 유학 경전에 정통했다. 그 결과 사대부의 전폭적인 지지를 얻어낼 수 있었다.

여기에 더해 그는 양녕대군이 번듯하게 성장해 감히 보위를 넘볼 수 없던 때 역사, 음악, 예술, 자연, 악기까지 섭렵하지 않은 분야가 없었다. 그리고 때가 무르익자 자신이 나라를 운영할 능력을 갖추었음을 대신들과 아버지에게 어필했다. 그는 조선의 '내일'에 대한 안목을 갖추고 아버지 태종의 꿈을 읽어냈으며, 기회가 왔을 때 주저 없이 손을 뻗었다. 미래는 행동으로 열린다. 노력과 지혜 못지않게 야심만만함과 대담한 행동력도 필요하다는 것을 세종은 간파했다.

토론과 비판이라는
소통

　우리는 태종 이방원과 그의 아들 세종에게서 오늘날 필요한 구세대와 젊은 세대의 모습을 발견한다. 나이가 들면 젊음을 잃지만 그 대신 돈과 지위를 얻는다. 다 그런 것은 아니라 해도 확실히 젊은 사람들보다는 그럴 가능성이 크다.

　더구나 현재 한국 사회는 '노인 지배 사회'로 접어들고 있다. 노년층 인구가 늘고 있어서이기도 하지만 그보다는 그들이 자기 자식에게 부와 권력을 대물림하려는 각종 술수가 횡행하면서 계층에 유리천장이 만들어지고 있기 때문이다. 부유한 가정에서 태어나는 '금수저' 논란이 심한 것도 그 때문이다. 그들은 기득권을 절대 내려놓지 않을 뿐 아니라 '내 마음대로' 미래를 설계하려 한다. 불평등한 운동장을 만들어놓고 젊은 세대에게 불평하지 말고 좀더 '노오오오력'하라고 말한다. 거기에 거부감을 느낀 젊은 세대는 그들을 '꼰대' 또는 '틀딱'이라는 반감 가득 섞인 용어로 부른다.

　그러나 오늘날 노년층이 간과하는 사실이 하나 있다. 노욕을 오로지 자신이 노력해서 얻는 대가를 소유하고 즐기는 것이라고 생각하면 곤란하다. 그에 관해서 공자는 《논어》에서 이런 말을 했다.

　군자는 세 시기로 나눠 자기를 주의해서 살펴야 한다. 첫째, 젊었을 때는 혈기가 안정되지 않아 끓어오르는 혈기를 어쩔 줄 몰라 하니 성욕을 조심해야 한다. 둘째, 장년이 되면 혈기가 뭔가를 이룰 만큼 짱짱하고 강해지니, 그때는 승부욕 때문에 싸움이 나지 않도록 조심해야 한다. 마지막으로 노년이 되면 혈기가 쇠하면서 뭔가 손에 쥐고 싶어진다. 욕심이 생기는 것이다. 노년에는 노욕을 조심해야 한다.

아무도 혼자만의 힘으로는 성공할 수 없다. 사람은 혼자 힘으로는 밥 한 끼도 해결할 수 없다. 얼굴도 모르는 농부의 노력에 기대어 오늘의 내 끼니를 해결하지 않았는가? 타인과 시대적 상황 모든 것의 도움을 받았으면서도 '내 성공은 내 것'이라고 주장하며 자신이 올라간 사다리를 차버리는 것은 비겁한 행위다. 내 자식만 잘살 수 있는 세상을 만들려고 갖은 수를 써서 자신이 가진 것을 대물림하려는 것도 마찬가지다. 남의 자식이 살 수 없는 세상은 결국 내 자식도 살 수 없는 세상일 뿐이다.

모든 세대가 어울려 살 수 있는 세상을 만들려면 무엇이 필요할까? 세대 간 토론과 비판이 너그럽게 허용되어야 한다. 나이와 상관없이 사람이라면 누구나 잘못을 할 수 있다. 토론과 비판은 단순히 그런 잘못을 탓하자는 것이 아니라 그로써 빚어진 현재의 문제들을 수습하자는 데 목적이 있다. 토론과 비판을 공격으로 받아들여 이기고 지는 싸움으로만 이해한다면 토론과 비판은 의미를 잃는다. 조선이 젊은 관료를 대간으로 선발해서 그들의 비판을 기꺼이 받아들인 이유는 그들의 치기어린 열정과 의욕이 나라를 오래오래 젊게 유지해줄 원동력이 될 것이라는 사실을 잘 알았기 때문이다. 어떤 조직도 자유로이 비판할 수 있는 언로가 막힌 상태로는 건강하게 유지될 수 없다. 우리 사회에는 '나이'를 묻지도 따지지도 말고 소신껏 의견을 펼칠 수 있게 해주는 분위기가 필요하다. 조선시대에도 그러했거늘, 하물며 500년이나 지난 21세기에는 오죽할까. 한편으로는 조선시대보다도 경직된 오늘날의 사회 분위기는 분명 개선해야 한다.

반면 젊은 세대가 기억해야 할 것은 젊다고 모두 시선이 새롭다거나 새 질서로 세워진 새로운 사회를 꿈꾸는 것은 아니라는 점이다. 성공하려면 아무리 용을 써도 결국 기존의 방법에 순응해야 한다고 생각해서 처음부터 접고 들어가는 경우도 많고, 출발선 자체가 좋아서 세상은 여전히 노력하면 이룰 수 있는 곳이라고 믿는 경우도 적지 않다. 세상을 바꾸려면 일단 기존 질서에서 높은 위치를 차지해야 한다고 생각하는 경우도 상당하다. 이런 생각으로 이룬 성공 사례들은 미래를 위한 사례가 아니다. 그 문법 자체가 이미 구세대의 것이므로 이들은 내일을 만들어냈다기보다는 기존의 세상에 적응했을 뿐이다. 기존의 세상이 아닌 새 세상을 만들어내려면 기존의 문법이 아닌 새 문법이 필요하다. 과거부터 누적되어온 문제들이 오늘날의 어떤 병폐로 자리 잡았는지 냉정하게 짚어내고 바로잡는 과정에서 새로운 문법을 발견할 수 있다.

충녕대군이 기회를 잡을 수 있었던 것은 미래를 욕망했기 때문만이 아니다. 야심만만하게 준비하고 그런 자신을 어필하는 대담함을 지녔기 때문만도 아니다. 기본적으로 새로운 나라가 나아 갈 방향에 대한 이해와 설계 위에 그 모든 것이 더해졌기 때문이다. 태종은 자신의 욕망으로 정도전이 내세운 궁극의 개혁 시도를 막았다. 그런 그조차 새로운 내일을 열지 않으면 자신이 그 자리에 있을 이유가 없다는 것을 잘 알았다. 그런 이유로 그는 구세력의 힘을 최대한 억제해 조선이 고려와는 다른 나라가 될 수 있게 했다.

어떤 어제든 공과功過는 함께 있게 마련이다. 내일이 오늘의 공과 과를 철저히 살필 수 있어야만 시행착오가 극복된다. 그렇지 않고 지금의 힘으로 내일을 굴복시키려 하면 미래는 암담해질 뿐이다. 공과를 구분하는 것은 어제를 비난하기 위해서가 아니라 더 나은 미래를 빚어내기 위해서다. 기성세대가 미래 세대를 놓아주고, 나아가 그들이 미래를 그릴 수 있게 지켜준다면 우리는 굳이 세종 치세를 그리워하지 않고도 더 멋진 내일을 기대해볼 수 있다. 지금 내 손에 있다고 내 것이 아니며 지금 성공했다고 옳은 것도 아니다.

10장

적폐청산과 정권교체

내일로 가기 위한 진짜 용서

김원봉으로 시작해
노덕술로 끝나는 이야기

2015년 개봉한 영화 〈암살〉은 의열단의 무장항일투쟁을 다뤘다. 영화는 천만 관객을 모으면서 흥행에 성공했고 배우들의 연기도 호평을 받았다. 영화 대사 일부가 성대모사의 주 메뉴가 되는 등 화제성도 상당했다. 영화 자체의 내용도 내용이지만 이 영화를 높이 사는 이유는 무엇보다 김원봉金元鳳이라는 독립운동가의 이름을 대중에게 알렸기 때문이다.

김원봉은 1919년 의열단을 조직해서 6년간 무정부주의적 무장투쟁으로 일제에 항거했다. 그는 임시정부가 기준을 세운 '죽여야 할 7가지 부류'에 속하는 '칠가살七可殺'에 해당하는 자들을 암살하고 일본의 주요 기관들을 폭파하는 등의 활동을 했고, 해방 후에도 지속적으로 임시정부 일을 맡아보면서 좌우합작을 추진했다. 일제강점기에 일본 정부가 그에게 내건 현상금은 100만 원인데 지금 가치로 환산하면 320억 원 정도로 역대 현상금 중 최고액이었다. 고위급 인사와 주요 기관을 대상으로 삼은 그의 투쟁 방식은 확실히 일제의 간담을 서늘하게 하기에 충분했다.

그러나 중요한 사실은 이처럼 끈질기게 일제를 괴롭힌 김원봉이 해방 후 되레 조국에서 치욕을 겪었다는 점이다. 그를 절망하게 했던 사람은 노덕술盧德述이라는 경찰이었다. 노덕술은 일제강점기에 가장 악명 높은 경찰로 수많은 독립운동가를 체포·고문하며 아낌없이 친일하다가 해방이 되자 대한민국에서 다시 수도경찰청 간부를 지냈다. 그는 김원봉에게 빨갱이라는 누명을 씌워 잡아들인 뒤 고문까지 했다. 어렵사리 풀려난 이후 김원봉은 일본과 싸울 때도 이런 수모를 당하지 않았는데 해방된 조국에서 친일파 경찰 손에 수갑을 차게 되었다면서 사흘 밤낮을 통곡하며 괴로워했다고 한다. 그는 모든 것을 던져 희생해도 아깝지 않았던 해방된 조국에서 친일파에게 생명의 위협을 당하는 이해할 수도 없고 해소할 수도 없는 모순을 경험해야 했다.

이후 김원봉은 월북을 했다는 이유로 대한민국에서 모든 행적이 지워졌지만 노덕술의 인생은 화려했다. 처음에는 반민족행위자로 반민족행위특별조사위원회에 체포되어 죗값을 치르는 듯싶었지만 이내 이승만 대통령의 비호로 풀려나 이후 승승장구해서 국회의원선거에까지 출마했다. 한국전쟁 때는 헌병 소령으로 변신해서 권력에 기생하며 천수를 누렸다.

　노덕술은 아직도 해결되지 않은 대한민국의 부끄러운 민낯이다. 김원봉이라는 독립운동가를 알아야 하는 이유는 그의 이야기가 노덕술로 끝나기 때문이다. 그는 우리 현대사를 반성하게 한다. 어디서부터 잘못되어 이후 어떤 문제를 일으켰는지 등을 돌아보지 않을 수 없게 만드는 인물이다.

　친일을 하면 3대가 흥하고 독립운동을 하면 3대가 망한다는 말이 우리 사회에 공공연히 떠돈다. 빈말이 아니라 실제로 그랬다. 해방 후 반민족행위자 처벌과 식민잔재 청산이 제대로 되지 않았다. 아니 친일한 사람들이 오히려 승승장구하는 기현상이 일어났다. 이들은 대한민국의 정치, 경제, 사회, 문화 모든 방면에서 유리한 위치를 선점하고 그 기반을 대물림하며 지위를 유지했고, 지금도 유지하고 있다.

　2017년 촛불집회로 정권이 교체되었을 때 사람들은 새로 들어선 문재인 정부에 '적폐청산'을 요구했다. 단순히 이전 정부였던 이명박·박근혜 정부의 폐단 청산만 요구한 것이었다면 '오랜 기간 쌓이고 쌓인 폐단'이라는 뜻의 '적폐'라는 단어를 사용하지 않았을 것이다. 이는 전두환 정권이 광주 시민을 학살한 5·18광주민주화운동, 이승만 정권 당시 제주에서 국군이 민간인을 무차별로 학살한 제주 4·3사건, 일제강점기 일본군에 성노예 생활을 강요당한 위안부 문제까지 광범위하게 거슬러 올라간다.

　촛불은 작게 보면 박근혜 정권의 부패와 실정을 단죄하려는 것이었지만 크게 보면 대한민국 정부 수립 이래 제대로 정리되지 못한 채 지속되어온 기득권 세력의 오만함과 무도함을 단죄하는 첫걸음이기도 했다.

과거를 제대로 청산하지 않는 한 내일은 없다. 정리하지 않은 과거는 지속적으로 내일로 가려는 오늘의 발목을 잡는다. 그동안 우리는 과거를 덮을 수 있을 줄 알았다. 내일로 가기도 바쁜데 끊임없이 과거를 물고 늘어지는 것이 시간 낭비처럼 보였다.

우리는 1998년 대선에서 대한민국 정부 수립 이후 무려 50년 만에 처음으로 정권교체를 이뤄냈다. 그리고 사람들은 그동안 묵혀두었던 과거 청산 작업이 시작되리라고 생각했다. 그러나 과거를 정리하려는 움직임을 두고 정치보복이라는 말이 나오는가 싶더니 불쑥 '용서'라는 단어가 등장했다. 가슴 아프더라도 다 용서하고 내일로 가는 것이 우리 사회에 더 득이 되는 선택이 아니겠냐는 것이었다. 용서와 화해처럼 인간적이고 윤리적이며 아름다운 말이 또 있을까? 용서는 내일로 가는 멋진 지름길처럼 보였다. 이 마법의 단어는 많은 이의 지지를 얻으며 널리 퍼졌다.

그러다가 2007년 영화 한 편이 우리에게 용서의 의미에 대한 물음을 던졌다. 이창동 감독의 영화 〈밀양〉이었다. 피해자가 여전히 고통받고 있는데 가해자가 피해자에게 제대로 용서 한 번 빌지 않고 스스로 용서받고 구원받았다고 말한다면 대체 그 용서는 어디에서 온 것이냐고, 피해자가 용서하지 않았는데 가해자가 감히 누구의 이름으로 용서를 말하는 것이냐고, 피해자 아닌 그 누구에게 가해자를 용서할 권리가 있느냐고 물었다. 사람들은 용서에 대한 올바른 정의를 제대로 내리지 못해 모호하게 헤맸고, 그사이 정권이 다시 예전의 지배세력에 넘어가버렸다.

우리는 그제야 비로소 깨달았다. 권력이 억지로 은폐하고 묻어버린 과거는 반드시 미래의 발목을 잡는다는 것을, 과거를 정리하지 않은 채 그들이 계속 권력을 쥐고 있는 한 우리는 내일로 가는 발걸음을 한 걸음도 내디딜 수 없다는 것을 말이다. 정권교체가 절실했던 것은 단순히 진보와 보수의 문제가 아니었다. 대한민국 정부 수립 이래 변함없이 계속된 이 잘못된 뿌리를 뽑고 그저 사실 그대로 옳은 것을 옳다고 말하고 그른 것을 그르다고 말할 수 있기 위해서였다.

충신과 역신 사이,
그 깊은 딜레마

누적된 잘못을 바로잡으려면 힘 있는 세력이 바뀌어야 한다. 기존의 힘을 가진 세력이 그래도 힘을 행사할 수 있는 자리에 있다면 자기 입으로 아무리 쇄신을 말하더라도 그건 그냥 하나의 제스처에 불과할 뿐이다. 과거를 바로잡기 위해 여야 교체가 먼저 요구되는 것은 바로 이 때문이다. 조선시대로 바꾸어 말하면 반정이 일어나야 한다. 반정은 현 정권이 잘못한 것에 책임을 물어 현재 왕을 자리에서 끌어내리는 것이기 때문에 왕의 실정을 만천하에 드러낼 수 있다. 반정이 아니라 정상적으로 왕위를 물려받았다면 이전 왕의 치세와 국정 운영 방향을 부인하는 일은 불가능할 수밖에 없다.

실정을 하지 않은 왕을 몰아내고 반정으로 권력을 잡은 왕이 마치 순리대로 왕위를 물려받은 것처럼 꾸미고 자신을 합리화하는 것은 왕정국가의 주인인 왕에게도 결코 쉬운 일이 아니었다. 이는 엄청난 시간과 정신적 에너지를 소모하며 당쟁만 악화시킬 뿐 나라의 미래에는 조금도 도움이 되지 않았다. 숙종의 변덕과 영조의 욕망이 낳은 결과물을 보고 있노라면 힘의 추를 옮기고 적폐청산을 요구한 우리의 결정이 얼마나 지혜로운 일이었는지 새삼 깨닫게 된다.

조선은 지금 이상으로 깐깐한 문치주의 국가였다. 왕이 시비를 선언하고 규정한다고 해서 그대로 받아들여지는 나라가 아니었다는 뜻이다. 정권이 교체되었다는 것은 충신과 역적이 뒤바뀌었다는 것을 의미하는데, 그것을 아무 문제없이 순리대로 주고받은 것처럼 만드는 것은 연금술에 가까운 일이다. 그러나 대놓고 정권을 교체한 것이 아니라 교묘하게 교체했으면 그 연금술을 성공시켜야만 했다. 그래야 정계 생존의 명분을 쥘 수 있기 때문이다.

무력으로 바뀌었다면 쉽게 처벌하고 정리할 수 있는데 왕위를 정상적으로 이은 모양새를 갖춘 탓에 평생 숙원사업으로 처리해야 했고, 그럼에도 다 진화하지 못해 결국 다음 세대 혼란의 불씨로 남기도 했던 역사가 조선에는 두 번 있었다. 공교롭게도 강한 왕권을 추구한 숙종과 영조가 그 원인 제공자였다.

숙종은 널리 알려진 대로 희빈 장씨에게서 경종을 낳았다. 첫 번째 정비였던 인경왕후仁敬王后와 계비 인현왕후仁顯王后 사이에서 아들을 보지 못하다가 재위 15년 만에 아들을 얻었으니 그 기쁨은 실로 대단한 것이었다. 숙종은 이듬해에 곧장 그를 원자로 정했고, 또 그 이듬해에는 세자로 책봉했다. 희빈 장씨를 중전으로 삼은 것은 물론이다. 이때까지만 해도 훗날 경종이 되는 세자는 세상 부러울 것 없이 사랑받는 아이처럼 보였다.

그러나 그 행복은 오래가지 못했다. 경종이 세자로 책봉된 지 5년 만에 환국이 일어나 어머니와 그 세력이 몰락했기 때문이다. 폐비가 되었던 인현왕후가 복위되었고, 어머니는 중전에서 다시 희빈으로 강등되었다. 어머니의 불행은 여기서 끝나지 않았다. 인현왕후를 저주한 일로 결국 사약까지 받았다. 그사이에 무수리 출신인 숙빈 최씨가 훗날 영조가 되는 연잉군을 낳았다. 경종은 모든 정치적 세력을 잃었을 뿐 아니라 아버지 숙종의 사랑도 잃었다.

당시 붕당의 지형을 보면, 남인은 희빈 장씨의 몰락과 함께 정계에서 사라졌고, 서인은 노론과 소론으로 갈라져 있었다. 세자를 지원한 세력은 당연히 남인이었다. 그 남인이 몰락했으니 세자는 고단한 처지가 될 수밖에 없었다. 그러나 세자를 흔드는 것이 나라의 혼란만 가중할 것이라고 계산한 소론이 세자를 비호했다. 하지만 노론의 생각은 달랐다. 노론에서는 죄인인 희빈 장씨의 아들을 왕으로 세울 수 없다는 이유로 연잉군을 선택했다. 숙종은 숙종대로 노론과 소론의 대립을 정치적으로 이용하며 둘 다 조정에 두었다. 그러다가 말년에 돌연 태도를 바꾸어 1716년(숙종 42) 노론의 손을 들어주었다. 세자를 폐하려는 정치적 계산 때문이었다.

이듬해 숙종은 노론의 수장 이이명李頤命과 독대하는 자리에서 그에게 연잉군과 명빈禖嬪 박씨 소생인 연령군延齡君을 부탁했다. 이 타협이 있고 나서 세자에게 대리청정의 명이 내려졌다. 대리청정은 세자가 왕이 되기 전에 실무를 익히는 교육의 장으로 활용되기도 했지만 목적에 따라서는 '폐세자'의 명분으로 사용되기도 했다. 곤란한 일을 맡긴 다음 문제가 생기면 쉽게 꼬투리를 잡을 수 있었기 때문이다.

숙종은 연령군을 더 예뻐했다는데 연령군이 1719년(숙종 45)에 숙종보다 1년 먼저 죽자 노론은 연잉군에게 집중했다. 그러나 세자는 살얼음판 같았던 대리청정에서 살아남았고 고독한 처지에도 불구하고 무사히 즉위했다.

이처럼 경종은 위태로운 시기를 잘 견뎌내고 왕이 되었다. 다만 아버지 숙종의 변덕으로 정치적인 힘이 없었다. 송시열을 정신적 지주로 하는 강력한 정치세력인 노론이 연잉군에게 힘이 되어주었기 때문이다. 연잉군의 욕망도 만만치 않았다. 노론은 경종이 즉위한 이듬해에 곧장 연잉군을 세제世弟로 책봉하라고 요구하는 초강수를 두었다. 아무리 후사가 없다지만 30대 초반인 왕에게 무례하기 이를 데 없는 요구였다. 대놓고 저지른 역모라고 해도 지나치지 않을 정도였다.

　이런 도를 넘어선 무리수라면 경종이 가부를 말하기 전에 연잉군이 먼저 나서서 노론의 무례를 꾸짖었어야 옳았다. 그러나 왕위가 손에 닿을 것처럼 느껴지던 연잉군에게는 그렇게 할 정신적 여유가 없었던 모양이다. 그는 그 흐름에 편승했고 결국 세제가 되었다.

　이것으로도 모자라 노론은 보름 뒤 경종에게 세제의 대리청정까지 청했다. 이 대리청정은 경종이 세자일 때 그에게 맡겨졌던 대리청정과는 이유가 전혀 달랐다. 정사 결정권을 세제에게도 주자고 요구했으니 이는 막 즉위한 왕에게서 실권을 빼앗고 그를 곧 뒷방으로 내몰겠다는 거의 협박에 가까운 정치공세였다.

　그러나 경종은 숙종의 아들이었다. 절대 만만한 인사가 아니었다. 그는 아버지에게서 배운 정치기술을 활용했다. 세제 책봉과 대리청정을 요구한 노론의 불충을 성토하는 상소가 올라온 것을 계기로 신축환국辛丑換局을 단행해 노론을 축출한 것이다. 그다음 해에는 노론의 핵심 자제들이 숙종 말년부터 자객을 보내거나, 독살하려고 하거나, 폐위 교지를 가짜로 지어 궁궐을 봉쇄하고 폐출하는 등 세 가지 경우의 수인 삼급수三急手로 경종을 제거하려고 했다는 목호룡睦虎龍의 고변을 토대로 멀리 위리안치圍籬安置했던 김창집金昌集, 이이명, 이건명李健命, 조태채趙泰采를 사사하고 노론계 인사 60여 명을 죽이거나 유배 보내는 등 옥사를 일으켰다. 이는 신축년부터 임인년까지 진행된 옥사라 하여 '신임옥사辛壬獄事'

라고 한다.

노론의 위기는 곧 연잉군의 위기이기도 했다. 노론과 손잡고 노골적으로 왕위를 욕심낸 세제 연잉군의 목숨도 풍전등화 신세였으니 연잉군으로서는 반전이 절실히 필요했다. 이 위기의 순간에 운명은 연잉군의 손을 들어주기로 작정했던 모양이다. 이듬해 경종이 즉위한 지 3년여 만에 갑작스럽게 세상을 떠난 것이다. 세제 연잉군은 그렇게 영조가 되었다. 그러나 여러모로 개운하지 않은 즉위였다.

사실 영조가 세제로 책봉된 것부터 욕망에 따른 무리수였다. 겉으로 보기에는 아무 문제가 없는 즉위였다. 합법적으로 세제로 책봉되었고, 후사가 없는 왕이 죽었으니 세제가 왕위를 잇는 것은 너무도 당연한 순서였다.

그러나 신임옥사는 노론이 벌인 일이었고 그 한가운데에 연잉군이 있었으니 사실관계만 놓고 보면 그는 선왕인 경종에 대한 불충으로 처벌받아야 하는 핵심인물이었다. 영조가 적법한 과정을 거쳐 즉위했는데도 실제적 형세는 반정으로 왕이 된 것과 같은 양상이었다. 경종의 충신은 영조에게 역신이 되었고, 영조의 충신은 경종에게는 역신이 되었다. 그러나 어디까지나 순리대로 왕위를 이어받았으므로 선왕과 자신의 충신·역신이 원칙적으로 다를 수 없었으며 달라서도 안 되었으니 영조로서는 참으로 풀기 힘든 딜레마였다.

문제는 여기서 그치지 않았다. 노론은 목숨을 바쳐 그를 왕으로 만들어주었다. 반정 공신들처럼 말이다. 그런 그들에게 왕이 되었다고 해서 입을 씻을 수는 없었다. 그러나 노론이 반정 공신들과 다른 점은 이들이 붕당이라는 것인데, 알다시피 숙종 시대를 지나며 붕당정치는 당이 다르면 타협조차 불가능한 형태로 퇴행하고 있었다. 군자는 소인과 타협할 수 없다면서 상대 당의 씨를 말릴 때까지 싸웠다. 각자가 군자이고 상대방은 소인으로 보는데 어찌 타협이 가능하겠는가. 경종이 죽고 영조가 보위에 올랐어도 소론이 다 죽은 것이 아니라면 소론과 노론의 싸움은 피할 수 없었다.

게다가 이번에는 충역 시비가 일었다. 이들은 대충 서로 공신으로 안고 가면서 좋은 게 좋은 거라고 타협할 부류의 사람들이 아니었고, 그렇게 타협할 주제도 아니었다. 영조는 일개 당의 수장이 아니라 일국의 왕이 되려면 정당하게 즉위했다는 사실을 명명백백 밝혀야 했고, 동시에 시비의 기준을 세우고 그 권위 아래서 각 당을 고르게 처벌하고 등용하는 탕평을 시행해야 했다. 영조의 탕평은 정치적 필요에 따른 것이었다.

영조는 반정인 듯 반정 아닌 반정 같은 즉위의 딜레마를 해결해서 선왕에 대한 찜찜함을 지우는 데 무려 30년이라는 시간을 썼다. 처음에는 자신을 위한 노론의 충성을 인정하는 것으로 시작했다. 신임옥사를 거짓으로 꾸며낸 사건이라 판정하고 사사된 네 대신을 비롯해 관련자 전원을 신원하는 을사처분乙巳處分을 내렸다. 그러나 노론은 거기서 만족하지 않았고 자신들이 죄인이 아니라면 소론의 죄를 물어야 한다며 소론을 역적으로 처벌하라고 집요하게 요구했다. 정쟁에 탕평이 들어갈 틈은 전혀 없었다.

결국 영조는 1727년(영조 3) 정미환국丁未換局을 단행해 다시 노론을 물리치고 소론 정권을 들였다. 소론을 들인 이상 충역이 다시 바뀌어야 했으므로 정미처분丁未處分을 내려 을사처분을 뒤집었다. 이번에는 노론이 경종에게 반역의 마음을 품은 것으로 처리했다. 영조는 소론이 자신에게 불충할 수 있는 요소를 줄이고, 동시에 노론은 연잉군이던 시절 자신을 보호해준 공이 있었다는 정도만 인정했다.

문제는 이렇게 충성과 반역이 왔다 갔다 하니 어느 쪽의 마음도 확실히 얻을 수 없었다는 것이다. 이러는 와중에 경종 독살설이 유포되면서 급진파 소론과 남인이 영조 즉위의 정당성을 인정하지 못한다며 난을 일으켰다. 이른바 무신란戊申亂이다. 영조는 이 난이 옳고 그름을 따지려 일어난 사건이 아니라 신하가 임금을 선택하려는 붕당의 특성이 빚어낸 사건이라고 보고 더욱 강하게 탕평을 밀어붙였다. 그 대신 이 탕평을 위해서 어느 당도 무조건 옳을 수만은 없다고 천명해야 했다. 영조 5년(1729), 그는 자신을 세제로 책봉하게 하고 대리청정을 요구한 것은 역逆이 아니지만 그렇다고 충忠도 아니며, 삼급수 건은 역에 해당한다는 기유처분己酉處分을 내렸다.

그런데 기유처분을 인정할 경우 영조 자신도 죄인이라는 혐의에서 벗어날 수 없게 된다는 문제가 있었다. 그렇다고 삼급수 옥사를 거짓이라고 할 수도 없는 노릇이었다. 만약 이를 거짓이라고 한다면 노론은 불충한 것이 하나도 없게 되고, 그러면 모든 당에 불충이 있어서 무조건 탕평한다는 국정 운영 기조가 무너지게 된다. 어떻게 해야 할지 알 수 없을 정도로 혼란스럽고 복잡한 상황이었다.

그러나 영조는 그 어려운 문제를 결국 해결했다. 연잉군이 받아 적었다는, 왕자를 보호해달라고 부탁하는 숙종의 시가 때마침 노론의 손에서 나온 것이다. 노론 몇 명이 삼급수 옥사 때 이 시 때문에 일을 벌였다가 화를 입었다는 말을 했는데, 영조 자신은 그런 시를 받아 적은 적이 없다고 부인하면서 누군가 지어낸 '거짓 시[僞詩]'라고 단정했다. 드디어 충역 시비를 자기에게 유리하게 정리할 돌파구가 생긴 것이다.

마침내 영조는 1741년(영조 17) 신유대훈辛酉大訓으로 상황을 정리했다. 자신이 세제가 되고 대리청정을 한 것은 왕실이 정당하게 주고받은 것이며, 삼급수 사건이 있었던 임인년 옥안은 세제였던 자신을 제거하기 위해 조작한 것이므로 소각하고 그 일로 화를 입은 사람들은 신원한다고 했다. 그러나 거짓 시에 관련된 노론 자제 5명은 역으로 둔다는 것이었다. 자신의 혐의는 풀면서 노론은 붙잡아두는 형세였다.

어정쩡한 면이 있었지만 중요한 것은 영조를 집권 내내 그토록 괴롭힌 선왕에 대한 의혹이 해소되었다는 점이다. 임인년 삼급수 옥안 자체가 없는 일이 되어버렸으니 이제 경종에게 불충한 문제는 거론할 근거가 사라져버렸고, 앞으로 충역은 영조에 대한 충역으로만 판가름 나게 되었기 때문이다. 영조로서는 최선의 결과였다.

그러나 경종 지지 세력이었던 소론의 입지는 완전히 축소되었고, 노론의 입지는 어쨌거나 더 확대되었으니 붕당 균형에는 아무래도 무리가 있는 마침표였다.

아니나 다를까, 꽤 시끄러운 사건이 하나 발생했다. 영조 31년(1755) 삼급수 옥사를 일으켰던 급진파 소론이 나주 객사에 조정을 비난하는 글을 걸고 군사를 일으키려고 한 것이다. 이 사건은 일파만파 번져 대규모 옥사가 되었는데 바로 을해옥사乙亥獄事라 불리는 사건이다. 석 달 동안 100여 명이 죽임을 당하고 400여 명이 유배를 가는 대대적 처벌이 이루어짐으로써 급진파는 몰락하게 되었다.

이 사건 후 영조는 신유대훈에 내용을 첨가한《첨간대훈添刊大訓》을 간행하고, 신임옥사 과정을 정리한《천의소감闡義昭鑑》에 경종과 자신에 관련된 모든 내용을 정리했다.

이 지난한 과정을 거쳐 결국 노론은 충, 소론은 역이라는 국시國是가 확실해졌다. 이렇게 영조는 선왕에 대한 역의 위치에 있던 자기 자신을 억지로 또는 기어이 신원해가는 과정에서 노론과 소론이 충돌하게 하거나 진정시키면서 왕이 정치의 주도권을 잡는 국면을 확고히 구축했다. 실로 영조의 의지가 승리한 것이라고 할 수 있었다.

새로운 불씨,
정조의 딜레마

재미있는 점은 반정 아닌 반정으로 집권한 고통이 어떤 것인지 너무나 잘 아는 영조가 이 고통에서 벗어나자마자 다음 정권에 이와 비슷한 고통을 안겨주었다는 것이다. 1762년(영조 38) 임오년 영조는 아들인 사도세자思悼世子를 뒤주에 가두어 죽이는 유사 이래 전무후무한 기이한 사건을 일으켰다. 임오화변壬午禍變이었다. 딜레마는 여기서 다시 반복된다.

사도세자가 대리청정을 시작하고 영조의 후궁 숙의淑儀 문씨가 임신하면서 조정은 영조 지지 세력과 사도세자 지지 세력이 각각 노론과 소론으로 나뉘는 양상을 보였다. 그런데 을해옥사가 세자에게 결정적으로 부정적 영향을 미쳤다. 세자는 소론 중에서도 탕평파보다는 강경한 소론과 관계가 깊었는데, 을해옥사 때 강경한 소론이 급진파 소론과 연결되어 있다는 사실이 드러났기 때문이다.

세자의 입지는 위태로워질 수밖에 없었다. 세자가 대리청정을 할 때 노론은 을해옥사를 계기로 강경파 소론을 엄준하게 처리하라고 줄기차게 요구했다. 이에 세자는 거부반응을 보였으나 그렇다고 주도적으로 옳고 그름의 논리를 세워 정국을 주도하는 카리스마도 보이지 못했다. 노론에게는 세자의 이런 태도가 영조가 세운 옳고 그름에 동조하지 않는 것으로 비춰졌고, 그것은 다음 왕위를 물려받기에는 아주 문제가 많은 사람이라는 판단으로 이어졌다.

결국 세자는 지속적으로 정신적 압박에 시달리며 수세에 몰렸다. 사도세자는 상황을 견디고 소화할 만한 강한 정신력이 부족했다. 과도한 스트레스는 정신질환으로 이어졌고, 불미스러운 사건을 많이 일으킨 끝에 마침내 아버지 명령으로 뒤주에 갇혀 죽는 비극을 맞이하게 되었다.

아버지와 아들 간의 비극이 물론 이때만 있었던 것은 아니다. 인조 때도 소현세자 독살설이 따라다니긴 했다. 그러나 영조가 사도세자를 죽인 것과는 갈무리 양상이 달랐다. 인조는 소현세자 사후 그 동생인 봉림대군을 바로 세자로 책봉했다. 이는 아버지에서 아들로 이어진 계승인 데다가 대놓고 독살이 아니었기 때문에 효종은 적장자 계승의 정통성 면에서는 고통을 좀 겪긴 했지만 정치적으로 소현세자를 신원하면서 동시에 그를 죽인 선왕 인조를 끌어안아야 할 난제는 없었다.

그러나 영조는 본인이 직접 아들에게 죄를 물어 죽음을 내렸고, 그 죄인인 사도세자의 아들 정조에게 왕위를 물려주었다. 죄인의 아들이 왕이 된 셈이니 사람들이 무엇이라고 하겠는가. 아니나 다를까. 사도세자가 죽자마자 세손인 정조를 해치려는 세력이 '죄인의 아들은 왕통을 이을 수 없다'는 말을 퍼뜨리며 여론을 조성했다.

할아버지 영조가 세손인 정조를 매우 예뻐하기는 했으나 영조는 사도세자가 죽기 3년 전 51세나 어린 새 중전을 맞은 상태였다. 만약 중전이 아들이라도 낳는다면 어떻게 될까? 정조는 정말로 목숨도 부지하기 어려운 형편이었다. 다행히 영조와 정순왕후 사이에는 아이가 없었고, 정조는 그 많은 방해공작에도 결국 왕으로 즉위했다.

영조가 집권 내내 스스로를 신원하기 위해 고생한 것은 자기 욕망이 낳은 결과였으므로 힘들어도 억울할 것이야 없었지만 정조는 그렇지 않았다. 그는 할아버지 영조의 변덕 때문에 너무나 거대한 숙제를 떠안아야 했다. 할아버지를 이어 왕이 되었으니 할아버지의 충과 역을 그대로 이어받아야 옳지만 그렇게 하려면 자신의 정통성 자체에 문제가 생기는 기이한 상황이 되어버린 것이다. 물론 영조는 사도세자 사후 곧바로 정조를 사도세자의 형 효장세자孝章世子의 양아들로 입적시켜 법적으로는 분란의 여지를 없앴다. 그러나 정조가 사도세자의 아들이라는 사실을 모르는 자가 조선 팔도에 있을 리 없었다.

정조는 할아버지를 따르면 아버지에게 죄인이 되고 아버지를 따르면 할아버지에게 죄인이 되는 기구한 운명에 놓인 채 왕위에 올랐다. 이것으로도 부족해 자신의 외가와 영조의 총애를 받은 딸이자 자신의 고모인 화완옹주和緩翁主가 즉위를 반대하는 상황에도 대처해야 했다. 효가 최고 미덕인 나라에서 가족이 과거에 친 그물을 해체하기 위해 정조는 무려 20년을 소비해야 했다. 정조가 즉위하고 내뱉은 첫마디는 다음과 같았다.

아! 과인은 사도세자의 아들이다. 선대왕께서 종통宗統의 중요함을 위하여 나에게 효장세자를 이어받도록 명하셨거니와 아! 전일에 선대왕께 올린 글에서 '근본을 둘로 하지 않는 것[不貳本]'에 관한 나의 뜻을 크게 볼 수 있었을 것이다.

정조의 이 말을 들은 대신들은 머릿속으로 어떤 계산을 했을까? 정조는 선왕 영조에게 깍듯했고 그의 노선을 거스르는 어떤 일도 하지 않았다. 나라의 근본을 둘로 하지 않을 것임을 분명히 했다. 그러나 첫 한마디는 자신이 사도세자의 아들이라고 공표한 것이다. 이 교묘함이 정조가 선택한 정치방식이었다. 그는 할아버지 영조가 세워놓은 원칙을 준수하면서 아버지 사도세자에 대한 추숭追崇도 절대 포기하지 않았다. 이 길을 헤쳐 나가기 위해 할아버지 영조처럼 옳고 그름을 조정하는 탕평이 아니라 누구도 도전하지 못할 옳고 그름의 기준을 세워 그에 맞는 정치세력을 끌어다 쓰는 본격적이고 강한 탕평을 시행했다. 이 때문에 정조는 아주 오랫동안 아니 평생 치밀한 계산속에서 살아야 했고, 불면을 동반자로 끌어안고 살아야 했다.

정조는 천천히 움직였고, 절대 사도세자를 명분으로 사람들을 처벌하지 않았다. 첫째는 선왕 영조가 세워놓은 옳고 그름이 흐트러지기 때문이었고, 둘째는 정치세력이 대놓고 긴장하기 때문이었다. 역시나 그가 즉위하자마자 사도세자를 신원伸冤해야 한다는 목소리가 튀어나왔다. 그러나 정조는 그들을 모두 처형하면서까지 단호하게 대처했다. 사도세자가 뒤주에 갇혀 있을 당시 뒤주에 열을 더하려 그 위에 풀을 쌓아올리고 이를 데 없이 불손한 태도를 보이며 음식으로 희롱까지 했다고 전해지는 구선복에 대해서도 재위 후 10년 동안 참았다. 마침내 그를 처단할 때마저 그가 상계군常溪君 이담李湛을 추대하려는 역모를 저질렀다는 구실을 들이댔다.

하지만 정조는 구선복 사사 사건을 기점으로 해서 본격적으로 움직였다. 일단 무신란 진압 60주년을 맞은 정조 12년(1788), 진압에 기여한 충신들을 재평가하는 사업을 벌이면서 사도세자의 신임년 사건에 대해 영조가 내린 옳고 그름의 판단에 조금도 미심쩍어하는 마음이 없다고 밝혔다. 아울러 세자의 죽음은 그 때문이 아니라 그에게 충성할 마음이 없는 신하들이 꾸민 모의로 시작되었다고 공식화했다. 그리고 이듬해 사도세자 무덤을 현륭원顯隆園으로 옮기고 그다음 해에는 화성행궁을 축조하기 시작했다.

영조가 내린 임오년 조치의 옳고 그름에 대해서도 수정을 가했다. 영조가 사도세자에 대한 처분을 후회했으며, 사도세자에게는 높임받을 만한 공과 덕이 있고, 그를 모함한 역적들이 있다는 등의 내용이었다. 이를 공식화하려면 선비들의 여론이 필요했다. 비로소 사도세자의 덕을 찬양하고 그 죽음에 관련된 자들을 처벌하라고 청하는 상소가 등장할 때가 된 것이다.

그리고 역시 기가 막히게 적절한 시점에 그런 상소가 등장했다. 정조 16년(1792) 두 차례에 걸쳐 영남 유생들이 올린 만인소가 그것이다. 1만 명에 달하는 어마어마한 숫자가 연명한 상소에는 사도세자가 영조에게 충성했으며 아무 죄가 없다는 것을 천명하고 사도세자를 모함했던 역적들을 처벌하라는 요구가 실려 있었는데, 정조는 여기에 눈물로 답했다. 정조는 특별히 이들을 만나 이는 자신이 40년간 강구했던 바였다고 격려하고, 대표자 이우李㙊에게는 그가 관직도 자품도 없는 평민인데도 의릉 참봉에 임명하는 파격 인사까지 단행했다.

정조는 다음 순서로 영조가 사도세자의 효성을 인정하고 자신의 처분을 후회했다는 내용이 담긴 〈금등金縢〉 문서를 공개했고, 이런 일련의 주도면밀한 과정을 거쳐 마침내 사도세자 추숭 의식을 시행했다. 정조 19년(1795)의 일이었다. 정조의 마지막 꿈은 사도세자를 왕으로 추존하는 것이었다. 하지만 이는 영조의 명을 거역하고 자신이 그동안 다짐해온 주장도 뒤집어야 하는 것이므로 반대가 엄청날 게 뻔했다. 지금까지 쏟은 힘과 노력도 대단하지만 그보다 훨씬 큰 지혜와 힘을 쏟아 부어야 할 일이었다.

하지만 사도세자는 왕이 되지 못했다. 정조가 이 최후의 꿈을 이루려는 순간 급작스럽게 숨을 거두었기 때문이다. 길고 조심스럽고 더뎠지만 결국 완성하지 못한 여정이었다.

왕은 즉위하면 죽는 순간까지 국정 운영의 중심이 된다. 그러나 왕국에서도 정치적 정당성은 매우 중요했으므로 아무리 왕이라도 자기 마음대로 움직일 수 없다. 영조도 정조도 자신이 진정 원하는 바는 숨기고 균형을 잡아 정국을 움직이는 데 수십 년 공을 들였는데도 아주 시원한 끝을 보지는 못했다.

　꼬인 것을 꼬였다 말하지 않고 매듭을 풀기는 그만큼 불가능한 일이다. 억지스러운 접합에는 어떻게든 반드시 삐걱거리는 부분이 생기게 마련이고, 이는 후대에 큰 부담으로 작용한다. 영조나 정조 모두 선대와 분명히 단절하고 왕위에 올랐다면 이렇게 긴 시간을 소모할 필요는 없었을 것이다. 그만큼 정치적 정당성이란 왕국에서마저 무시할 수 없는, 어떻게든 손에 넣어야 하는 중대한 문제라는 의미가 된다.

내일을 위한 진짜 용서는
무엇인가?

　시비를 바로세우는 데 이렇게 시간이 오래 걸리고, 그렇게 시간과 노력을 들이고도 깔끔하게 정리하지 못한 것은 그사이에 포기할 수 없는 욕망이 얼기설기 얽혀 있었기 때문이다. 서인, 그중에서도 노론은 인조반정을 성공시키고 예송논쟁에서 승리한 오래되고도 힘 있는 붕당이었으므로 왕에게는 힘겨운 상대였다. 숙종은 어떻게든 그 힘을 누르려 했고 어느 정도 성공한 듯 보였다. 그러나 마지막의 욕심이 일을 그르쳤다. 완숙한 왕권이 새 왕에게 지위를 넘겨주며 왕권이 상대적으로 약해질 수 있는 시점에 새 왕은 노성한 신하의 손을 잡았다.

영조는 연잉군 시절에 한 번, 그리고 재위 중반을 넘어가던 시점에 다시 한 번 자기 욕심을 좇아 평소에 그렇게도 지긋지긋해하던 강한 신하의 손을 잡고 말았다. 정조마저 권력의 균형추가 여전히 불안한 것을 알면서도, 노론의 막강함을 알면서도 마지막 손을 노론에게 내밀었다. 노론 명문가의 여식을 세자빈으로 들인 것이다. 결정적 시기의 잘못된 선택이 시비를 꼬이게 만들었고 풀기 어렵게 만들었다.

눈에 보이는 힘은 두려운 동시에 욕심나는 유혹이다. 그 힘을 조금만 이용하면 내 욕망이 쉽게 해결될 것 같고 두려움도 사라질 것 같다. 그러나 뭐든 빌려 쓰는 데는 그만한 대가가 따른다. 특히 나보다 큰 존재의 힘을 빌려 쓰고 난 뒤에는 그 영향력에 종속되기 십상이다. 나를 도와주는 듯하지만 결국 나를 잠식해 들어와 자기 몸집만 더 크게 불린다. 하지만 그런 미래를 알면서도 사람은 눈에 보이는 것에 쉽게 압도당한다. 그래서 욕망은 권력에 손을 뻗고, 두려움은 권력에 무릎을 꿇으며, 그렇게 비대한 권력은 더욱 비대해져간다.

사람들은 너무나 쉽게 "세상이 죄다 썩었다"라고 말한다. "국회의원은 국민의 혈세를 뽑아 쓰며 놀고먹는 사람들"이라고 싸잡아 비난한다. "있는 놈들이 더하다"라는 말도 주변에서 쉽게 들을 수 있다. "언제 이 나라가 없는 사람들 위한 적이 있었냐"라고 자조하기도 한다.

이처럼 사람들은 진심으로 세상이 좋아지기를 바라지만 한편으로는 변화를 두려워한다. 현재의 힘을 거스르면 혼란이 찾아올 거라고 생각하기 때문이다. 현재의 힘은 현재의 질서를 쥐고 있다. 세상이 나아지려면 그 질서가 흔들려야 하는데 그렇게 되면 안 그래도 힘든 오늘의 삶이 더 힘들어질 거라고 판단하고 지레 겁부터 먹는다. 그래서 세상을 비난하면서도 선거철이 되면 보수적인 투표를 하는 양상을 보인다.

문제는 첫 단추가 잘못 채워지니 다음 단추도, 그다음 단추도 계속 잘못 채워진다는 것이다. 정의를 말할 수 없는 자들이 정의를 말하다 보니 평범한 사람들의 일상이 그럭저럭 지켜지기는커녕 더 큰 위기로 내몰렸다. 이름은 민民이 주인인 나라였지만 민이 자기 권리를 주장하고 외칠 때마다 민에 대한 학대, 심지어 학살이 끊이지 않았다. 영조는 그래도 끊임없이 자기 정당성을 세우는 데 주력했지만 그동안 대한민국 정권은 정당성을 세우려는 노력조차 하지 않으면서 끊임없이 '용서'를 말했다.

물론 용서는 인간의 정신이 지닌 위대한 가치다. 용서에는 더는 걷잡을 수 없이 타락한 인간까지도 다시 인간이 되고픈 마음을 먹게 하는 위대한 힘이 있다. 그러나 그것은 용서가 '진짜' 용서일 때의 얘기다. 과거 일을 덮어놓고 무조건 용서하자는 말은 진짜 용서가 아니다. 그것은 그저 아무것도 하지 말자는 말일 뿐이다. 그들이 우리에게 강요한 용서는 피해자가 아닌 가해자 입에서 나온 용서였다. 그래서 아무런 힘도, 가치도, 능력도 없었다.

자기 잘못에 대한 대가를 치르지 않고 넘어가면 사람들은 자신이 정확히 어떤 잘못을 저질렀고, 그것이 상대에게 얼마나 큰 고통과 슬픔을 초래했는지 모른다. 그러므로 합당한 크기의 책임감도 느낄 수 없고, 제대로 뉘우칠 수도 없으며, 그 결과가 빚어내는 내일의 무게를 모르기 때문에 유사한 잘못을 쉽게 되풀이한다. 눈물을 흘리며 '다시는 그러지 않겠다'고 '이번 한 번만 용서해달라'고 빌지만 진정한 용서가 선행되지 않는다면 그들은 불리한 상황에 처할 경우 또다시 타인을 희생양으로 삼아 똑같은 일을 저지를 가능성이 높다.

큰 잘못을 하루아침에 깨닫고 새 사람이 되는 것은 드라마에나 나오는 일이며, 인간을 전혀 이해하지 못하는 순진한 생각에서 나온 망상일 뿐이다. 현실의 인간은 잘못에 책임을 져봐야 그 잘못의 크기와 무게를 깨닫는다. 합당한 대가를 치르면서야 자신이 타인에게 입힌 상처의 실상을 알게 된다. 그 과정에서 자기를 고치고 미래를 옳게 방향 잡아가게 되는 것이다. 이것이 정당한 순서다.

그러나 그동안 우리에게는 거짓된 용서가 지속적으로 강요되었다. 권력자들은 여차하면 '이번 한 번만' '미래를 위해' '진심으로 사죄하니' 용서해달라며 온갖 방법으로 감성을 자극해 원하는 결과를 얻어냈다. 그러나 이 같은 눈먼 용서는 아무도 구원하지 못했다. 모르쇠로 일관한 잘못은 끊임없이 되풀이되기만 했다.

아직 모든 것이 미완성 상태이긴 하지만 최소한 앞으로 우리 아이들에게 옳은 것은 옳은 것이고 그른 것은 그른 것이라고 말하며 살 수 있는 기회가 눈앞에 왔다. 저지른 죄에 정당한 죗값을 묻는 것은 복수가 아니라 정의를 바로세우는 일이다. 앞으로 우리 선거가 4년 또는 5년마다 치르는 핑퐁게임이 아니라 무너진 이 나라의 정의를 바로세우는 사려 깊은 민주적 장치로 기능하기를 바란다.

아무리 지혜롭고 똑똑해도 잘못을 잘못 아닌 것으로 만들어 내일을 윤색할 수 있는 왕은 없었다. 과거의 잘못은 잘못한 것으로 확실히 끊어내야 산뜻하게 가벼운 걸음으로 미래를 향해 갈 수 있다. 어물쩍 넘어가며 잘못된 용서로 회칠하려는 시도가 우리 사회를 얼마나 병들게 했는지 우리는 너무나 잘 안다. 과거의 잘못이 깨끗이 정리되고 죗값을 치러야 할 사람들이 남김없이 죗값을 치를 때 비로소 진짜 용서를 말할 수 있게 될 것이다. 그리고 선량한 일반 사람들이 그 열매를 얻는 단순한 정의가 살아날 때 우리는 비로소 진짜 내일에 가서 닿을 수 있을 것이다. 그것이 말뿐이 아닌 진정한 적폐청산이다.

에필로그

지식인의 자리

우리 사회에서는 요즘 '어른'에 대한 논의가 한창 활발하게 진행되고 있다. 이 나라의 성장 속도가 너무 빨라 이 앞 세대가 뒤 세대에게 삶의 경험을 가르쳐주기 어려운 상황에 놓였기 때문이다. 한 세대 반 만에 성장할 수 있는 한계에 도달했고, 산업화를 거쳐 거대 성장 시기가 끝나버렸다. 감당할 수 없는 속도가 대한민국을 지배했다. 지금 이 사회는 기성세대가 새로운 세대에 자신들이 살아온 방식대로 살아도 된다고 다독여줄 수 없는 모습으로 변했다. 그러나 기성세대는 그 변화를 온전히 이해하지 못하고 자신이 살아온 방식을 새로운 세대에 강요한다. 젊은 세대는 그런 기성세대를 '어른'이 아닌 '꼰대'라고 한다.

그렇다고 젊은 세대에게 윗세대가 필요하지 않느냐면 그건 아니다. 미래를 헤쳐 나갈 '지혜'를 얻기 위해 젊은 세대는 어른을 찾는다. 다만 꼰대를 찾지 않을 뿐이다. 경험이 한계에 부딪혔는데 여전히 지혜가 필요하다면 그 간극은 어떻게 메울 수 있을까? 혹 지식인이 대신 메워볼 수 있지 않을까? 지식인은 인류가 쌓아온 지식을 공부하고, 그렇게 얻은 지식을 새 학문과 문물과 시각을 토대로 새롭게 해석해서 겪어보지 않은 미래를 최대한 대비하는 것을 업으로 삼는 사람들이니 말이다. 지금 우리 사회는 정치, 경제, 외교, 문화, 교육 등 모든 분야에서 기존 방식이 한계에 서 있다는 것을 직감하고 있다. 되돌아갈 수도 없는데 나아갈 수도 없는 상태, 어쩌다 새 문을 열긴 열었는데 무엇이 기다리는지 알 수 없다는 두려움에 주저주저하는 모양새다.

요즘 우리나라를 보고 있으면 18세기 조선이 떠오른다. 조선의 18세기는 기꺼이 변화를 선택해서 새롭게 도약하느냐 아니면 수구의 자세로 밀고나가다 주저앉느냐를 판가름하는 결정적 시기였다. 서구는 대항해시대 이후 경쟁적으로 해외시장을 개척하며 부를 쌓았고, 조선은 내부적으로 천천히 진행되던 변화가 서로 맞물리며 속도를 내고 있었다. 18세기 조선은 원하든 원하지 않든 답해야 했다. 이대로 갈 것인가, 새로운 방향으로 모험을 감행할 것인가?

18세기 조선의 변화를 짚어보면 먼저 농업 부문을 들 수 있다. 경작지 증대와 각종 농사법과 농서農書 보급, 농기구 개량 등으로 노동량이 줄어들면서 농업 생산량이 크게 증대되었다. 그러나 적은 노동력으로 소출을 많이 얻게 되자 부농富農을 중심으로 경작지를 확대해서 경작하는 광작廣作이라는 문제점이 나타났다. 영세

한 농민들은 자작농에서 소작농으로 전락했고, 노동력 절감으로 노비들은 버려져 유랑하며 삶의 끝으로 내몰렸다.

상업도 크게 성장했다. 조선은 철저히 농업을 경제의 근간으로 삼아 줄곧 상업을 천시해왔다. '사농공상士農工商'이라는 신분 계급만 봐도 상인에게 얼마나 낮은 위치를 부여했는지 알 수 있다. 그러나 17세기에 공납貢納을 각종 현물 대신 쌀로 납부하는 대동법이 시행되면서 화폐경제 개념이 생겨나고, 더 나아가 동전 사용 또한 자리 잡아 상업에 대한 기존 분위기에 변화가 일어나기 시작했다. 한강 수로로 물건을 유통하며 전국 상품 가격을 조절한 경강京江상인들과 국제무역과 홍삼 제조업으로 성장해서 전국에 송방松房을 설치한 개성상인들의 성장은 시전 상인 중심의 경제구조를 깨고 시장을 확대하며 상인의 위치를 끌어올렸다.

중인 계층의 성장도 18세기에 눈여겨볼 만한 변화 중 하나였다. '중인中人'은 좁게 보면 잡과시험을 보고 관리가 된 역관譯官·의관醫官·산관算官·율관律官·음양관陰陽官·사자관寫字官·화원畫員·역관曆官 등 기술관들이라 할 수 있고, 넓게 보면 중앙과 지방 관청의 행정 실무자들과 서얼庶孼까지도 포함시킬 수 있다. 조선에서는 이들이 배우고 익힌 분야들이 도학道學이 아니므로 미천한 것이라 여겨졌지만 사실 이들은 전문직 종사자들이었다. 18세기 인물들을 정리한 《18세기 조선인물지[幷世才彦錄]》에서 지은이 이규상李奎象은 "역학이나 의학에 '학學'이라는 글자가 붙는 것은 글을 알아야 배울 수 있기 때문이다. 사람이 글을 알면 지식이 생기는 법이어서

사역원이나 내의원에 속한 사람들 중 지식이 있는 사람이 많다"라며 사대부가 이들의 출신에 대한 선입견 때문에 뛰어난 인재들을 놓치는 상황을 안타까워하기도 했다. 이들은 자신들의 전문기술을 활용해서 많은 부를 얻으며 점점 지위와 목소리를 높여갔다. 그리고 시사詩社를 결성해 양반의 주류문화에 도전했다. 문학에서는 재능만 있다면 양반들은 이들과 교유하는 것을 어렵지 않게 여겼다. 특히 서울에서 주름잡은 경아전들은 자신들의 부와 양반들과의 인맥을 매개로 당대 이름 높은 시사들을 꾸려가며 위상을 높여 신분의 벽을 뛰어넘고자 했다.

서얼들도 중앙무대가 자신들을 받아들여줄 것을 강하게 요구하고 나서기 시작했다. 영조 즉위 이후 서얼들은 자신들도 핵심 관직인 청요직에 진출할 길을 열어달라는 통청通淸운동을 벌여 영조 48년(1772)에 서얼들도 아무 조건 없이 과거에 응시하게 하고 청요직에 임명한다는 '임진처분壬辰處分'을 받아내기에 이르렀다. 그리고 정조가 즉위한 뒤 곧장 그들을 관직에 진출시킬 구체적 시행규칙인 '정유절목丁酉節目'이 마련되었다.

이 조치로 서얼들이 응시한 증광시增廣試가 열렸고, 여기서 그 유명한 서얼 출신 북학파들이 대거 조정에 진출해 규장각의 실무직인 검서관이 되고 연경에도 사신으로 다녀오는 등 활발히 활동할 수 있었다. 여전히 그들 앞날에는 한계가 있었지만 분명 이때 서얼들은 조선에서 처음으로 조정에서 임금의 측근이 되어 일정한 위치를 가질 수 있었다.

확실히 조선은 내부적으로 부글거렸다. 사회가 이전과 다른 모습으로 전개될 것이라는 예언을 속삭였다. 18세기 조선은 분명히 다양한 계층이 성장했고, 자기 목소리를 조금 더 낼 수 있는 사회로 변화했다. 그러나 문제점도 그에 못지않게 심화되었다. 묵은 병폐와 사회 불균형 심화가 그것이다. 무엇보다 개인의 대토지 소유는 해결해야 할 급선무였다. 농업 중심 국가에서 토지의 정의가 무너지면 나라에는 이미 심각한 빨간불이 켜진 것이다. 조선 건국이 가능했던 것은 고려의 토지 정의가 완전히 무너졌기 때문이다. 조선은 고려 말의 전철을 밟아갔다.

점차 더 심하게 기울어가는 운동장에서 관료와 지식인들은 되레 그 분위기에 편승해서 부를 축적할 뿐 균형을 맞추기 위한 노력에 관심을 기울이지 않았다. 이들의 기반이 되는 학문도 경세經世보다는 민생과 동떨어진 성리논쟁에 더 깊이 빠져 들어가는 모습이었고, 한양의 양반들은 경화사족京華士族이라 해서 연경의 수입품으로 온몸과 온 집안을 휘감으며 부를 자랑하기 바빴다. 청나라에 대한 관념적인 적개심과 비웃음도 여전했고, 이미 사라진 명나라에 대한 찬양과 그리움도 여전했다. 지식인 인플레 현상도 심했다. 박제가가 증광시에 제출했던 〈과거론科擧論〉을 보면, 당시 과거시험 응시자가 4만 명에 가까웠던 것으로 보인다. 그러나 더욱 치열해지기만 한 당쟁으로 조정의 벼슬자리는 한 개 당과 몇 개 가문 차지가 되어 있었다.

물론 희망을 보여주는 지식인도 있었다. 이른바 실학자라 불리는 인물들이다. 이들은 새로운 길을 적극적으로 모색했다. 대표적으로는 경기지방 남인들을 중심으로 한 성호星湖 이익李瀷의 학파와 노론 낙당洛黨 소속이기는 하지만 그 흐름에서 약간 비껴나 있는 북학파北學派를 들 수 있다. 이들은 먼저 토지 불균형 문제에 관심을 두었다. 토지 겸병과 지주·소작 관계의 문제는 건강한 경제구조를 위해 반드시 해결해야 하는 문제였다. 이익은 "빈부가 균등하지 않고 강약의 형세가 다르다면 어떻게 나라를 평화롭게 다스릴 수 있겠는가?"라고 말한 바 있다. 이익도, 박지원도, 정약용도 토지 정의가 확립되어 민생이 안정되지 않는다면 나라의 안정도 없다고 보았다.

성호학파는 서구에 관심을 두었다. 이익은 기존의 주자학에서 벗어나 유학에 대한 이해의 지평을 넓힌 것은 물론이고 천문, 과학, 지리, 역사, 제도, 풍속, 문학 등 다루지 않은 분야가 없는 학자였는데 서학西學도 그가 관심을 보인 학문 중 하나였다. 그는 '한역서학서漢譯西學書'를 통해 서양의 과학기술과 천주교 교리를 접했는데, 그중에서도 특히 서양의 과학기술에 큰 관심을 보였다. 서학을 정체된 조선에 자극을 줄 수 있는 좋은 자극제라고 보았다.

북학파는 상업을 일으키자고 주장했다. 이들은 청나라에 다녀와서 조선과는 비교할 수 없게 발달하고 번성한 청나라의 모습을 보고 감탄을 금치 못했다. 북학파들은 연경에서 상업의 활성화가 가져오는 장점에 주목했다. 상업이 활성화되면 나라는 부유해지고 물자는 풍족해지며, 사람들은 일에 의욕을 갖고 일이 효율적으로 진행될 뿐 아니라 생산되는 제품들은 질적으로도 양적으로도 향상될 터였다. 이들은 쓸데없는 존주대의尊周大義는 이제 그만하고 적극적으로 청나라를 배워야 한다고 외쳤다.

그러나 조정은 전반적으로 성호학파의 주장에도 북학파의 주장에도 귀를 기울이지 않는 분위기였다. 외부의 변화나 흐름에 관심이 없었다. 정조 21년(1797)에 아란타阿蘭陀(네덜란드) 배가 표류해 온 일이 있는데, 이 나라에 대해 왕과 신하가 문답을 주고받는 장면이 어이없으면서도 재미있다. 정조가 '아란타'는 어느 지방 오랑캐 이름이냐고 물으니, 이서구가 "아란타는 바로 서남쪽 변방의 오랑캐 부류로 중국中國의 판도版圖에 속하게 된 것도 그리 오래되지 않았습니다. 《명사明史》에서 '하란賀蘭'이라고 했는데, 근래에는 '대만臺灣'이라고 하는 곳이 바로 여기입니다"라고 대답했다. 이 말을 들은 우의정 이병모가 이서구더러 해박하다고 칭찬했다. 이때는 세계지도가 조선에 알려진 즈음인데도 그랬다.

조선은 풍부한 지식인을 보유하고도 변화를 거절하고 쇄국으로 향해 갔다. 유학의 학문적 보수성을 탓할 수는 없다. 유학 자체가 보수적이지는 않다. 이 역시 시대의 질문에 답하기 위해 온몸으로 고민하며 형성된 학문이다. 그래서 같은 유학을 공부했지만 조선을 설계한 이들은 혁신적이고 개혁적이었다. 사화士禍를 겪으면서도 투쟁을 포기하지 않았던 조선 중기 사림도 역시 사회를 건강하고 바르게 고치고자 하는 꿈이 있는 이들이었다. 다만 긴 싸움 끝에 권력을 움켜쥐자 이후 점점 경직되고 교조화되고 보수화되었을 뿐이다.

이들이 조정을 장악했을 때 사림의 거두 이이는 문득 중대한 문제가 자신들 앞에 닥쳤음을 깨달았다. "군자가 승리했다. 그런 데 그다음은? 이론 투쟁으로 백성도 다스릴 수 있는가? 새 시대의 새 정치는 무엇이어야 하는가?" 현실을 학문에 담는 것과 학문으로 국정을 운영하는 것은 전혀 다른 문제임을 간파한 것이다. 그러나 사림은 조정을 장악한 이후 민생 현안을 살피기보다 도리를 가르치면 세상은 저절로 바루어진다는 막연한 생각에 의지했다.

우리는 대개 "공부해서 남 주냐?"라고 하지만 공부뿐만 아니라 세상의 모든 일에는 원하든 원하지 않든 '남에게 주는' 영역이 있다. 사회가 기본적으로 '분업' 형태를 띠기 때문이다. 아무리 작은 사회라도 한 개인이 자기 삶에 필요한 모든 것을 스스로 다 생산할 수는 없다. 그 자신이 거부해도 그는 사회적 구조 속에서 살아갈 수밖에 없다. 지식인은 자신이 쌓은 지식으로 사회에서 기능한다. 모든 분야의 전문가와 기술자들은 그 기술을 이용해 자기 삶도 영위하지만 사회도 제대로 기능하게 만들어준다. 의도하든 하지 않든 서로의 일에는 공익성이 있다. 열심히 배워 남 주는 것은 자기 선택의 문제가 아니라 여느 직업의 결과처럼 당연히 수반되는 부분이다. 이것을 생각하며 공부했느냐 그렇지 못했느냐에 따라 적극적으로 사회에 해악이 되는 지식인이 되기도 하고, 있으나마나한 지식인이 되기도 할 뿐이다.

지식인은 사회가 변화할 때 가장 많은 역할이 요구된다. 살아

본 적 없는 미래를 위해 이전의 누적된 지식을 활용할 수 있는 직업군이기 때문이다. 지금 우리는 어른으로 기능해줄 지식인들이 그 어느 때보다 절실하게 필요한 시기를 지나고 있다. 큰 학문을 한다는 대학을 졸업한 사람이 '지식인'이 아니라면 누가 지식인이겠는가? 그렇다면 대학 진학률이 70퍼센트를 넘어서는 우리나라는 미래를 향해 가능성이 매우 큰 나라라고 할 수 있다.

그러나 나 하나 잘 먹고 잘 살자고 전문지식 한 분야 익히기에만 급급했던 교육 이념 속에 대학 졸업자만 양산했다면 그런 지식인들에게 우리 미래를 걸기는 어렵다. 그렇게도 염원하던 민주화를 이루었고, 이제 우리 모두는 '자, 그럼 다음은?'이라고 기대하며 대통령과 정치권을 바라보고 있다. 혹은 뛰어난 학자들을 바라보고 있다. 그들이 사私를 기꺼이 희생하고 공公에 투신해 멋진 나라를 만들어주기를 바란다.

그러나 민주주의 국가는 그런 곳이 아니다. 출구와 상상력을 제시할 책임은 바로 우리 자신에게 있다. 18세기에 위기와 가능성을 제대로 이해하지 못해서 내일을 준비하지 못하고 결국 망국으로 치달은 조선의 역사가 안타깝다면, 지금은 오늘에 대한 안목을 갖추기 위해 우리 각자 노력해야만 한다. 왕정에서도 왕과 중앙의 권력자들에게만 기대다가 나라가 기울었는데 민주국가인 지금에야 더 무슨 말이 필요하겠는가?

이 체제 이대로 영원히 갈 것인 양 아무 상상력도 없이 그저 치열하게 서로 경쟁하며 알량한 사다리 걷어차는 짓은 이제 멈추고, 공동체적 상상력을 펼치고 장기적 제도에 대한 사회적 합의를 이루기 위해 함께 고민해야 할 때다. 타인에게 어른이니 꼰대니 하며 따지고 탓할 것이 아니라 우리 스스로 누군가 기댈 수 있는 어른이 되어야 한다. 자기 능력을 과소평가하지 말자. 우리는 사회의 힘없는 개인, 나약한 소모품이 아니다. 주인이고 미래다. 주인다운 주인으로 우리, 함께 서자.

내 일은 옛글을 번역하면서 그 시대와 사람들을 만나 관찰하고 대화를 나누고 그것을 오늘의 말로 오늘에 풀어놓는 것이다. 사자성어로 풀이한다면 온고지신溫故知新 정도 되려나? 공자는 옛것을 잘 익혀 새로운 각도에서 이해하는 사람은 누군가의 선생이 될 수 있다고 말했다. 참 멋진 말이라고 생각한다. 인간은 과거의 경험을 지혜로 누적시키면서 미래를 향해 걸어간다.

이 기나긴 시간의 선 위에서 누적된 시간의 양이 많은 사람이 과거를 강요하며 살아갈 날이 많이 남은 사람의 발목을 잡는 모양새가 너무 지겹다. 그보다 훨씬 더 까마득히 오래된 과거는 너무 낡고 빛깔조차 바래서 어떻게 오늘날로 끌어와야 할지 엄두조차 나지 않는다.

그래서인지 우리는 대개 온고溫故와 지신知新을 분리하며 살아가지만 실은 온고는 지신의 바탕이 된다. 온고 없이 지신이 제대로 이루어질 수 없으며, 지신 없이는 온고가 가치를 가질 수 없다. 그렇다면 과거의 언어를 공부한 내가 할 일은 어떻게든 이 온고와 지신에 다리를 놓아보는 것일 테다. 고전과 사료를 번역하는 작업을 통해, 그리고 이 과정에서 들여다본 역사를 통해 나는 어제로부터 끌어올린 빛나는 것들을 오늘에 건넨다.

이 과분한 작업에 발을 들인 이후로 이 일을 할 수 있게 된 사실 자체에 기쁨과 고마움을 많이 느낀다. 과거의 빛나는 순간과 아름다운 사람들, 멋진 사상을 넘치도록 많이 만나고, 그것들을 오늘의 시간에 잇고자 작은 순간 작은 일까지도 찬찬히 들여다보면서 많은 것을 배운다. 그 안에서 의미를 찾으려 노력하는 시선을 갖게 된 것은 가장 큰 수확이다. 이 작업을 하기 전까지는 그저 시간을 흘려보내던 게 일상이었는데 이제는 누가 시키지 않아도 멈추어 서서 힘닿는 데까지 순간순간을 놓치지 않으려 애쓰게 되었다.

얼마 전에는 누군가 요즘 만나는 사람 없냐고 물어왔다. 나는 만나도 너무 많이 만난다고, 남자가 넘쳐서 고민일 정도라고 진지하게 답했다. 질문한 상대방이 내 대답에 놀라는 듯했다. "누구를 그렇게?" 웃으며 대답했다. "공자, 맹자, 주희, 왕양명, 정도전, 이이, 이황, 세종대왕, 정조대왕, 정약용 등 한국 남자 중국 남자 어마어마해. 막 지친다고." 푸하하. 함께 웃었다. 미래에 누군가 나와 같은 일을 하는 이는 여자도 많이 만났으면 좋겠다는 마지막 말과 함께.

번역 일을 하면서 만난 역사 속 모든 이들에게 고맙다는 말을 전하고 싶다. 또한 그들이 산 시대의 사상을 정밀하게 풀어내 세상에 알린 학자들도 너무너무 고맙다. 그들의 사전 작업이 없었다면 내가 감히 이런 책을 써낼 수 있었을까 싶다. 역사, 철학 등 다양한 분야의 다양한 사안을 다룬 학자들의 책을 읽으며 나는 비로소 '어제'를 다양한 시선으로 이해할 수 있었으며, 정말 즐겁고 신나게 과거를 파고들 수 있게 되었다. 이런 감사함이 어찌 동양사에만 해당될까. 서양의 역사와 인물과 사상, 현대사와 현대사회, 오늘의 다양한 문제를 다룬 여러 학자들에게도 진심으로 감사하다는 말을 전하고 싶다. 그들의 책을 읽는 시간 전부가 내게는 기쁘고 감사한 존재였다. 가슴이 너무 뛰고 벅차서 잠시 책장을 덮고 숨을 골라야 할 때도 있었다. 세상에는 멋진 분들이 너무 많다. 이 책은 독서를 통해 그러한 사상을 얻고, 반추하여 나온 결과물이다.

마지막으로 나의 1호 팬이자 열성 팬인 부모님, 따끔한 조력자인 동생, 잔잔한 조력자인 오빠와 새언니, 한문을 가르쳐주신 모든 선생님들, 책이 나오기까지 수고를 아끼지 않고 함께해준 메디치미디어 출판사 식구들, 그리고 내 다음 책을 기대해주시는 모든 독자들에게 진심 어린 감사의 인사를 전한다.

2019년 봄
임자헌

1. 고문헌

《高麗史》.

歐陽脩,《古文眞寶 後集》<朋黨論>.

《論語》.

《大典會通》.

《大學》.

《孟子》.

《三峯集》.

《惺所覆瓿藁》.

《荀子》.

《承政院日記》.

《禮記》.

《慵齋叢話》.

《栗谷全書》.

《儀禮》.

《日省錄》.

《典律通補》.

《朝鮮王朝實錄》.

《周禮》.

《朱子家禮》.

朱熹,《朱書百選》<與留丞相>.

2. 단행본

강명관,《성호, 세상을 논하다》, 자음과모음, 2011.

강문식 외,《15세기: 조선의 때 이른 절정》, 민음사, 2014.

강정인,《한국 현대 정치사상과 박정희》, 아카넷, 2014.

강준만,《정치를 종교로 만든 사람들》, 인물과사상사, 2016.

강준만,《한국현대사 산책: 1940년대 편》 2, 인물과사상사, 2004.

강준만,《한국현대사 산책: 1960년대 편》 1~3, 인물과사상사, 2004.

강준만,《한국현대사 산책: 1970년대 편》 1~3, 인물과사상사, 2002.

강준만,《한국현대사 산책: 1980년대 편》 1, 인물과사상사, 2003.

게르드 브란튼베르그, 히스테리아 옮김,《이갈리아의 딸들》, 황금가지, 1996.

계승범,《중종의 시대: 조선의 유교화와 사림운동》, 역사비평사, 2014.

고미숙,《윤선도 평전》, 한겨레출판, 2012.

금장태,《실학과 서학: 한국 근대 사상의 원류》, 지식과교양, 2012.

김경현·오수창 외,《정조와 18세기》, 푸른역사, 2013.

김돈,《뿌리 깊은 한국사, 샘이 깊은 이야기 4-조선전기》, 가람기획, 2014.

김문용,《홍대용의 실학과 18세기 북학사상》, 예문서원, 2005.

김백철,《법치국가 조선의 탄생: 조선 전기 국법체계 형성사》, 이학사, 2016.

김백철 외,《18세기: 왕의 귀환》, 민음사, 2014.

김삼웅, 《약산 김원봉 평전》, 시대의창, 2013.

김상준, 《맹자의 땀 성왕의 피: 중층근대와 동아시아 유교문명》, 아카넷, 2016.

김시덕, 《그들이 본 임진왜란》, 학고재, 2012.

김의환, 〈17·18世紀 鹽稅政策의 變動〉, 《조선시대사학보》 6권, 1998.

김진한, 《헌법을 쓰는 시간》, 메디치미디어, 2017.

김창현, 《신돈과 그의 시대》, 푸른역사, 2006.

김훈식 외, 《조선시대사 2: 인간과 사회》, 푸른역사, 2015.

노명우, 《프로테스탄트 윤리와 자본주의 정신, 노동의 이유를 묻다》, 사계절, 2008.

노명우, 《호모 루덴스, 놀이하는 인간을 꿈꾸다》, 사계절, 2011.

다카기 노조무, 김혜영 옮김, 《광장의 목소리》, 21세기북스, 2018.

리허쩌우, 정병석 옮김, 《중국고대사상사론》, 한길사, 2005.

문중양 외, 《17세기: 대동의 길》, 민음사, 2014.

바티스트 밀롱도, 권효정 옮김, 《조건 없이 기본소득》, 바다출판사, 2014.

박시백, 《박시백의 조선왕조실록》 2, 휴머니스트, 2015.

박시백, 《박시백의 조선왕조실록》 3, 휴머니스트, 2015.

박시백, 《박시백의 조선왕조실록》 5, 휴머니스트, 2015.

박시백, 《박시백의 조선왕조실록》 8, 휴머니스트, 2015.

박시백, 《박시백의 조선왕조실록》 9, 휴머니스트, 2015.

박제가, 안대회 옮김, 《쉽게 읽는 북학의》, 돌베개, 2014.

박종기, 《고려사의 재발견》, 휴머니스트, 2015.

박종기, 《새로 쓴 5백년 고려사》, 푸른역사, 2008.

박평식 외, 《뿌리 깊은 한국사, 샘이 깊은 이야기-조선후기》 5, 가람기획, 2015.

수잔 팔루디, 황성원 옮김, 《백래시: 누가 페미니즘을 두려워하는가?》, arte, 2017.

신명호, 《조선공주실록》, 역사의아침, 2009.

신명호 외, 《조선의 왕실을 지켜온 왕실여성》, 글항아리, 2014.

심지연, 《현대정당정치의 이해》, 백산서당, 2010.

얼 쇼리스, 이병곤 외 옮김, 《희망의 인문학》, 이매진, 2006.

우에노 치즈코, 나일등 옮김, 《여성혐오를 혐오한다》, 은행나무, 2012.

위잉스, 이원석 옮김, 《주희의 역사세계: 송대 사대부의 정치문화 연구》(상), 글항아리, 2015.

유성룡, 이민수 옮김, 《징비록》, 을유문화사, 2014.

윤정란, 《조선왕비 오백년사》, 이가출판사, 2008.

이반 일리치, 노승영 옮김, 《그림자 노동》, 사월의책, 2015.

이병기·김동욱 교주, 《한중록》, 민중서관, 1961.

이선열, 《17세기 조선, 마음의 철학》, 글항아리, 2015.

이성무, 《조선시대 당쟁사》 1·2, 동방미디어, 2000.

이성무, 《조선왕조사》, 수막새, 2011.

이성무 외, 《朝鮮後期 黨爭의 綜合的 檢討》, 한국정신문화연구원, 1992.

이정철, 《대동법: 조선 최고의 개혁》, 역사비평사, 2011.

이정철, 《언제나 민생을 염려하노니》, 역사비평사, 2013.

이정훈, 《조선시대 법과 법사상: 포용적 법실증주의자의 분석》, 도서출판 선인, 2011.

이중톈, 김택규 옮김, 《이중톈 중국사 03: 창시자》, 글항아리, 2014.

이중톈, 김택규 옮김, 《이중톈 중국사 06: 백가쟁명》, 글항아리, 2015.

이태진 외, 《조선시대 정치사의 재조명》, 태학사, 2003.

임용환, 《박제가, 욕망을 거세한 조선을 비웃다》, 역사의아침, 2012.

임용한, 《조선국왕 이야기》 1, 혜안, 1998.

임용한, 《조선국왕 이야기》 2, 혜안, 1999.

장인용, 《주나라와 조선》, 창해, 2016.

전홍석, 《조선후기 북학파의 대중관 이해》, 한국학술정보, 2006.

정용화, 〈조선에서의 입헌민주주의 관념의 수용: 1880년대를 중심으로〉, 《한국정치학회보》 제32권 2호, 1988.

정재훈, 《조선시대의 학파와 사상》, 신구문화사, 2008.

존 킨, 양현수 옮김, 《민주주의의 삶과 죽음: 대의 민주주의에서 파수꾼 민주주의로》, 교양인, 2017.

지두환, 《세조대왕과 친인척》, 역사문화, 2008.

최성환, 〈正祖代 蕩平政局의 君臣義理 연구〉, 서울대학교대학원, 2009.

최승희, 《조선초기 언론사연구》, 지식산업사, 2004.

캘빈 S, 홀버논·J, 노드비, 김형섭 옮김, 《융 심리학 입문》, 문예출판사, 2004.

투퀴디데스, 천병희 옮김, 《펠로폰네소스 전쟁사》, 도서출판 숲, 2011.

풍우란, 박성규 옮김, 《중국철학사》(상), 까치, 1999.

필립스 쉬블리, 김계동 외 옮김, 《정치학개론: 권력과 선택》, 명인문화사, 2017.

한국역사연구회 중세2분과 법전연구반 옮김, 《각사수교》, 청년사, 2002.

한국역사연구회 중세2분과 법전연구반 옮김, 《수교집록》, 청년사, 2001.

한국역사연구회 중세2분과 법전연구반 옮김, 《신보수교집록》, 청년사, 2000.

한명기, 《역사평설 병자호란》 1·2, 푸른역사, 2013.

한명기, 《정묘·병자호란과 동아시아》, 푸른역사, 2009.

한영우, 《왕조의 설계자 정도전》, 지식산업사, 1999.

한홍구, 《대한민국사》 3, 한겨레신문사, 2005.

한홍구, 《유신》, 한겨레출판, 2014.

허영, 《한국헌법론》, 박영사, 1990.

홍순민 외, 《조선시대사 1: 국가와 세계》, 푸른역사, 2015.

3. 언론 기사

고제규, 〈분노한 남자들〉, 시사인 467호, 2016. 8. 27.

박기용, [올리 캉가스 단독 인터뷰], 〈핀란드 기본소득 설계자 "실험 실패? 가짜뉴스다"〉, 한겨레신문, 2018. 5. 4.

박기용, 〈알래스카처럼…제주서 '기본소득' 바람 불어온다〉, 한겨레신문, 2018. 5. 29.

변창섭·안드레이 란코프 대담, 〈김일성, 1950년대부터 핵개발에 관심〉, 자유아시아

방송, 2012. 5. 1.

신소영, 〈촛불시민 여러분 에버트 인권상 받으러 오세요!〉, 한겨레신문 인터넷판, 2018. 5. 15.

오영환, 〈맥아더 34발 원폭 공격 추진…김일성 핵 집착 그때 시작됐다〉, 중앙일보, 2018. 6. 11.

이종태, 〈딥러닝 구루가 말하는 인공지능의 실체〉, 시사인 569호, 2018. 8. 14.